国际学生通识教育系列教材

- 广东省公共外交与跨文化传播研究基地研究成果
- 中国高等教育学会外国留学生教育管理分会课题"来华留学生中国文学课程建设研究"项目（2018-2019Y029）阶段性研究成果
- 广东省教育科学规划项目（2020GXJK093）阶段性研究成果
- 2020年华南理工大学校级教研教改项目"来华留学生中国文学课程教学实践探索"阶段性研究成果

中国文学选评注

● 黄爱平 评注

华南理工大学出版社
SOUTH CHINA UNIVERSITY OF TECHNOLOGY PRESS
·广州·

图书在版编目（CIP）数据

中国文学选评注/黄爱平评注．—广州：华南理工大学出版社，2022.6
国际学生通识教育系列教材
ISBN 978-7-5623-7116-8

Ⅰ．①中…　Ⅱ．①黄…　Ⅲ．①中国文学-对外汉语教学-教材　Ⅳ．①I2

中国版本图书馆 CIP 数据核字（2022）第 140836 号

中国文学选评注
黄爱平　评注

出 版 人：柯　宁
出版发行：华南理工大学出版社
　　　　　（广州五山华南理工大学 17 号楼　邮编：510640）
　　　　　http://hg.cb.scut.edu.cn　E-mail: scutc13@scut.edu.cn
　　　　　营销部电话：020-87113487　87111048（传真）
策划编辑：吴翠微
责任编辑：陈　蓉
责任校对：王洪霞
印 刷 者：广州小明数码快印有限公司
开　　本：787mm×960mm　1/16　印张：16.75　字数：354 千
版　　次：2022 年 6 月第 1 版　2022 年 6 月第 1 次印刷
定　　价：49.00 元

版权所有　盗版必究　印装差错　负责调换

前 言

　　许多年前偶然遇到夏济安先生的《现代英文选评注》，台湾商务印书馆出版，厚厚的一大本，封面有一只精致的大时钟，很是特别，当时正有学英语的兴头，竟然逐字逐句看完了，从此之后开始读英文原著。当我从事来华留学生汉语教学后，时常感到学好汉语，仅仅学教材是远远不够的，学出来的只是教材汉语，没有生气，所以动了编一本书的念头。

　　但是真正编写起来却不容易，我不止一次觉得自己真是不自量力，也不止一次后悔为什么要把战线拉得这么长，选一朝一代就好，我却从远古走到现代，自己给自己"挖坑"。中国文学作品浩如烟海，篇目繁多，选谁不选谁，一千个人就有一千种看法；确定篇目之后，又逢评说之难，任何作品在文学史长河中有什么样的地位、是什么风格、有什么贡献，只有尽可能通读大量作品才可能略说一二；再次拙笔撰写之难，一眼就觉得好的作品，反复读仍然觉得好，但是好在哪里，要写出我心中的好，找一个准确的词来表达似乎就是"众里寻他千百度"，有时写出来的也许并不是我想要说的，真有"捻须"之苦。所以也不止一次想到再积累时日我可能会做得更好一点；可是又觉得如果继续要那个更好一点，我也许永远也做不出来，就这样吧。前前后后做了四五年，如果算上阅读积累，就远远不是四五年了，最终就成了这本书。

　　因为主要是针对留学生的中国文学课程教材，为了让学生尽可能多地接触不同样式的中国文学作品，没有局限于一朝一代，也没有局限于单一文体，而是诗歌、散文、小说各选了一些。具体说来首先考虑的还是语言，尽可能选择浅显明白的、没有典故背景的、只要看文字就大致能懂的作品。在此基础上选择生词最少的作品，比如《诗经·秦风·蒹葭》，诗意并不难懂，但是相比《诗经·王风·采葛》，生词太多，所以不选。内容上以人情为主，包括爱情、友情、亲情、乡情、家国之情等，毕竟人就是在各种情感关系中成长起来的，没有东西之分，也无中外之别。就文章风格而论，则姿态万千，含蓄的、泼辣的、温婉的、感伤的、文雅的、通俗的、清丽的、浓艳的、明亮的、阴郁的、简明的、复杂的……但都是美的。篇目安排先以诗歌、散文、小说三大类分排，具体篇目则以作者年齿为序。只是在编选时满腔热情，无暇他顾，出版时却因为某些原因删除了一些现当代的作品，虽然满心不舍，也是没有办法的事情。

我带着虔诚的心情与这些美好的作品相遇、相知、相契，我常常由衷地感叹中国文学文字之美，也感激这些极具创造性的作者给我们留下如此美丽的艺术品，让人品鉴、把玩，从而获益匪浅。所以，我非常愿意把这么美的作品与读者一起分享，虽然这只是冰山一角，但是尝鼎一脔，由此能让读者进入中国文学这座无尽的宝库，也就适我所愿了。当然，选评者的局限与不足也都展现在这里，请读者批评指正。

另，本教材所选用的个别文章，因无法与原著作权人取得联系，在此深表歉意和感谢！余则我们将按著作权法支付相应报酬。

黄爱平
2021年秋，五山华园

目 录

诗歌篇

诗经·王风·采葛 ·· 2

上邪 ·· 4

十五从军征 ··· 6

春晓 ·· 9

赠汪伦 ··· 11

春夜喜雨 ·· 13

题都城南庄 ··· 16

临江仙·夜归临皋 ···································· 18

如梦令·常记溪亭日暮 ······························· 21

［越调］天净沙·秋思 ································ 23

散文篇

《论语》（节选） ······································ 26

《孟子》（节选） ······································ 32

《庄子》（节选） ······································ 39

湖心亭看雪 ··· 45

从百草园到三味书屋 ································· 49

故乡的野菜 ··· 62

钓台的春昼（节选） ·································· 67

背影 ··· 76

春 ·· 81

清明 ··· 86

伤逝 ··· 91

傅雷家书（节选） ···································· 97

回忆鲁迅先生（节选） ······························ 123

祖父的园子 ·· 148

树犹如此——纪念亡友王国祥君（节选） ········ 155

1

小说篇

世说新语（节选） …………………………………………………… 172

三国演义（节选） …………………………………………………… 180

水浒传（节选） ……………………………………………………… 192

西游记（节选） ……………………………………………………… 207

红楼梦（节选） ……………………………………………………… 217

边城（节选） ………………………………………………………… 228

围城（节选） ………………………………………………………… 241

倾城之恋（节选） …………………………………………………… 249

诗歌篇

诗经·王风·采葛

《诗经》是中国最早的一部诗歌总集,收集了西周初年至春秋中叶(公元前 11 世纪—公元前 6 世纪)近五百年间的诗歌,内容完整的有 305 篇,据说是由孔子编订而成。最初名《诗》,汉代列入儒家经典,遂称《诗经》。按地域、音乐分为"风""雅""颂"三部分:"风"是地方乐调,收录当时十五国的民歌;"雅"分大雅、小雅,为宫廷宴飨或朝会时的乐章,即正声雅乐;"颂"是用于宗庙祭祀的乐歌,多为歌颂祖先的功业。它所写的对象上至王公贵族下至黎民百姓,描写的内容涉及周代社会的方方面面,如爱情与婚姻、劳动与风俗、战争与徭役、压迫与反抗、宴会与祭祀,甚至天象、地貌、动物、植物等,是当时生活的一面镜子。

前人解诗,即说"诗无达诂",意思是对《诗经》中的诗没有唯一正确的解释,可以因人而异,就像"一千个读者心中有一千个哈姆雷特"。《诗经·王风·采葛》也一样,由于没有具体内容,所以历来有多种解说,如惧谗说、淫奔说、养士说、刺娶妻说、怀友说等,近人则多主恋歌说。就诗论诗,笔者认同此说,认为是男子思恋女子之词。

《诗经》常用反复、复沓的艺术手法,此诗也一样,全诗句式不变,只是更换个别词汇,但反复吟咏之中,思念日甚,渐至炽热、浓烈。

彼采葛兮,一日不见,如三月兮。
彼采萧兮,一日不见,如三秋兮。
彼采艾兮,一日不见,如三岁兮。

(选自李学勤主编《十三经注疏(三)毛诗正义(标点本)》,北京大学出版社,1999 年)

译文 >>

那个采葛的姑娘啊,一日不见她,好像隔了三个月啊。
那个采萧的姑娘啊,一日不见她,好像隔了三个秋啊。
那个采艾的姑娘啊,一日不见她,好像隔了三整年啊。

评注 >>

王风:王都之风,即周朝东都洛邑王城一带的乐调,《诗经》"十五国风"之一,今存十篇。

采葛(gé):采摘葛草。葛,一种蔓生植物,块根可食,茎可制纤维,做成纺织材料以做衣服。

彼：代词，那个，这里指那个姑娘。

如：好像。相似用法：如花似玉，如梦似幻。

兮：句尾助词，表示停顿，有舒缓语气的作用。

萧（xiāo）：蒿的一种，白叶，茎粗，似白蒿，可做烛，有香气，古时用于祭祀。

三秋：通常一秋为一年，后又有专指秋三月的用法。这里三秋长于三月，短于三年，义同三季，即九个月。

艾（ài）：艾蒿，可制艾绒，用于治病。

三岁：三年。

《诗经·王风·采葛》写的是热恋中的男子度日如年，渴望与恋人相见的强烈情感。热恋中的恋人无不希望朝夕相守，耳鬓厮磨，分离对他们是一种痛苦，即使是短暂的分别，他们也会感觉时光漫长，以至于难以忍耐。此诗正是抓住恋人间"思念"这一最普通而又最折磨人的情感，反复吟诵，重叠的句式中只换了几个字，就把越来越强烈的思念恋人的情感生动地展现出来了。"采葛""采萧""采艾"是写女子的辛勤劳动，女子的容貌、性格都不可见，留下想象空间，但女子的美好是显而易见的，恋爱的甜蜜也是可以感受得到的，因为男子思念的情感一层比一层深，一日不见的时长从"三月"延长到"三秋"甚至"三岁"。我们仿佛能触摸到男子剧烈跳动的脉搏，听到他那发自心底的呼唤，看到他恨不得立即飞奔而去的急切。

全诗没有恋爱细节，没有爱的呓语，只是直露地表白男子思念的情感，然而千百年来一直打动读者的心弦，并将此情感浓缩为"一日三秋"的成语，让人感觉深情隽永，至今仍然活在人们的口头。它的感染力在哪里呢？朱熹曾说它"言思念之深，未久而似久也"，意思是说，为了表达思念之深，本来只是分别"一日"，却说感觉像过了三个月、三个季节、三个年头。从科学的时间概念角度来讲，三个月、三个季节、三个年头怎能与"一日"等同呢？当然是不合理的，然而从情感表达角度来看却是合理的，因为热恋中的情人对时间的心理体验，一日之别，会逐渐在心理上延长为三月、三秋、三岁，这种对自然时间的心理错觉，真实地映照出他们如胶似漆、难分难舍的恋情。这一悖理的"心理时间"由于融进了他们炽热浓烈的恋情，所以看似无理，实则有情，最能传达出离别恋人的心声，唤起不同时代读者的情感共鸣，即所谓"无理而妙"。

上 邪

《上邪》,汉乐府民歌,为《汉铙歌十八首》(古辞)之一,属乐府《鼓吹曲辞》。这是一首民间情歌,感情强烈,气势奔放,诗中女子为了表达她对情人忠贞不渝的感情,指天发誓,指地为证,要永远和情人相亲相爱。语言泼辣奇警,节奏急促铿锵,语气斩钉截铁,字字句句惊心动魄;塑造的主人公痴情、果敢、热烈、坚贞,一派自然淋漓的生气,与文人诗比起来,更显质朴天真,被誉为短章中的神品。

> 上邪,我欲与君相知,长命无绝衰。山无陵,江水为竭,冬雷震震,夏雨雪,天地合,乃敢与君绝。

(选自郭茂倩《乐府诗集》,中华书局,1979 年)

译文 >>

上天呀!我要与你相亲相爱,让我们的爱情永永远远不衰竭。除非高大群山变成平地,除非滔滔江水干涸枯竭,除非三九寒冬雷声翻滚,除非六月炎夏白雪纷飞,除非天与地合为一体,我才敢与你恩情永绝。

评注 >>

上邪(yé):上天啊。上,指天。邪,语气助词,表示感叹。

相知:结为知己,即相亲相爱。

长命无绝衰:让我们的爱情永不衰竭。命,古与"令"字通,意为"使"。绝,断绝。衰,衰减,断绝。

山无陵(líng):高山成为平地。陵,山峰,山头。

竭(jié):干涸。

震震:形容雷声。

雨(yù)雪:降雪。雨,名词作动词。

天地合:天与地合二为一。

乃敢:才敢。敢,委婉用语。

与文人喜欢描写初恋少女的羞涩情态不同,民歌里常以少女自述的口吻来表达她们对幸福爱情无所顾忌的追求。

首句"上邪"是指天发誓，好像在对天说"天啊！"古人敬畏天命，一般情况下不会动用天的权威，用在这里，表示姑娘有重要的话要说，显得非常庄重。接下去两句是正说，一是表明爱情的态度，我要和你相爱；二是表明爱情的坚贞，我要永远和你相爱，永生永世，天荒地老。但是姑娘觉得自己的心迹表达得还不够，接下来她用出人意料的逆向想象，从反面发誓。姑娘一股脑地说出了五种自然界里不可能出现的变异："山无陵，江水为竭，冬雷震震，夏雨雪，天地合"，真是排山倒海，气势如虹。前两种说地上的山、水——这最永久的存在物发生了巨变；中间两种说天上的雷、雨——那自然界最永恒的规律发生了怪变；最后说到"天地合"，即宇宙发生了毁灭性的灾变，这一种比一种想得离奇，一桩比一桩令人难以思议，到"天地合"时，她的想象已经失去控制，漫无边际地想到人类赖以生存的一切环境都不复存在了。这种缺乏理智、夸张怪诞的奇想，是这位痴情女子表示爱情的特殊形式。至此，姑娘筋疲力尽，似乎绝望地说道，"乃敢与君绝"。但是姑娘是以那些根本不可能出现的自然现象作为"与君绝"的条件的，因此"乃敢与君绝"的结果也是绝不可能的，结果就是，与"君"永远相爱下去。

英国 18 世纪诗人罗伯特·彭斯（Robert Burns）的《红红的玫瑰》（*A Red, Red Rose*）与此诗的表达有些相似，不过彭斯只是说到海枯、石烂两种意象，并将此奇绝之境作为对爱的考验，即纵使海枯、石烂，我也仍然爱你。对照阅读还是很有趣的。

十五从军征

　　《十五从军征》在《古今乐录》中记为古诗,《乐府诗集》将它列入"横吹曲辞"(五)之"梁鼓角横吹曲",题为《紫骝马歌辞》,在"十五从军征"前有"烧火烧野田"等八句,且认为每四句为一曲,共六曲。本文采用《乐府诗集》的看法,将此诗视为乐府,但依照通行本,视"十五从军征"以下诗句为一首完整的曲子。

　　此诗描写在外征战一生的老兵返乡后在路上与到家之后的所见所闻,揭露了当时不合理的兵役制度给普通百姓的家庭带来的深重灾难,给人的心灵带来的无尽伤痛,令人不忍卒读。全诗均采用白描手法,叙述行云流水,语言朴实真切,不言情而情动于中,不言悲而悲不可抑,愁惨痛绝,无语泪流。

十五从军征,八十始得归。
道逢乡里人,家中有阿谁?
遥看是君家,松柏冢累累。
兔从狗窦入,雉从梁上飞。
中庭生旅谷,井上生旅葵。
舂谷持作饭,采葵持作羹。
羹饭一时熟,不知饴阿谁?
出门东向看,泪落沾我衣。

(选自郭茂倩《乐府诗集》,中华书局,1979 年)

译文 >>

十五岁就出去从军打仗,到了八十岁才得以回来。
乡间路上碰到同乡,(期待而又担心地)问:"我家里还有什么人在啊?"
"远远看过去的那里就是您家,那里已长满松柏,尽是坟墓了。"
(走近老屋)看见野兔从狗洞进进出出,野鸡在屋梁间飞来飞去。
院子里长着野生的谷子,井台上满是野生的葵菜。
捣掉野谷子的壳来做饭,摘下葵叶来煮汤。
汤和饭一会儿都做好了,但是送给谁吃呢?
走出大门向东张望,泪如泉涌,打湿了征衣。

评注

始：才。

归：回家。

道逢乡里人：在路上遇到同乡。道，道路上。

阿谁：古人口语，意即"谁"。阿，发语词。

遥看是君家：远远望过去的那里就是您家。遥看，远远地望去。君，您，表示尊敬的称呼。

松柏（bǎi）：松树、柏树，四季常青，一般墓园种得较多。

冢（zhǒng）累累（lěi）：坟墓一个挨一个。冢，坟墓。累累，连续，重叠，这里指坟墓很多。

兔从狗窦（dòu）入：野兔从狗洞里钻进（钻出）。狗窦，给狗出入的门洞。

雉（zhì）从梁上飞：野鸡在梁间飞来飞去。雉，野鸡。梁，屋梁，支撑房屋顶部的大木构件。

中庭生旅谷：庭院中长着野生的谷子。中庭，庭院，庭院之中。旅，旅生，植物未经播种而野生。

旅葵：野生的葵菜，嫩叶可以吃。

舂（chōng）谷持作饭：谷子去掉壳后拿来做饭。舂，把谷物等东西放在石头做的器具里去掉壳或者捣碎。持，拿着。

羹（gēng）：用菜叶做成的带浓汁的食物。

一时：一会儿。

饴（yí）：一种麦芽糖；另一版本作"贻"，从语义上看应为"贻"，"贻"即送，赠送。

出门东向看：出门向东张望。

沾（zhān）：浸湿，打湿。

写当时兵役、战争给老百姓带来的痛苦，但是没有正面写战争，只是用"十五从军征，八十始得归"一笔带过，读起来却非常沉重：其中的"十五""八十"并不是确切的数字，只是虚指，意思是说年少就出去打仗，很老了才得以回来。人的一辈子都在军营之中，那是一种什么样的战争？那又是一种什么样的兵役制度？留给读者去想象。作者把笔墨全都用在回乡所见上了。

"少小离家老大回"，年少离乡、老年归来的老兵一定有无限感慨，也会"近乡情更怯"：家乡虽是让离人魂牵梦萦的地方，但是离人回来的那个故乡早已不是他熟悉的故乡，何况是出去了一辈子。茕茕孑立、形单影只的老兵走在回乡的路上见到乡人，期待、激动，也有担忧，家里的父母早已不在了，那是肯定的，但是家里是不是还有小辈们呢？乡人只是说，那松柏森森、坟墓累累的地方就是您家啊，意思是说，您家里的人都已经死了，一个人都没有了。

纵使没有家人，还是要回"家"，"家"已不在，"房屋"还在，这是曾经与家人一起呼吸过、生活过的地方。但是"兔从狗窦入，雉从梁上飞。中庭生旅谷，井上生旅葵"，即房屋已空，庭院已荒，这里早已成为野生生物的寄生之所。白发苍颜、颓然绝望的老兵茫然不知所措，大概是生命的本能让他想起该做点吃的，也大概是伤心至极，无法排遣，总该做点事情来捱过这冷冰冰的时光。"春谷持作饭，采葵持作羹。羹饭一时熟，不知饴阿谁。"米饭做好，但是送给谁吃啊？"出门东向看，泪落沾我衣。"出了门向东张望，满目都是凄凉。曾经的生离就是死别，眼前的荒芜尽增凄怆，说不出的痛还是痛，无法说出的苦仍是苦，白发憔悴、伶仃孤苦的老人，不会再号啕大哭，但是所有的辛酸、思念、期盼化为失望、伤心、绝望，痛到几乎让人麻木，手足无措的老兵，泪水滚滚而下，打湿了征袍。

全诗没有评论，没有情感表白，只是不动声色地客观描写，像极了默片电影，抓住几个镜头特写，给人留下深刻印象。满目都是荒凉、破败，而自然界野生生物的活跃，更见人间的死寂，形单影只的老兵，痛楚无名，泪下如雨，岂一个惨字了得。

春 晓

孟浩然

孟浩然（689—740），襄州襄阳人。早年隐居鹿门山。年四十，游长安，应进士不第。后为荆州从事，患疽（一种毒疮）而死。曾游历东南各地，是唐代著名的山水田园派诗人，与王维合称"王孟"。诗歌多为五言短篇，多反映山水田园与隐居、行旅生活，清淡朴素，长于写景，即景运思，时有自得之趣。

《春晓》即抓住某个春天清晨醒来一刹那的所闻所想，在平平常常的语言中，把爱春惜春的情思表达得情韵十足。

> 春眠不觉晓，
> 处处闻啼鸟。
> 夜来风雨声，
> 花落知多少。

（选自金性尧注《唐诗三百首新注》，上海古籍出版社，2000年）

译文 >>

春天里睡意酣浓，不知不觉天就亮了，到处都听到鸟儿的欢声歌唱。
想起昨天夜里阵阵风雨之声，不知吹落了多少美丽的春花啊。

评注 >>

春晓（xiǎo）：春天的早晨。晓，早晨，天明，天刚亮的时候。

春眠不觉晓：春天里睡梦酣沉，不知不觉天就亮了。眠，睡觉。不觉，不觉得，意译为不知不觉。

处处闻啼（tí）鸟：到处听到鸟的叫声。处处，到处。闻，听。啼鸟，正确语序是"鸟啼"，即鸟的啼叫声，此处是为了押韵而改变了词语的顺序，这在中国古典诗歌中比较常见。

夜来风雨声：昨天夜里（听到）刮风下雨的声音。

花落知多少：花儿落了不知道有多少。知多少：不知有多少。知，不知；同样的用法有秦观的词《鹊桥仙》"忍顾鹊桥归路"的"忍"，表示"不忍"的意思。

《春晓》这首诗初读起来平平淡淡，但是越读越觉得不平淡，犹如嘴里嚼着一枚大橄榄。严羽说"诗道惟在妙悟"，《春晓》算是妙悟之诗。写的是春天清晨醒来一刹那，情思蒙眬时所感受的景象，户外春鸟啁啾，鸣声清脆，短长相交，此呼彼应，正是这悦耳的鸟声啼醒了酣睡人的梦。但是作者没有接着写这一派鸟声引来的莺歌燕舞、烂漫春光，只是留给读者去想象，反而回忆起昨晚似曾听到的风声、雨声，进而想到风雨之中，那烂漫春花不知道被雨打风吹去了多少。惜春之意，溢于言表，呼应第二句写鸟声喧闹、春光乍泄所透露出的爱春之情，爱春所以惜春，惜春是因为爱春。

　　诗人爱春惜春，却没有一笔描摹春天之形、之色、之味，只是从鸟声、风声、雨声这些声音入手，紧紧扣住"晓"字，将清晨醒来，情思犹在迷离，听觉最为敏锐时感受到的真情实景写了出来：鸟声盈盈，明明在耳，风声雨声，似梦非梦，不管是不是梦，一句犹疑的担心——"花落知多少"，则更见诗人的惜春之情。

赠汪伦

李 白

李白（701—762），字太白，号青莲居士，也被称为"谪仙人"。他与杜甫是唐代诗人星图中最璀璨的双子星，合称"李杜"，为区别晚唐李商隐、杜牧的合称"（小）李杜"，又称"大李杜"。生得神奇，至今他的家世家族都是个谜；死得浪漫，畅饮三百杯捉月落水而去。虽然只是传说，却让人以为是真的。诗风雄奇奔放，想象丰富，变幻出奇；语言流转自然，音律和谐多变，如清水芙蓉，大音天籁；善于从民间文艺和神话传说中汲取营养和素材，驰纵天上地下，构成其特有的瑰玮绚烂的色彩，达到盛唐诗歌艺术的巅峰。《赠汪伦》写得明白晓畅，清新自然，看上去毫不费力，似乎是大白话，但是其饱含朋友之情的文字却流传千古。

> 李白乘舟将欲行，
> 忽闻岸上踏歌声。
> 桃花潭水深千尺，
> 不及汪伦送我情。

（选自王琦注《李太白全集》，中华书局，1977年）

译文 >>

我李白将要乘舟远行，忽然听到岸上传来踏歌之声。
即使桃花潭水深及千尺，也不及汪伦送我的情谊（深长）。

评注 >>

汪伦（lún）：李白的好朋友。一说他是泾县桃花潭的村人，常酿美酒招待李白。也有说汪伦不是村民，但豪放有趣，有次听说李白要来，连忙写信去请，说自己这里有"十里桃花""万家酒店"。李白欣然而往，结果十里桃花并无桃花，桃花是一潭水名；万家酒店也没有万家，只是店主姓万而已。李白大笑。

将欲行：将要打算远行。

踏歌：唐代民间流行的一种手拉手、两足踏地为节拍的歌舞形式，这里指边走边唱。

桃花潭（tán）水深千尺：桃花潭水深及千尺。桃花潭，据《一统志》，在宁国府泾县（今安徽泾县）西南一百里，深不可测。深千尺，是诗人用潭水深千尺比喻汪伦与他的友情，运用了夸张的手法。

不及：不如。

　　这首诗明白如话，表达的感情坦率、直露，一点儿也不含蓄，但是因为情感真挚，丝毫没有雕琢的痕迹，自然天成，至今让人传唱。首句写李白要离开，用一"将"字，表明要行而未行。如果还没有离开，主人要相送，那是常理，如果已经离开了才来相送，已经没有必要。第二句"忽闻"之"忽"表示出乎意料，可以推想主客已经告别，客人劝主人不必再送，主人也将"客去为安"，做自己的事了，可是汪伦竟然又踏歌而来再相送。大概汪伦是舍不得朋友离开，又赶来了；又或是他大概也不知道李白走了没有，反正是赶来了；也许觉得李白就是走了也应该没有走远，只是为见到一个离别的背影，就赶来了。所以这一"将"一"忽"就是在写汪伦的深情，真是"有神有致"，但是浑然无迹。第三句写"桃花潭水深千尺"，好像与汪伦一点关系也没有，但正是这样荡开一笔，就像有力量的拳头总是先缩回来一样——只是用夸张的笔调写足潭水的深不可测；第四句"不及汪伦送我情"则再次写到汪伦，"深千尺"都"不及"的深情顿时有了着落，沉甸甸地落在汪伦身上了。如果调换三四句的位置，则平直无趣。

春夜喜雨

杜 甫

杜甫（712—770），字子美，自号少陵野老。生于河南巩县，祖籍襄阳，年少曾漫游吴越，此后一生蹭蹬不得意，劳碌奔波，穷困潦倒，但是穷而弥坚，贫却有志，胸怀博大，仁厚宽和。杜甫的眼光始终注视现实大地，其诗大多反映当时的社会面貌，内容广泛，尤其关心百姓疾苦，具有悲天悯人、忧国忧民的情怀；转益多师而能融会贯通，善于运用各种诗歌形式，尤长于律诗，诗歌风格多样，而以沉郁顿挫为主，语言精练传神，具有高度的表达能力，是诗歌之"集大成"者。

《春夜喜雨》紧扣"喜"字，但是通篇不着"喜"，而是紧贴"春""夜"写出雨的好，雨的美，字里行间透露出春雨润泽万物的欣喜。

> 好雨知时节，当春乃发生。
> 随风潜入夜，润物细无声。
> 野径云俱黑，江船火独明。
> 晓看红湿处，花重锦官城。

（选自浦起龙著《读杜心解》，中华书局，1961年）

译文 >>

好雨好像知道下雨的时节：正是春天万物萌发生长的时候，
（就）随着春风在夜里悄悄落下，无声地滋润着大地万物。
雨夜中满天黑沉沉的云，地面也像云一样黑，小路辨不清，江面也看不见，只有江船上的灯火是明亮的。
天亮就去赏春吧，那整个锦官城一片红湿，一朵朵红艳艳、沉甸甸的花，汇成一片花的海洋了吧。

评注 >>

好雨：春雨，及时雨。
知：明白，知道。说雨"知时节"，是一种拟人化的写法。
乃（nǎi）：就。发生：萌发生长。
随风潜（qián）入夜，润物细无声：这仍然用的是拟人化手法。这两句也是名句，常用来比喻无微不至的关爱与和风细雨的教诲。潜，暗暗地，悄悄地。润物，滋润万物，使植物受到雨水的滋养。

野径（jìng）：田野间的小路。

江船火独明：（云是黑的，大地也是黑的，连江上的船只都看不见，）只能看见江船上的点点灯火，暗示雨意正浓。

红湿处：雨水湿润的花丛。

花重（zhòng）：花因为饱含雨水而显得沉甸甸的。一朵花不能说"花重锦官城"，所以这个"重"字还写出了锦官城满城是花，经过春雨滋润，每朵都红艳艳、沉甸甸，汇成花海的景象，可见春雨之轻柔，也可见一夜饱雨，润泽深透。

锦官城：成都的别称。三国蜀汉时成都织锦业特别发达，管理织锦之官曾驻此，所以名锦官城。

这首诗是杜甫几经辗转，终于定居成都草堂后所作，他当时没有固定工作，除了在成都、新津、青城间往来谋食，也亲自耕作，对春雨之情很深，因而写下了这首喜雨之作。

俗话说"春雨贵如油"，所以写春雨，开篇即言"好"，好在哪儿呢？它"知"时节，即似乎非常通人情，知人心，在该下的时候就下了；春天万物复苏，需要雨水滋润，所以春天就是应该下雨的，一个"乃"字，呼应"知"，这么体贴的春雨，似有灵性，当然让人欣喜，所以不言喜而喜在其中。

第二联写春雨随风悄然而来，无声润泽大地，温柔而细腻。它不像夏雨那么暴烈，也没有冬雨那么凄冷，一心润泽万物而不言，甚至都不在白天下，而是夜晚悄悄地来，如此之雨"随风""润物"，万物就得以"发生"，这样的雨当然是"好"雨。一个"潜"，一个"细"，准确传神，前者写出风之微，后者写出雨之小，春雨的细细绵绵，如在眼前。所以可见体会到春雨之仁厚的诗人发自内心的欣喜。

既然春雨这么好，当然希望它能下得久一点，不然万物就不能得到充分的润泽。但第三联写诗人推窗而望的景象，没有写雨。夜晚的天空满是黑沉沉的云，黑得让人看不清田野的小路，看不清江面的船只，只见船里一星灯火独自明亮着。一个"俱"写出乌云满天、遮天遮地的景象，这是从"暗"处写，"俱黑"则云浓，可见雨还会继续下；而"独"字突出江中渔船的明灯，是从"明"处写，更映衬出雨云的浓黑。雨云浓黑则雨量充足，雨量充足则可以加倍润泽万物，虽然没有写雨，实则满幅是雨，所以让人欢喜。

尾联想象雨后之景，虽是写花，实则写雨。没有雨，则没有"红湿"；如果雨大，则姹紫嫣红总被雨打风吹去，更不用说"花重锦官城"。只有细细的雨、温柔的雨，才会润湿百花而不是打落花朵，才会留下满城的花，红艳艳、沉甸甸。可见春雨轻柔爱物,"润物"无声,而万物得泽。满城繁花,又点出"春"之生意,照应"发生",前后呼应。

  这是一首五律,写得浑融流转,读来若不经意,使人忘其为律诗。前两联用流水对,把春雨的神韵一气写下;第三联荡开一笔,写浓云密布,夜色如墨,看来将是一夜好雨;尾联有种蓦然回首的惊喜:满城娇艳欲滴的花,正见一夜好雨。整首诗格律严谨而浑然一体。诗人巧妙地运用了拟人、对比等艺术手法,句句绘景,句句含情,不言喜而处处透露出喜悦的气息。在韵部上,诗人选择的"庚"韵是后鼻韵母,其发音过程较长,客观上加长了整首诗吟咏的时间,宜于表达诗中绵长而细腻的情感。

题都城南庄

崔 护

崔护(？—831)，字殷功，博陵人。贞元（唐德宗年号，785—805年）进士，官至岭南节度使。崔护现存的诗不多，大概只有四五首，诗风大体婉丽清新。《题都城南庄》是流传最广的，也是最好的一首。

去年今日此门中，
人面桃花相映红。
人面不知何处去，
桃花依旧笑春风。

（选自萧涤非等撰《唐诗鉴赏辞典》，上海辞书出版社，1983年）

译文 >>

去年的今天，就在这扇门里，姑娘那粉妆玉琢的脸庞，与鲜艳的桃花相互映衬（美极了）。

（今天再来到这里）却不见姑娘的踪影，不知她去了哪里，只有满院的桃花，夭夭灼灼，依旧在春风里含笑怒放。

评注 >>

题都(dū)城南庄：写在京城长安南庄（的诗）。题，写。都，国都，指唐朝京城长安。南庄，长安附近的一个地方。

人面桃花相映(yìng)红：姑娘的脸与桃花相互映衬，花美，姑娘也美。人面，指姑娘的脸。

人面不知何处去：（那个）姑娘不知道到哪里去了。人面，代指姑娘。

笑：形容桃花盛开的样子。

《题都城南庄》，题目交代了事情发生的地点，诗歌中则用不确指的"此门中"表示，大大虚化了现实，后来的故事竟不像发生在人间，因为太美，也太惆怅。

一二句说去年今日，三四句说今年今日：去年今日，人面如花，花衬人面，美得不可方物；今年今日，人去楼空，物是人非，空留满院桃花，开得如火如荼，灿若云霞。今昔对比，反差越大，人的情绪波动就越大，所以今日的桃花开得多盛，落寞的心情就有多沉，因为万分期待的那个人已了无踪迹，甚至无处可寻。

　　诗歌忌讳重复，但是这首诗的重复别有味道。去年"人面桃花相映红"，"人面"与"桃花"，好物成双，烂漫多姿，赏心悦目；今年"人面""桃花"业已分离，所以分成两句，一句说"人面"杳然，一句写"桃花"依旧。"人面桃花"的意象，合则双美，分则让人神伤，所以尽管重复，但是读来低回婉转，让人久久不能释怀。真是世间好物不坚牢，彩云易散玻璃碎。

　　此诗按照时间顺序，顺流而写，流丽婉转，但也是高度凝练的。"去年今日"则表明现在是"今年今日"，所以后文省去时间，留下笔墨，抓住最关键意象"人面""桃花"来写，这看似容易，其实是精心选择的，只是让读者不容易看出来而已。整首诗就抓住这么一个小片段写，让人可以编成一个美丽忧伤的舞台剧，但是最萦绕人心的还是那种惆怅、惘然的体验。这种情感不只是说美好的爱情容易错过，而是可能在生活中的时时处处：曾经的偶然遇见与美好，在一转身的一刹那，已经不可再得。

临江仙·夜归临皋

苏 轼

　　苏轼（1037—1101），字子瞻，号东坡居士，眉州眉山人，北宋文学家，与其父其弟合称"三苏"，诗、词、文均为擅场，兼通书画。一生宦海浮沉，风波跌宕，丰富的人生阅历与深刻的人生思考使其对生活保有冷静、旷达的态度，超越人生苦难，处变不惊，无往而不可，这些在其诗词中均有充分体现。其诗取材广博，目之所见、耳之所闻、心之所想，无一不可入诗，艺术技巧运用纯熟，善用博喻，纵意所如，触手成春。苏轼于词，扩大了词的表现范围，开拓了词境；丰富了词的表现手法，提高了词的品位，形成"豪放"一派，与辛弃疾并称"苏辛"。《临江仙·夜归临皋》写东坡醉酒归家，夜听江声所引发的人生思考，是"东坡之词旷"的一个代表。

　　夜饮东坡醒复醉，归来仿佛三更。家童鼻息已雷鸣。敲门都不应，倚杖听江声。
　　长恨此身非我有，何时忘却营营。夜阑风静縠纹平。小舟从此逝，江海寄余生。

（选自刘石导读《苏轼词集》，上海古籍出版社，2009年）

译文 >>

　　夜里在东坡饮酒，喝醉后醒来，醒来了接着喝，又醉了……回到家时好像已经半夜三更了。家童早已睡熟，鼾声如雷，反复叫门也没有回应，只好拄杖伫立在江边，聆听江水奔流的声音。
　　非常悔恨身在宦途，这身子已不是我自己所有。什么时候才能够忘却为功名利禄钻营奔竞？夜深风静，水波不兴，真想驾上小船从此消逝，在烟波江湖中了却余生。

评注 >>

　　临江仙：唐教坊曲名，后用作词牌名。此词双调60字，押平声韵。
　　临皋（gāo）：当时东坡的住处。临皋亭本名回车院，在黄州朝宗门外，下临长江。
　　东坡：湖北黄冈县东的一块坡地，苏轼的"东坡"之号也因此而得。苏轼以罪人身份被贬黄州，生活困顿，朋友马正卿为他求得一块数十亩地的营地，苏轼躬耕其中，以此帮补生计，苏轼还在此建了起居室"雪堂"。
　　听江声：因苏轼居住的临皋亭住所在长江边，故能听长江涛声。
　　长恨此身非我有：长恨，非常悔恨。此身非我有，就是我的身体不属于我自己，这里指自己身处官场之中，没有自由；这个说法来源于《庄子》。《庄子·知北游》记载："舜问乎丞曰：'道可得而有乎？'曰：'汝身非汝有也，汝何得有夫道？'舜曰：'吾身非吾有也，孰有之哉？'曰：'是天地之委形也……'"《庄子》通过舜与丞的对话指出"道"不能被占有、得到，只能去体悟、顺应，就像我们的身体也不是我们自己的，而是天地之气聚合而成，不由我们自己做主、控制，苏轼则借此表明置身官场的不自由。

营营：周旋、忙碌，不知休息；或内心急躁的样子，形容奔走钻营，追逐名利。此词也源于《庄子》。《庄子·庚桑楚》曰："全汝形，抱汝生，无使汝思虑营营。"这是庚桑楚告诉自己的学生如何全身远祸，即关键在于保持虚静，守其本分，不要总想着去钻营，去追逐名利这些外在之物。苏轼被贬黄州，思考自己不得自主的原因，觉得就是没有忘记人世间的功名利禄，所以才会为其所累，不能自由。《庄子》倡导顺应自然，无为而无不为，这样才能获得大自由；所以苏轼在人生的低谷，以《庄子》为老师，从中寻找精神自由的方法。这样一种寻求内心自由的思考行为与中国士大夫向来有"穷则独善其身，达则兼济天下"的志向是相通的，即腾达时以儒家积极进取的精神为主，失意时以庄子的自然无为为依归，而不是从外界寻找原因。

夜阑（lán）：夜深，指很晚了。

縠（hú）纹：比喻水波细纹。縠，绉纱类丝织品。

逝：消逝，表示离开纷扰残酷的现实世界。

江海寄余生：在江海中寄托余生。寄，寄托，可译为了却、度过。余生，余下的生命（时光）。

写此词前，四十三岁的苏轼经历了人生中最惊心动魄的一场风波——乌台诗案，在牢狱中被囚禁了一百零三天，险遭杀身之祸，出狱后以罪人身份被贬黄州。写此词时，苏轼来黄州快三年了。

此词分上下两片，上片写词人行为，下片写词人所思，整首词写出了苏轼遭贬后的痛苦挣扎与痛定思痛的理性思考，塑造了一个克制、平静、冲和、洒脱的思考者形象。虽然来黄州快三年了，但苏轼并没有从乌台诗案的沉重打击中恢复，如今回想起来仍然心有余悸，他不止一次地问自己，为什么是我？生活还要继续，那该怎么继续？

"夜饮东坡醒复醉"，喝酒喝醉了，醉了又醒来，醒来接着喝，又喝醉了。这样的饮酒到底是为哪般呢？借酒浇愁。据说东坡并不善于饮酒，但是仍然让自己不断地醉，可见心中有多少心结和愁闷。醉得厉害，归来"仿佛"三更，一个"仿佛"，表明醉得迷离恍惚，不知道到底是什么时候，只是觉得好像三更了吧。这两句把苏轼醉酒的形象写得很生动。接着写到家之后，童仆酣睡，鼻息雷鸣，敲门不应，只好"倚杖听江声"。如雷鼾声，衬出夜晚的安静，如此静夜，也才能听到江水的声音。而江水流逝，常常引起无边的思绪，孔子不是说"逝者如斯夫"吗，人生不也就是一条无法回转的河流？所以这里自然引出下片的思考。思考让人平静，也让酒醉的伴狂直面真实的人生。

"长恨此身非我有"，恨不是憎恨，而是喟叹、懊丧，懊丧我们做不了自己的主，懊丧生而不自由。不自由是因为心有羁绊，因为还没有忘记立功立名；苏轼回想自己自幼奋发立志，要在人世间干一番事业，但是事与愿违，不但大志没有实现，反而差点丢了性命。如今，他的有形之身也仍然受到监管。所以，"何时忘却营营"，就是说应该忘记这些功名利禄，像庄子说的，顺其自然，无欲无为，随遇而安。"夜阑风静縠纹平"，此刻夜已深沉，江面风平浪静，水波不兴，这是写景，同时也是苏轼内心的反映，所谓物我为一。"小舟从此逝，江海寄余生"，此后，"江湖风波"再也与"我"没有任何关系，"我"只是驾一叶扁舟，飘然而去，逍遥度过这劫后的余生——这当然表达的是苏轼渴望避开或者逃离人世风波的一种心态；在充满各种欲望的尘世能有这样的心态也是不容易的，这种隐者的意境，与《庄子》追求内心自由的思想相契合。

据说此词写成后马上风传各地，因为有"小舟从此逝，江海寄余生"，人们议论纷纷，说苏轼已经驾舟而去了。黄州郡守徐君猷知道后又惊又怕，心想大事不好，"罪人"跑了，自己也脱不了干系，赶紧派人查看，结果发现苏轼正在家中酣睡。这个传说很有意思，苏轼的酣睡就像现代行为艺术，承接他写的这首词，完成了他的思考，象征他选择了坦然面对境遇沉浮，随遇而安。

如梦令·常记溪亭日暮

李清照

　　李清照（1084—1151年至1156年间），号易安居士，齐州章丘人。早期生活优裕，受到良好教育，后嫁与金石家赵明诚。靖康之变（1127），她逃亡南方，建炎三年（1129），明诚病故，生活孤苦，晚年寓居临安。其词以南渡为界分为两期，前期主要写自然风光、离别相思，清丽明快，俊逸疏朗。后期多感时伤怀、怀乡悼亡，充满浓郁的哀愁，苍凉沉郁。小令、慢词皆工，擅长白描，善用口语，注重炼字、炼意、炼格，自成一体。论词注重音律，崇尚典雅、情致，提出词"别是一家"之说，反对以诗文之法作词。

　　《如梦令·常记溪亭日暮》是回忆词人在青春少女时代的一次有趣的郊游，抓取"忘了归路"这个小片段来写，情境鲜活，满纸荡漾着欢乐的气息。

　　常记溪亭日暮，沉醉不知归路。兴尽晚回舟，误入藕花深处。争渡，争渡，惊起一滩鸥鹭。

（选自唐圭璋主编《唐宋词鉴赏辞典》，江苏古籍出版社，1986年）

译文 >>

　　记得曾在溪边亭台游玩，（不知不觉）太阳就要下山了，（一直）沉迷在优美的景色中（边赏边玩，都不知到了哪里），忘了回家的路。（等到）游兴已尽，乘着夜色赶紧掉转船头，小船错划进了一片荷花深处。怎么出去呢？怎么出去呢？（乱拨船桨）惊得河滩上的鸥鹭扑棱棱地飞了起来。

评注 >>

　　如梦令：词牌名，又名"忆仙姿""宴桃源"，五代时后唐庄宗李存勖创作。单调三十三字，七句，五个仄声韵，"争渡，争渡"为叠韵。

　　常记：唐圭璋先生认为"常"应为"尝"，意为曾经。常，经常。两种说法都通。

　　溪亭：溪边临水的亭台。

　　日暮：太阳快要落山的时候，傍晚。

　　兴尽：游兴没有了，意译为兴致已经得到了最大满足。

　　藕（ǒu）花：荷花。

争：吴小如先生认为同"怎"，怎么；形容划船人很焦急，千方百计想把船划出去，犹如平日焦急时会说"怎么办"。

一滩鸥鹭（ōulù）：一河滩的鸥鹭。鸥鹭，泛指水鸟，通常栖息在河滩湿地。

回忆一次美妙的郊游，开篇点出时间"日暮"，交代地点"溪亭"，紧跟着写"不知归路"，这也是后面小插曲发生的原因，而"不知归路"是因为"沉醉"：也许沉醉于风景，也许沉醉于玩，反正是很美好，很投入，根本没有想到记住游玩的路线，回过神来都不知自己到了哪里，当然就不知道回家的路了。

"兴尽晚回舟"，总算玩得尽了兴，那就回家吧。就像王徽之雪夜访友一样，乘兴而来，兴尽而返。可是夜色昏黑，赶紧掉转船头时，"误入藕花深处"；走错了路，与前面"不知归路"呼应起来。

"争渡，争渡"，即怎么办啦，怎么办啦？因为夜晚到了一个陌生的地方，还是很焦急的，故船桨乱划，"惊起一滩鸥鹭"。

这次游玩让人"沉醉"，但是沉醉于什么并没有写，反而写了误打误撞，闯进了荷花丛，又因着急胡乱划桨，惊起鸥鹭的事情，以动词"沉醉""兴尽""误入""争渡""惊起"串联所有句子，写得波澜起伏，绘声绘色，让人身临其境，字里行间都是词人的兴奋和激动。玩得忘了形而走错路，走错路而别有所见、别有所闻，回忆起来，当初的焦急都淡化了，只是觉得真的很刺激，很有趣，满塘荷花的清香，记忆里似乎更深刻，急得什么似的那种慌乱，似乎还在眼前，特别是那一滩无辜被打扰的鸥鹭，扑棱棱地飞，想来都觉得好玩，让人"沉醉"，真是满纸欢乐。

全词七句，三十三字，有时间、地点，事件起因（不知归路），结果（误入藕花深处），心情（争渡争渡），连累所及（惊起一滩鸥鹭）。省略细节，只写过程，环环相扣，一气呵成，以扑棱棱惊飞的一滩鸥鹭作结，戛然而止，但是兴味无穷。每句以仄声韵收束，"暮""路""处""渡""鹭"，增加了行文的节奏感，让每个句子都跳动起来，声情并茂地表达了文情。

[越调] 天净沙·秋思

马致远

马致远（约1250—1321年至1324年间），号东篱，元代杂剧家、散曲家。其杂剧主要是一些神仙道化剧，不以矛盾冲突、人物塑造取胜，有散曲化倾向。散曲成就高，有《东篱乐府》，内容丰富，艺术技巧圆熟，善于营造画面感，语言通俗明白，但又个性鲜明。

《天净沙·秋思》是一首小令，意象密集，情感浓烈，抒发了飘零天涯的游子在秋天思念故乡、倦于漂泊的凄苦之情，语言精练，意蕴丰厚，结构精巧，被誉为"秋思之祖"。

> 枯藤老树昏鸦，
> 小桥流水人家，
> 古道西风瘦马。
> 夕阳西下，
> 断肠人在天涯。

（选自蒋星煜、张澂选译《彩图本元曲一百首》，上海古籍出版社，2002年）

译文 >>

虬曲的枯藤，沧桑的老树，栖息着黄昏时归巢的乌鸦。
古朴的小桥，潺潺的流水，旁边住有几户人家。
荒凉的古道，萧瑟的秋风，行走着疲惫的瘦马。
夕阳向西缓缓落下，伤心的旅人还漂泊在天涯。

评注 >>

越调（yuèdiào）：曲子演唱时的一种宫调式，不同的调式表达不同的情感。宋词的题目一般由词牌和内容提示两部分构成，而元曲的题目多了宫调，一般由宫调、曲牌、内容提示三部分构成。

天净沙：曲牌名，属越调，又名"塞上秋"，用于剧曲、散曲套数和小令。

枯藤（téng）：枯萎的藤蔓。

老树：生长年代长的树，给人饱经风霜之感。

昏鸦：黄昏时的乌鸦。昏，黄昏、傍晚。
人家：住户，一家人。此句写出了诗人对温馨家庭的渴望。
古道：古老荒凉的道路。李白《忆秦娥》词："乐游原上清秋节，咸阳古道音尘绝"，张炎《壶中天》词："老柳官河，斜阳古道，风定波犹直"。"古道"这个意象，充满了岁月沧桑，有无限苍凉之感。
西风：寒冷、萧瑟的秋风。
瘦马：骨瘦如柴的马。
断肠人：形容伤心悲痛到极点的人，此处指漂泊天涯、孤独落寞、伤心无主的游子。
天涯（yá）：天的边缘处，形容很远的地方，这里指远离家乡的地方。

这首曲子的落脚点在最后一句"断肠人在天涯"，但单是这一句还不能打动人，因为缺乏铺垫。就像相声里最后的抖包袱，好笑不好笑，关键是包袱系得好不好。这首曲子的前面几句就是在系包袱。

前面三句都是六字句，作者疾风骤雨般哗啦啦倾泻而下九组意象，每句三组，一个动词也没有，意象高度聚集，诗意饱满、劲健，如千江洪水蓄势待发。九组意象是"断肠人"所见。枯藤、老树、昏鸦，虽然是深秋常见物象，但是作者选取的都是衰飒之景——干枯的藤、苍老的树、黄昏的乌鸦，没有一点儿生气。乌鸦都归巢了，游子却还在外，家真是让人渴望的地方，游子的目光从上移到下：小桥、流水、人家。让人可亲的乡村小桥，下面流淌着清澈的溪水，人家就在这里，美好得如世外桃源；"人家"写得越美，游子的境遇越见凄惨，所谓以乐景衬哀情，倍增其哀，再说家是别人的。游子的家在哪里？游子的眼光回到自己：古道、西风、瘦马。家似乎遥不可及，一路望去，似乎是永远也走不完的漫漫古道，萧瑟秋风又起，寒意渐逼，马已瘦骨嶙峋，似不可支，人何以堪？至此，九组意象笔酣墨饱地形容出了在外游子的凄惨、愁绝，归家之意呼之欲出。

家在哪里？再次远望，"夕阳西下"——又正是归家的时刻啊，前面九组意象全部统摄到这一时间背景下，做足了满腔满意的要回家的期待；但是，"断肠人在天涯"，仍然是回不去。读到这里，真是让人伤心欲绝。

全曲只是写景，但是景中含情，哀愁满纸。高度集中的意象，不仅把中文的意合法用到极致，还描绘出了一幅游子悲秋行旅图：选取有代表性的景物，远近结合，高低错落，巧妙地放在一个空间之中，突出渲染，并给读者留下充分的想象空间。虽然意象丰富，但是用词精练，简明自然，更能引发读者联想。

散文篇

《论语》（节选）

孔子（约公元前551—公元前479），名丘，字仲尼，春秋时期鲁国人，思想家、教育家。《论语》是记载孔子及其弟子言语行事的书，由孔子弟子或再传弟子编撰而成，为中国儒家经典著作，大约成书于战国初期。书的内容主要包括孔子的政治思想、教育思想、立身行事的道理等，多为一条条的语录，每条之间没有必然联系；但是综合起来看，孔子的形象风采、个性气质均生动展现，他会恸哭，会欢笑，会失望，会怅惘，偶尔敲敲打打学生，偶尔又与学生说说心里话，可亲又可爱，当然多数时候是谆谆教诲，不厌其烦，温文尔雅；那些孔门弟子，如鲁莽率直的子路，潇洒脱俗的曾晳，贤良敦厚的颜回，都个性鲜明，给人留下深刻印象。该书语言简练，意义丰厚，有种雍容和顺、纡徐含蓄的风度。

以下《论语》原文均节选自杨伯峻译注《论语译注》，中华书局，1980年出版。

  曾子曰："吾日三省吾身——为人谋而不忠乎？与朋友交而不信乎？传不习乎？"
（《论语·学而》1.4）

译文 >>

  曾子说："我每天多次反省自己：替别人办事有没有尽心竭力？同朋友来往是不是诚实？老师传授的学业有没有复习？"

评注 >>

曾子：孔子学生，名参（shēn），字子舆。
三省（xǐng）：多次反省、内省。"三"表示多次的意思。
忠：对人应该全心全力，办事尽力。
信：诚实，守信用。
传（chuán）：动词用作名词，（老师）传授的内容。
习：复习。

  儒家十分重视个人的道德修养，本则所讲的自省，是自我修养的基本方法，即自我反省，强调的是进行修养的自觉性。反省的内容主要有三方面：一是忠，忠在于"尽"，即办事要尽心尽力。二是信，既是信任，也是信用，其内容是诚实，用来处理朋友关系；并且信与言论最相关，所以"信"也表示说真话，守信用。信是一个人立身处世的基石。三是学习，注重温习、练习，这是学习新知的前提。"忠"与"信"是处理与他人关系时所秉持的原则，如何做到也是需要学习的，所以接下来谈学习。儒家讲求知行合一，即他所提倡的、所学习的，也是学习者需要做到的，所以对于儒家而言，就要不断反省：自己是否做到了。

子曰："视其所以，观其所由，察其所安。人焉廋哉？人焉廋哉？"（《论语·为政》2.10）

译文 >>

孔子说："考察一个人所结交的朋友；观察他为达到一定目的所采用的方式方法；了解他的心情，安于什么，不安于什么。那么，这个人怎么隐藏得住呢？这个人怎么隐藏得住呢？"

评注 >>

所以："以"可以当"与"讲，结交。"所以"即所结交的人。

所由："由"即"由此行"的意思。"所由"即所由从的路（途径），译为所用的方式、方法。

所安：安，即心安。"所安"即心所安的地方，译为安于什么，不安于什么。

人焉廋（sōu）哉：焉，何处；廋，隐藏，藏匿。直译为：这个人（到）哪里去隐藏呢？也就是说这个人真正的样子是隐藏不住的。

此则讲识人的方法：即要了解一个人，可以看他结交些什么样的朋友；他为了达到目的会采用什么样的方法；日常生活中心安于什么，不安于什么，这样就可以知道他是什么样的人了。

子曰："人而无信，不知其可也。大车无輗，小车无軏，其何以行之哉？"（《论语·为政》2.22）

译文 >>

孔子说：作为一个人，却不讲信誉，不知那怎么可以。譬如大车子没有装连接横木的輗，小车子没有装连接横木的軏，如何能走呢？

评注

辊（ní），軏（yuè）：古代用牛力的车叫大车，用马力的车叫小车，两者都要把牲口套在车辕上。车辕前面有一道横木，就是驾牲口的地方。那横木，大车上的叫作鬲，小车上的叫作衡。鬲、衡两头多有关键（活销），辊就是鬲的关键，軏就是衡的关键。车子没有它，自然无法套住牲口，那怎么能走呢？

此则讲信用的重要性，用了比喻的方法，形象生动，浅显易懂。

宰予昼寝。子曰："朽木不可雕也，粪土之墙不可杇也；于予与何诛？"子曰："始吾于人也，听其言而信其行；今吾于人也，听其言而观其行。于予与改是。"
（《论语·公冶长》5.10）

译文

宰予大白天睡觉，孔子说："腐烂了的木头没法雕刻，粪土似的墙壁不值得粉刷！对于宰予这样的人，还有什么好责备的呢？"又说："起初我对于人，听了他说的话就相信他的行为；现在我对于人，听了他说的话却还要观察他的行为。这是由于宰予的事而改变的。"

评注

宰予：孔子学生，名予，字子我。善于言辞，很会说话。《论语·先进》曰："德行：颜渊，闵子骞，冉伯牛，仲弓。言语：宰我，子贡。政事：冉有，季路。文学：子游，子夏。"

杇（wū）：指泥工抹墙用的工具，把墙抹平也叫杇。这里意译为粉刷。

何诛（zhū）：责备什么呢，意思是不值得责备。诛，责备。

子曰：以下的话虽是针对"宰予昼寝"这件事，但是在另一时间说的，所以加上"子曰"。

此则表面上是对宰予昼寝这件事进行批评，实质上是批评宰予言行不一致。因为儒家并不认为人不能犯错，而是认为只要犯错后能改，也是最大的善；而宰予最善言辞，连孔子当初都信了他，但是现在他却白天睡觉，让孔子觉得不能再相信他说的，可见他说的与做的并不一致，而儒家是非常反对言行不一、言不由衷的。

哀公问："弟子孰为好学？"孔子对曰："有颜回者好学，不迁怒，不贰过。不幸短命死矣，今也则亡，未闻好学者也。"（《论语·雍也》6.3）

译文 >>

鲁哀公问："你的学生中，哪个好学？"孔子答道："有一个叫颜回的人好学，不拿别人出气；也不犯同样的过错。不幸短命死了，现在再没有这样的人了，再也没听过好学的人了。"

评注 >>

好（hào）学：善于学习。
迁怒：不把怒气转移到别人身上，也就是不对别人撒气。
不贰（èr）过：不重复犯同样的错误。贰，重复。
短命：据《孔子家语》等书，颜回死的时候才三十一岁。

颜回是孔子最为欣赏的弟子之一，孔子丝毫不掩饰自己对他的赞美。颜回死后，孔子悲伤之极，痛哭不已。孔子通过夸奖颜回"不迁怒""不贰过"来说明什么是"好学"，与我们今天的"好学"有所不同，孔子着重强调内在修养，强调从错误中吸取教训，决不再犯。这与"古之学者为己"——即古代的学者学习是为了提高自己的学识、修养，让自己不断地完善这种观念是一致的。

子曰："知之者不如好之者，好之者不如乐之者。"（《论语·雍也》6.20）

译文 >>

孔子说："（对于任何学问和事业，）懂得它的人不如喜爱它的人，喜爱它的人又不如以它为乐的人。"

评注 >>

好（hào）之者：喜爱它的人。
乐之者：以它为乐的人。

孔子指出对待学问或事业有不同的境界或者层次，第一层次是知道，第二层次是喜欢，第三层次是以此为乐。从孔子到现在，从中国到世界，学问做得好的，对人类社会有卓越贡献的，都是浸淫学问之中，自得其乐的。这与现代教育中强调兴趣对学习的内在驱动力有相似之处。

子曰:"中人以上,可以语上也;中人以下,不可以语上也。(《论语·雍也》6.21)

译文 >>

孔子说:"中等水平以上的人,可以告诉他高深学问;中等水平以下的人,不可以告诉他高深学问。"

评注 >>

中人:中等水平的人。
语上:谈论高深学问。上,高深学问。

这是孔子因材施教的一种表现,即对不同水平的学生,授课的内容应该不一样。从人际交往看,对不同水平、层次的交往对象,谈话的内容也要不同。

子曰:"饭疏食饮水,曲肱而枕之,乐亦在其中矣。不义而富且贵,于我如浮云。"(《论语·述而》7.16)

译文 >>

孔子说:"吃粗粮,喝冷水,弯着胳膊做枕头,也有乐趣。干不正当的事而得来的富贵,在我看来就像浮云(我是不会要的)。"

评注 >>

饭疏食:吃粗粮。饭在此作动词。疏食,粗粝的饭食,糙米饭。
水:古代常以"汤"和"水"对言,"汤"的意思是热水,"水"就是冷水。
曲肱(gōng)而枕之:曲,弯着,这里作动词用;肱,胳膊;枕,这里作动词;之,代指胳膊。

此则表明孔子对生活和财富的态度:尽管日常饮食简单、朴素,但是他乐在其中;而对于取之不义的财富,孔子也不会动心。

子曰:"三人行,必有我师焉。择其善者而从之,其不善者而改之。"(《论语·述而》7.22)

译文 >>

孔子说:"几个人一起走路,其中便一定有可以为我所取法的人:我选取那些优点而学习,看出那些缺点而引以为戒并改正。"

评注 >>

行:走路。

焉:语助词,此处有表示停顿的作用。

者:古汉语中常用,与前面的成分一起构成名词。"其善者",指同行者身上好的地方,即优点;"其不善者",指同行者身上不好的地方,即缺点。

从:跟从,这里指学习(同行者的优点)。

此则表明孔子以任何人为师的善于学习的态度。圣人无常师,说的就是这个道理。《老子》也说善人是不善者之师,而不善者是善者之资,说的也是这个道理,即善于学习的人从什么人身上都可以有所收获。

子曰:"可与言而不与之言,失人;不可与言而与之言,失言。知者不失人,亦不失言。"(《论语·卫灵公》15.8)

译文 >>

孔子说:"可以同他谈,却不同他谈,这是错过人才;不可以同他谈,却同他谈,这是浪费言语。聪明人既不错过人才,也不会浪费言语。"

评注 >>

失人:失去人才。

失言:话说得不对,不应该说而说了。

知(zhì)者:知,同"智",智者,即聪明人。

这一则同样适用于教育:当对象是人才时,要积极教育,诲人不倦,不厌其烦,但是如果对象是无法对谈之人,则不用交流,或者少交流,否则就是浪费口舌。那么怎样才能不错过人才又不浪费言语?其前提是对自己的谈话对象有相当的了解,即要学会知人;而知人则要听其言、观其行,还要考察其所交往的朋友,以及做事的方法、手段等。总而言之,孔子认为人是千差万别、各有不同的,所以他认为老师要认清教育对象,因材施教,对象不同,教的方式、教的内容都不同。当然,因对象不同而采取不同的对话方式、不同的对话内容,不只限于教育领域。

《孟子》(节选)

孟 子

孟子(约公元前385—约公元前304),名轲,邹国人。自称孔子的忠实信徒,被后世封为"亚圣",战国时期思想家、政治家、教育家。《孟子》主要是孟子自著,其弟子也参与了编写,大概在孟子生前已完成;主要记录孟子的政治观点和政治活动,他强调仁政,主张性善,注重教育,影响深远。

《孟子》也是中国非常有特色的散文集,其文气势充沛,感情洋溢,善于说理,逻辑严密;精通譬喻,由远及近,层层推进;滔滔雄辩,理直气壮,从容不迫。与孔子的温文尔雅不同,孟子口若悬河,一泻千里,颇有辩士风采。

以下《孟子》原文均节选自杨伯峻译注《孟子译注》,中华书局,1960年出版。

孟子谓齐宣王曰:"王之臣有托其妻子于其友而之楚游者,比其反也,则冻馁其妻子,则如之何?"

王曰:"弃之。"

曰:"士师不能治士,则如之何?"

王曰:"已之。"

曰:"四境之内不治,则如之何?"

王顾左右而言他。(《孟子·梁惠王下》2.6)

译文 >>

孟子对齐宣王说道:"(假如)您有一个臣子把妻子儿女托付给朋友照顾,自己到楚国去游历,等他回来的时候,他的妻子儿女却在挨饿、受冻,对待这样的朋友,应该怎么办呢?"

齐宣王说:"和他绝交。"

孟子说:"(假如)司法官不能管理好他的下属,那应该怎样办呢?"

齐宣王说:"撤掉他。"

孟子说:"(假如)一个国家没有治理好,那又该怎样办呢?"

齐宣王左右张望,把话题扯到别处去了。

评注 >>

託：通"托"，托付。

比（bì）其反也：比，及也，至也，等到。反通"返"，返回。

则冻馁（něi）其妻子：则，表示事情的结果不是当事者所愿意而早已处于无可奈何的情况中。冻馁，使动用法，使其受冻、挨饿。妻子，妻室和儿女。

士师不能治士：士师，古代的司法官。第二个"士"，大概指士师下面的"乡士""遂士"等属官。治士，指管理下属。

劝说君主要尽君主的责任，好好治理国家，采用类比引申、由远及近的逻辑推理方法，让对方不知不觉进入自己的思维轨道，最终无法反驳，所以"王顾左右而言他"——齐宣王被孟子追问得无处躲闪，只能岔开话题，这一句非常形象地写出了齐宣王不愿正面回答孟子问题的狼狈情状。

孟子曰："天时不如地利，地利不如人和。三里之城，七里之郭，环而攻之而不胜。夫环而攻之，必有得天时者矣；然而不胜者，是天时不如地利也。城非不高也，池非不深也，兵革非不坚利也，米粟非不多也；委而去之，是地利不如人和也。故曰：域民不以封疆之界，固国不以山溪之险，威天下不以兵革之利。得道者多助，失道者寡助。寡助之至，亲戚畔之；多助之至，天下顺之。以天下之所顺，攻亲戚之所畔；故君子有不战，战必胜矣。"（《孟子·公孙丑下》4.1）

译文 >>

孟子说："有利的时机不如有利的地势，有利的地势不如人的齐心协力。一个有三里内城墙、七里外城墙的小城，四面围攻都不能够攻破。既然四面围攻，总有遇到好时机的时候，但还是攻不破，这说明有利的时机不如有利的地势。另一种情况是，城墙不是不高，护城河不是不深，兵器和甲胄不是不锋利不坚固，粮草也不是不充足，但还是弃城而逃了，这就说明有利的地势不如人的齐心协力。所以说：老百姓不是靠封锁边境线就可以限制住的，国家不是靠山川险阻就可以保住的，扬威天下也不是靠锐利的兵器就可以做到的。拥有道义的人得到的帮助就多，失去道义的人得到的帮助就少。帮助的人少到极点时，连亲戚也会叛离；帮助的人多到极点时，全天下的人都会顺从。以全天下人都顺从的力量去攻打连亲戚都会叛离的人，必然是不战则已，战无不胜的了。"

评注 >>

天时、地利、人和：孟子在这里所说的"天时"指行军作战的时机、气候等；"地利"是指山川险要，城池坚固等有利的地势；"人和"则指人心所向、内部团结等。

三里之城，七里之郭（guō）：指城郭之小。内城叫"城"，外城叫"郭"。内外城比例一般是三里之城，五里之郭。

环：包围。

必有得天时者矣：即四面围攻，旷日持久，需要得天时之利。

池：即护城河。

兵革：兵，武器，指戈矛刀箭等攻击性武器。革，皮革，指甲胄，铠甲和头盔。古代甲胄有皮革做的，也有用铜铁做的。

委：弃。

域民：限制人民。域，界限，名词用作动词，限制、控制。

得道：即得治国之道，也就是行仁政。

畔（pàn）：通"叛"，背叛。

有不战：有，或，要么。不战，不用战争。

开篇提出观点"天时不如地利，地利不如人和"，然后分别论述，得出结论："得道多助，失道寡助"；进而用顶真修辞手法说"寡助"之害，"多助"之利；最后归纳总结：以"多助"之"顺"攻"寡助"之"畔"，则战无不胜。首尾承接，一气贯穿，滔滔滚滚，而又从容自如。

景春曰："公孙衍、张仪岂不诚大丈夫哉？一怒而诸侯惧，安居而天下熄。"

孟子曰："是焉得为大丈夫乎？……居天下之广居，立天下之正位，行天下之大道；得志，与民由之；不得志，独行其道。富贵不能淫，贫贱不能移，威武不能屈，此之谓大丈夫。"（《孟子·滕文公下》6.2）

译文 >>

景春说："公孙衍和张仪难道不是真正的大丈夫吗？一发脾气，诸侯便都害怕；安静下来，天下便太平无战事。"

孟子说："这个怎么能称作大丈夫呢？……（男子）应住在天下最宽广的住宅（仁）里，站在天下最正确的位置（礼）上，走着天下最光明的大路（义）；得志的时候，偕同百姓循着大道前进；不得志的时候，也独自坚持自己的原则。富贵不能乱其心，贫贱不能变其志，威武不能屈其节，这样才能称作大丈夫。"

评注 >>

景春：孟子时代的人，或为纵横家，或为阴阳家。

公孙衍（yǎn）：魏国犀首，当时著名的说客，在秦获封大良造，又曾配五国相印。

张仪：魏人，游说六国连横去服从秦国的大政客。公孙衍、张仪是同时代的人，景春说此话时，正是他们得意之时。

一怒：一发怒。

安居而天下熄（xī）：安定地生活（什么都不用说），则天下没有战争。熄，熄灭，停息。

广居、正位、大道：这里用了比喻的方法，"广居"即宽广的住宅，比喻"仁"；"正位"即最正确的位置，比喻"礼"；"大道"即最光明的大路，比喻"义"。"仁""礼""义"是儒家的基本道德准则。

得志：实现志向。

与民由之：与老百姓一起遵循正道而行。由，遵循。

独行其道：独自实行其大道（理想）。

富贵不能淫（yín）：富贵不能乱（其心）。淫，迷惑，扰乱。

贫贱不能移：贫贱也不能改变（其志向）。移，改变。

威武不能屈：威武不能让他屈服。屈，动词，使⋯⋯屈服。

此之谓：这就称作。谓，动词，称谓，叫。

此段论说什么是真正的大丈夫，用反问、对比、排比等手法，显得义正词严。

齐人有一妻一妾而处室者，其良人出，则必餍酒肉而后反。其妻问所与饮食者，则尽富贵也。其妻告其妾曰："良人出，则必餍酒肉而后反；问其与饮食者，尽富贵也，而未尝有显者来，吾将瞷良人之所之也。"

蚤起，施从良人之所之，遍国中无与立谈者。卒之东郭墦间，之祭者，乞其余；不足，又顾而之他——此其为餍足之道也。

其妻归，告其妾，曰："良人者，所仰望而终身也，今若此——"与其妾讪其良人，而相泣于中庭，而良人未之知也，施施从外来，骄其妻妾。

由君子观之，则人之所以求富贵利达者，其妻妾不羞也，而不相泣者，几希矣。

（《孟子·离娄下》8.33）

译文 >>

齐国有一个人，家里有一妻一妾。这个人每次外出，一定吃得饱饱的、喝得醉醺醺地回家。妻子问他一起吃喝的都是些什么人，据他说来，都是一些有钱有势的人物。妻子便对妾说："丈夫（每次）出去，都是吃饱喝醉而后回来；问他同些什么人吃喝，他说都是有钱有势的人物，但是，我从来没见过显贵的人物到我们家里来，我准备偷偷地去看看他到底去了些什么地方。"

第二天一清早起来，妻子便尾随她丈夫，走遍整个都城，没有一个人站住同她丈夫说话。最后走到东门外的墓地，他走近祭扫坟墓的人那里，讨些残羹剩饭；不够，又四下里看看，再跑到其他扫墓人那里去乞讨——这就是他天天吃饱喝醉的办法。

妻子回到家里，把这些情况告诉了妾，并且说："丈夫，是我们指望终身依靠的人，现在他竟然是这样子的——"于是她俩一起在庭中咒骂着，哭泣着，而丈夫不知道，还得意洋洋地从外面回来，在妻妾面前大耍威风。

在君子看来，有些人用来求取升官发财的方法，能够不使他们的妻妾引以为耻而共同哭泣的，实在是太少了！

评注

良人：妇人对自己丈夫的称呼。

必餍（yàn）酒肉而后反：餍，吃饱。反，通"返"，返回。

其妻问所与饮食者，则尽富贵也："者……也"，文言文中的句式，表示判断，可以译为"……是……"。（他的）妻子问与他一起吃饭喝酒的（是些什么样的人），（他说）都是些有权有势的人。

未尝：未曾。

瞯（jiàn）：窥探，偷看。

良人之所之也：第一个"之"是语助词，第二个"之"是动词，到。也，句末助词，无实义，表示肯定。直译：良人所到的地方。

蚤（zǎo）：同"早"。

施（yí）：通"迤"，又音 yǐ，这里指尾随跟踪。

卒之东郭墦（fán）间：最后到了东门外的墓地。卒，最后。之，去，往。东郭，城之东门外。墦间，坟墓间。

之祭者，乞其余：向祭墓的人乞讨剩下来的食物。之，走向。余，剩下。

顾而之他：掉头到另一个墓地去。顾，回头，掉头。之，到。他，别的扫墓人那里。

餍足之道：吃饱喝足的方法。

终身：终身依靠（的人）。

讪（shàn）：讥讽。

相泣于中庭：一起在庭院中哭泣。相，相与，共同。中庭，庭中，庭院中。

施施（yíyí）：喜悦自得的样子。

骄：骄傲，傲慢，此处用作动词，表示自认为了不起，在妻妾面前耍威风。

人之所以求富贵利达者，其妻妾不羞也，而不相泣者，几希矣：这句话的主语是"人之所以求富贵利达、其妻妾不羞而不相泣者"，谓语是"几希"。主语中的"者、也"两字，主要因主语太长，表示停顿而已。希，通"稀"，少。

这是一篇精彩的讽刺小品，刻画了一个为追求富贵利达而弄虚作假的厚颜无耻的人物形象。开篇写其行为"必餍酒肉而后反"，妻子怀疑，"问所与饮食者，则尽富贵也"；妻子仍然怀疑，向妾诉说自己的疑问，再次指出可疑之处——"必餍酒肉而后反""问所与饮食者，则尽富贵也"。这里不厌其烦地重复"必餍酒肉而后反"，是强调良人行为不合常理，导致妻子的深深怀疑。所以妻子自然想弄清楚事情真相——于是其妻跟踪，发现"遍国中无与立谈者"，原来根本没有所说的富贵朋友；那酒肉从何而来？"卒之东郭墦间，之祭者，乞其余；不足，又顾而之他"，原来是在坟场乞讨！真是让妻子又吃惊又羞愧。妻子觉得卑劣下作，可耻之极，回家与妾诉说，觉得所托之人实在是无耻之尤，两人"相泣于中庭"。而良人"施施从外来，骄其妻妾"，还那么趾高气扬，不可一世！与妻妾对比，良人毫无羞耻愧辱之心，其言其行真是可笑可气，卑鄙龌龊。全文用白描，寥寥几笔，这个人物形象就非常鲜明可见了。

孟子曰："尽信《书》，则不如无《书》。吾于《武成》，取二三策而已矣。仁人无敌于天下，以至仁伐至不仁，而何其血之流杵也？"（《孟子·尽心下》14.3）

译文 >>

孟子说："完全相信《书》，那还不如没有《书》。我对于《武成》这一篇，就只相信其中的二三页罢了。仁人在天下没有敌手，以周武王这样极为仁道的人去讨伐商纣这样极不仁道的人，怎么会使血流得（那么多），（甚至）使捣米用的长木槌都漂流起来了呢？"

评注 >>

尽信《书》，则不如无《书》：《书》，《尚书》。

吾于《武成》：《武成》，《尚书》中的一篇，讲述的大概是周武王伐纣的事。杨伯峻先生按：据《尚书正义》引郑氏说，《武成》到建武（东汉光武帝年号）之际已经亡失。今日的《尚书·武成》篇是伪古文，叙"流血漂橹"为商纣士兵倒戈自相残杀所致，与孟子原义不合，自不可信。

策：竹简。古人用以记事的竹、木片。

而已矣：句尾助词，罢了。

无敌于天下：状语后置，这是古汉语的一种句式，直译为：没有敌人在天下，现代汉语为"于天下无敌"，即"在天下没有敌人（对手）"。

伐（fá）：讨伐，攻打。

何其血之流杵（chǔ）：血怎么（多得）会使杵都漂流起来了呢？杵，一头粗一头细的圆木棒，用来在臼里捣粮食。流，做动词，使……漂流。

尽信书，则不如无书，放在今天，也仍然是一条精警辟透的读书法。有人说，不读书的容易上人的当，读书的又会上书本的当，意思是要多读书，但是读书不思考，也是无益的。在孟子的时代，《尚书》是经典，而孟子却不盲从，不迷信，独立思考，勇于怀疑，确实是圣哲典范。

《庄子》（节选）

庄 子

庄子（约公元前369—约公元前286），姓庄名周，字子休，宋国蒙县人，战国中期思想家、文学家，庄学的创立者，道家学派代表人物，与老子并称"老庄"。曾为宋国地方的漆园吏，齐、楚曾聘以为相，弃之不应。《庄子》共33篇，内篇7，外篇15，杂篇11，内篇为庄子所著，外篇、杂篇有门人参与。提倡遵循天道，自然无为，万物一齐，各适其性，各得自由。庄子的哲学幽深杳渺，微妙难言，为了把自己的思想说得引人入胜，编了很多有趣的寓言故事，想象丰富奇特，跳荡恣纵，变化无端；行文汪洋恣肆，但是行所当行，止于当止，文采烂然，瑰丽奇诡。庄子目光炯炯，洞彻世间奥秘，超然凝望滚滚红尘，看似逍遥物外，实则忧心摇摇。无论是思想，还是文学，庄子都达到了极高深的水平，给予后代无数滋养。

以下《庄子》原文均节选自郭庆藩撰《庄子集释》，中华书局，2016年出版。

昔者庄周梦为胡蝶，栩栩然胡蝶也，自喻适志与！不知周也。俄然觉，则蘧蘧然周也。不知周之梦为胡蝶与，胡蝶之梦为周与？周与胡蝶，则必有分矣。此之谓物化。（《庄子·齐物论》）

译文 >>

庄周曾经做梦梦见自己变成蝴蝶，一只生动逼真的蝴蝶，自得快乐，惬意（飞舞）！不知道自己原本是庄周。突然间醒过来，惊惶不定，怪而思之，方知自己原来是庄周。不知是庄周梦中变成蝴蝶呢，还是蝴蝶梦中变成庄周呢？庄周与蝴蝶，那必定是各有特点的。（但是，无论是蝴蝶还是庄周，都能各适其志，）这就是万物的交合与变化吧。

评注 >>

栩栩（xǔ）：生动传神的样子。

自喻适志与：自快得意，愉悦而行。喻，快乐，也可以解释为明白。适志，适其心志，快乐适意。与，句尾助词，"胡蝶之梦为周与"的"与"同此用法。

俄然：突然。

觉：梦醒。

蘧蘧（qú）：惊动、受惊的样子。

分（fèn）：性分，万物各自的特点。

物化：万物的交合、变化。

庄子以梦、觉喻死、生，梦、觉没有分别，死、生也没有分别，恍惚一梦，梦经百年；而人生百年，又岂不是恍惚一梦？梦中乐，觉也乐，犹如生之可乐，死亦未尝不乐？梦为蝶，则尽享蝴蝶的快乐，忘记那个醒着的庄周；醒为周，则安适于庄周的现实，不知曾是梦中那只快乐的蝴蝶。蝴蝶与庄周本来是有区别的，但是他们各适其志：无论是梦中的蝴蝶，还是醒来的庄周，都各自安享存在的快乐。庄子就是通过这个故事来说明，不用去分辨死生，当生虑死，妄起悲愁，因为生死往来，都是物理之变化，没有什么不同，各适其志就好。

为了说明深奥的道理，庄子给我们描画了一个似梦非梦，如真似幻的梦与觉之场景：那一只翩然飞舞的蝴蝶，那突然从梦中醒来、惊惶不定的觉者，那奇怪的追问，是我梦到了蝴蝶，还是蝴蝶梦到了我——都营造出梦与觉那一刹那迷离恍惚的情态，读来摇曳生姿。此后，庄生梦蝶也成为梦幻迷离的文学意象。李商隐那首至今难以解读的《锦瑟》也借用此典，写道"庄生晓梦迷蝴蝶"，更加让其中的朦胧迷离之美得到发扬。

泉涸，鱼相与处于陆，相呴以湿，相濡以沫，不如相忘于江湖。与其誉尧而非桀也，不如两忘而化其道。夫大块载我以形，劳我以生，佚我以老，息我以死。故善吾生者，乃所以善吾死也。（《庄子·大宗师》）

译文 >>

泉水干涸了，鱼儿困在陆地上（相互依偎），互相大口吐气来湿润对方，用口中水沫来沾湿对方（使得彼此得以继续生存），不如自由地在江湖之中畅游，忘记彼此的存在。与其赞誉唐尧的圣明而非议夏桀的暴虐，不如忘记他们的善恶，（也不讨论是否仁义，）而任随自然之变化而变化。（一切都自然而为：）大自然构造形体运载我，赋予生命劳苦我，老而无能时使我暂得闲逸，死亡之后归于寂灭，使我停息下来。（我的生老病死，都是大自然赋予我的不同形态，它们都是我。）所以，如果认为生是好的，那么也同样可以认为，死也是好的。

评注 >>

涸（hé）：没有水，干枯。

相与处（chǔ）于陆：一起困在陆地上。处，置身，存身（于某地、某种情况）。

相呴（xǔ）以湿：相互呼出气来湿润对方。比喻在困难时以微小的力量竭力互相帮助。呴，慢慢呼气。以，连词，用来。

相濡（rú）以沫：互相用口中的水沫沾湿对方的身体。比喻同在困难的处境里，用微薄的力量互相帮助。濡：沾湿。以，介词，用。

不如相忘于江湖：不如在大江大湖中自由游泳，不再来往，彼此相忘。

大块：大自然。

庄子用鱼之得水与不得水的生存状况来比喻人的得道与不得道。又指出与其誉尧非桀，不如忘却善恶，不论是非，这样才能与变化化而为一，随变化而遨游。人之生老病死，也不过是人生变化的不同形态，所以也不用贵生恶死。庄子由此说明只要得道，即只要顺应自然变化，善恶两忘，是非双遣，忘却生死，就可以获得大自由。

庄子讲的道理很深奥，为讲道理塑造的形象又非常成功，我们也许会忘了他讲的道理，但是不会忘记涸泉之鱼的"相濡以沫"，还有"相忘于江湖"的画面。它们都成为汉语典故，人们常常用"相濡以沫"来形容夫妻或者朋友间在危难时刻生死相依、竭力互助的情谊。而从庄子本义来讲，他提倡"相忘于江湖"，因为江湖浩瀚，游泳自在，鱼入江湖，各得深水，所以自可一去不回，彼此相忘，恩情断绝；而泉源干涸，众鱼困苦，共处陆地，干涩欲死，此时吐沫相濡，吐气相湿，恩爱往来，但怎比得上纵身江湖，各自逍遥呢？生死都不用区分的庄子，当然也是忘情的，忘却才得大自由。

庄子钓于濮水，楚王使大夫二人往先焉，曰："愿以境内累矣！"

庄子持竿不顾，曰："吾闻楚有神龟，死已三千岁矣，王巾笥而藏之庙堂之上。此龟者，宁其死为留骨而贵乎？宁其生而曳尾于涂中乎？"

二大夫曰："宁生而曳尾涂中。"

庄子曰："往矣！吾将曳尾于涂中。"（《庄子·秋水》）

译文 >>

庄子在濮水钓鱼，楚王派两位大夫前往表达心意（请他做官），（他们对庄子）说："（楚王）希望能把全境（的政务）委托给您，（国事繁杂，）劳烦您了。"

庄子拿着鱼竿，头也不回，说："我听说楚国有（一只）神龟，死的时候已经有三千岁了，国王用锦缎将它包好放在竹匣中，珍藏在宗庙庙堂上（用以占卜国事）。这只神龟，（它是）宁愿死去留下骨骸（被珍藏）而显示尊贵呢，还是宁愿活着拖着尾巴在烂泥里（自由地）爬行呢？"

两位大夫说："宁愿活着拖着尾巴在烂泥里爬行。"

庄子说："你们回去吧！我宁愿在烂泥里（自由自在）拖着尾巴（活着）。"

评注

钓于濮（pú）水：在濮水钓鱼。濮，水名，在今河南濮阳。这是古汉语中的状语后置句式，现代汉语句式为"于濮水钓"。

楚王：楚威王。

使大夫二人往先焉：派两名大夫先去（向庄子）宣述自己的意思。使，派，派遣。大夫，古职官名。周代在国君之下有卿、大夫、士三等。往，去，前往。先，先去宣达自己（任命庄子）的想法。焉，相当于"于之"，即到濮水。

愿以境内累（lèi）矣：希望把国内政事委托给您，（国事繁杂，）劳累您了。境内，国境之内，代指国家政事。累，作动词，使……劳累。矣，句尾助词。

持竿：拿着钓竿。

不顾：不回头。

神龟：古人认为龟有神异的力量，所以把龟抓来杀死，取其龟壳，用来占卜吉凶。

三千岁：三千年。

巾笥（sì）：用锦缎包裹，装在匣子里。巾，覆盖用的丝麻织品，这里名词用作动词，用锦缎包裹。笥，一种盛放物品的竹器，名词用作动词，用竹匣装。

庙堂：太庙的殿堂，皇帝祭祀的地方。

宁其死为留骨而贵乎：宁愿死了留下骨头（被珍藏）而显得尊贵呢？宁，宁愿。其，它，代指龟自己。贵，形容词用作动词，显得尊贵。

宁其生而曳（yè）尾于涂（tú）中乎：（还是）宁愿活着拖着尾巴在烂泥中（自由爬行）呢？涂，泥涂，烂泥。

往矣：（你们）走吧。

这一段极富画面感，面对楚威王使者的面宣王意、郑重邀请，于濮水垂钓的庄子"持竿不顾"；简单四字，形象地描绘出庄子对于爵位根本不动于心、拒使者于千里的清拔脱俗之气。但是拒绝的理由机智而有奇趣，庄子没有讲道理，而是用精妙的比喻来说明做官与不做官的境况，让使者来做选择：你愿意成为被弄死取其龟壳供养于庙堂的龟，还是愿意做拖着尾巴在泥巴中自由自在活着的龟？答案是显而易见的，使者当然说宁愿活着，庄子则说，我也选择活着。任何拒绝的话都没有说，庄子也似乎在顾左右而言他，但是已经拒绝了。这段对话也很简单，"曳尾于涂中"是中心词，也是对话双方共同的选择；使者要回答庄子的话，所以用"宁生"，庄子接着使者的话则说"吾将"，句义承接自然，语气自然流转。庄子不动声色，轻而易举地拒王侯贵爵于千里之外，追求自由自在的生活，智慧而凝神淡定的形象就在简短的一段话中表现出来了。

庄子与惠子游于濠梁之上。庄子曰:"儵鱼出游从容,是鱼之乐也。"

惠子曰:"子非鱼,安知鱼之乐?"

庄子曰:"子非我,安知我不知鱼之乐?"

惠子曰:"我非子,固不知子矣;子固非鱼也,子之不知鱼之乐,全矣。"

庄子曰:"请循其本。子曰'汝安知鱼乐'云者,既已知吾知之而问我,我知之濠上也。"(《庄子·秋水》)

译文 >>

庄子和惠子一起在濠水桥上游玩。庄子说:"鲦鱼在濠水中游得无拘无束,自由自在,这是鱼的快乐啊。"

惠子说:"你不是鱼,怎么知道鱼的快乐?"

庄子说:"你不是我,怎么知道我不知道鱼的快乐?"

惠子说:"我不是你,固然不知道你(知不知道鱼的快乐);你本来就不是鱼,你不知道鱼的快乐,这是可以完全确定的。"

庄子说:"请回到(我们的)话题本源。你说'你哪里知道鱼的快乐',(表明)你已经知道我知道鱼快乐而问我,我是在濠水的桥上知道的。"

评注 >>

惠子:姓惠名施,宋国人,学问渊博,见识丰富,善于辨名析理,是庄子的好朋友。

濠(háo)梁:濠水上的桥。濠,水名,在今安徽凤阳县内。梁,桥梁,或者指没有被水淹没的石头。

儵(tiáo)鱼:"儵"古同"鲦",白鲦鱼。

从容:无拘无束,悠闲自得。

是:代词,这。如"是人""是日""是处"中的"是"同此。

子非鱼:你不是鱼。子,代词,你。

安知鱼之乐:怎么知道鱼的快乐。

固不知子矣:当然不知道你(知道鱼的快乐)。固,固然,当然。

子固非鱼也:你本来不是鱼。固,本来。

全:完全(就是这样)。

循(xún)其本:追溯话题本源。循,追溯。其,话题。本,本源。

子曰'汝安知鱼乐'云者:你说"你哪里知道鱼的快乐"。安,疑问词,怎么,哪里。云者,语气词连用,用在句中表示停顿。"哪里知道"是一个有歧义的疑问句,一是"哪里"等同于副词"怎么",表示反问,"怎么知道",就是你不知道;一为"哪儿知道","哪儿"成为地点疑问代词，表示"从哪里知道的"。庄子就是抓住了这个词的歧义进行了诡辩。

既已知吾知之而问我：已经知道我知道鱼很快乐而问我（从哪儿知道的）。既已，已经。吾，我，第一人称代词。之，代指"鱼很快乐"这件事。

"濠梁之辩"是一场著名的辩论。两位好朋友一起外出游玩，看到水中鲦鱼自由自在地游来游去，展开了一场人能否知道鱼之快乐的辩论。除了第一句交代背景，全篇以对话展开，庄子认为鱼很快乐，惠子则认为庄子不可能知道鱼是否快乐，由此把辩论引向深入。两人思维敏捷，辞锋机巧，读来怡情益智。

"濠梁之辩"吸引人的不仅是两人的辩论充满机趣，也让人感觉到无限诗意。两人都能紧扣主题，但是他们的思维方式完全不同。惠子从理性认知的角度认为，人与鱼是不同的，人不可能感受鱼的快乐、悲伤。庄子从万物共情的角度认为，人有乐，鱼也有乐。从逻辑推理的角度讲，惠子是符合逻辑的；但是庄子的诡辩也让人心生欢喜，当庄子说出鱼儿那么自在地游来游去是多么快乐的时候，我们也会感受到庄子的快乐，如果他不快乐，应该是"感时花溅泪，恨别鸟惊心"。所以庄子对待鱼儿的态度，是一种艺术的"移情"：正因为他快乐，所以看到万物欣然自适，整个世界一派自由、逍遥。我们也可以想象庄子与惠子一起出来游玩，也是开心乐事吧——不仅是濠水的风光旖旎，游鱼自乐，同时也因同游濠梁的是惠子这样的朋友，智力旗鼓相当，辩论时棋逢对手，对于庄子这样智慧的人来讲，也是大快乐。所以，虽然朋友互辩，辞锋交集，却并无刀光剑影，而是闲适悠然，读来让人会心一笑，诗意盎然。

湖心亭看雪

张　岱

　　张岱（1597—约1689），明末清初文学家、史学家，浙江山阴（今浙江绍兴）人。出生仕宦世家，少时锦衣玉食，精于吃喝玩乐，而又博闻强识，书剑仙佛、文章节义、农圃杂事皆有研习；年五十国破家亡，避迹山居，布衣蔬食，绳床瓦灶，专事著述。有史书《石匮书》，散文《琅嬛文集》《陶庵梦忆》《西湖梦寻》等。其散文写自然山水、风俗民情、日常琐事，如行云流水，自然成文，但细细琢磨，却字字准确，不可移易。少年的鲜衣怒马与晚年的绳床瓦灶有着天壤之别，巨大的反差在文字中留下的不是抱怨、乞怜而是一股看透的澄澈和通明。

　　《湖心亭看雪》选自《陶庵梦忆》，短短200多字，大雪三日天地一白的空阔、渺茫、纯净、朴素，人间痴人的雅趣、孤独、渺小、无奈，只能意会，惟见天光云影，慨叹"奈何"，作者文心真是天机清妙、一骑绝尘。

　　以下《湖心亭看雪》原文选自陈振鹏、章培恒主编《古文鉴赏辞典》，上海辞书出版社，1997年出版。

　　崇祯五年十二月，余住西湖。大雪三日，湖中人鸟声俱绝。
　　是日，更定矣，余拏一小舟，拥毳衣炉火，独往湖心亭看雪。雾凇沆砀，天与云、与山、与水，上下一白；湖上影子，惟长堤一痕、湖心亭一点与余舟一芥、舟中人两三粒而已。

评注 >>

　　崇祯五年：1632年。崇祯（1628—1644），是明思宗朱由检的年号。本文为写于明朝灭亡之后的回忆之作，所以用了明朝的年号；另外也有"故国之思"的意味，即对明朝的怀念。

　　大雪三日：下了三日大雪。"大雪"在此是名词用作动词。

　　俱绝：都消失了。形容大雪三日后万籁俱寂。

　　是日更（gēng）定：是，代词，这。更，古代夜间的计时单位，一夜分五更，一更大约两小时。更定，指初更以后，晚上八点左右。定，停止，结束，指第一更结束。

　　余：第一人称代词，我。

　　拏：通"桡"（ráo），本义是楫，船桨，这里指撑（船）。

拥毳（cuì）衣炉火：穿着细毛皮衣，带着火炉。毳衣，细毛皮衣。毳，鸟兽的细毛。动词"拥"后接两个宾语（"毳衣""炉火"），写出天气寒冷，抱着火炉偎在毛皮衣服里的情态，比现代汉语来得更简洁传神。

湖心亭：位于杭州西湖中央一岛上，环岛皆水，环水皆山，置身亭上，风光尽收眼底，是西湖著名景点之一。

雾凇（sōng）沆砀（hàngdàng）：冰花一片弥漫。雾凇，天气寒冷、水汽充分时，在草木上形成的树挂，一种乳白色的冰晶，非雾非冰，看上去像雪，遇日光则消散，也称冰花、琼花、傲霜花。沆砀，白气弥漫的样子。这里写出大雪后极冷天气下西湖四周草木上冰花灿烂、洁白晶莹、堆银似雪、绝世逸尘的美丽景象。

上下一白：上上下下全白。一白，全白。一，副词，全或都，一概。用语简洁极了，与所描写的对象情调上一致，写天上地下一片白，漫天漫地的白，只有白。

雾凇沆砀，天与云、与山、与水，上下一白：一句话，将一片冰莹雪白的世界展现在眼前。两个主语，第一个是"雾凇"，"沆砀"一词写出其晶莹迷离的特点；第二个是"天、云、山、水"，这是当时雪天西湖的大背景，从上到下，囊括一切，一切俱白；三个"与"字，写出天、云、山、水因为下雪而连成一片的样子，虽是连词，但是也有传神写照的功能。

惟：只有。

长堤一痕：形容西湖长堤在雪中只隐隐露出一道痕迹。堤，沿河或沿海的防水建筑物。一，数词。痕，痕迹。

一芥（jiè）：一棵小草。芥，小草，比喻轻微纤细的事物，像小草一样微小。这里指白雪皑皑渺茫天地之下，小船是如此渺小，人也是如此渺小，"舟中人两三粒而已"。

而已：罢了。

湖上影子……舟中人两三粒而已：上一句从大处着笔，写天、云、山、水白成一片，大雪茫茫，无边无际，渺茫空阔的景象。这一句则从细微处写，写白雪映衬下西湖风物的影子，长堤、湖心亭、小舟、人；仍然是粗笔勾勒，因为夜晚雪光映衬之下，所得只有轮廓、"影子"，不可能细描，但抓住各自影子的特点，即淡淡的一道、小小的一点、轻轻的一撇、零星的几粒，用词极简，摹物极准，毫无雕饰，自然风流。画面只有茫茫白雪和淡淡黑影，但是水墨氤氲，满纸流荡；万籁俱寂，却又觉得大音希声，大象无形，不可言说，无法言说。这里作者采用跳到空中的俯视视角，让文章呈现出超出尘寰的脱俗之气。

到亭上，有两人铺毡对坐，一童子烧酒，炉正沸。见余，大喜，曰："湖中焉得更有此人！"拉余同饮。余强饮三大白而别。问其姓氏，是金陵人，客此。

及下船，舟子喃喃曰："莫说相公痴，更有痴似相公者。"

评注 >>

毡（zhān）：加工羊毛或其他动物毛而成的块片状材料，这里指铺在地上隔潮保暖的毡垫。

焉得更（gèng）有此人：（想不到）还会有这样的人！焉得，怎么能得到；这里表示不敢相信竟然还有人在大雪天来湖心亭看雪，有种出乎意料的惊喜。更，还。

拉：邀请，比"邀"更热情、更热烈，可见对方见到"我们"的"大喜"之态。

强（qiǎng）饮三大白而别：尽情喝了三大杯就道别了。强，尽力，勉力，竭力，这里指尽情地。白，古人罚酒时用的酒杯，也泛指一般的酒杯；三大白即三大杯酒。对方如此热情，"我"也非常爽快，尽情喝了三大杯，可见都是性情中人。酒尽而别，不逗留、不多聊，兴尽而返。

金陵：南京的古称，据传战国时楚威王熊商灭越，埋金以镇"王气"，并于石头山筑金陵邑，因此得名。自古以来，当中原被异族占领，汉民族就在此地休养生息，立志北伐；明朝初年朱元璋即帝位，也是在此开始北伐并统一全国的；所以南京是汉民族复兴之地。明朝初年，南京是京师所在，称应天府；1420年永乐帝迁都，京师北上至顺天府（今北京），应天府成为陪都。清朝，南京名为江宁。这里客人自称"金陵人"，有怀旧之意。

客此：客，做客，名词作动词。在此地客居。

问其姓氏，是金陵人，客此：临别问姓氏，一是礼貌，二是毕竟有共同之处。而简短的回答"金陵人"，客居此地，已包含客愁、乡思，行文至此戛然而止。

及：等到。

舟子：船夫。

喃喃：低声嘟哝。

莫：不要。

相公：原本是对宰相的尊称，后转为对贵族青年、官吏或者读书人等的敬称。这里是船夫对"我"的敬称。

更有痴（chī）似相公者：还有跟您一样痴的人。更，还。痴，是舟子对"我"的评价。此处既指"我"痴迷山水、钟情山水；也指出"我"有些迥异常人：大雪天独自一人跑到远离市井的湖心亭来赏雪，白天不来，晚上来；来了也不久留，遇客也不多聊，喝了酒就走，真是有点痴痴傻傻，像《红楼梦》里众人对宝玉的评价——"痴"。

全文评析 >>

这是一篇回忆冬天雪夜独自去湖心亭赏雪的散文。第一部分写了时间、天气，以及去往湖心亭所见的风景：万籁沉寂，杳无人踪，唯有天地一白，杳渺澄澈；大片白之中，长堤、湖心亭、小舟、舟中人只是点缀，轻轻一道、一点、微微一芥、几粒，一幅水墨画，只做白描勾勒，省却许多笔墨，却意蕴无限。第二部分，写到达湖心亭遇上早到的客人，以及相互的交往。第一部分着重写寂静、澄澈、空明，第二部分则写声音、人情、生气。同样出笔简省，但"客"的逸情雅兴、双方交流的情态跃然纸上。以"痴"作结，"痴"迷的是山水，"痴"的是远离尘嚣的澄净，对宇宙万物的洞彻，还有回忆起来无法排遣的寥落，繁华如梦的感伤。

从百草园到三味书屋

鲁 迅

鲁迅（1881—1936），浙江绍兴人，原名周樟寿，后改名周树人，笔名鲁迅。因父亲的病而想当医生来疗救人民，在日本留学学医受到麻木冷漠同胞的刺激，弃医从文，希望用自己的笔唤醒"铁屋子"里沉睡的人。一生都在为改造"国民性"服务，鞠躬尽瘁，死而未已。他在文学创作、文学批评、思想研究、文学史研究、古籍校勘与介绍、翻译、美术研究等领域具有重大贡献，对五四运动以来的中国社会思想文化具有重大影响，是现代中国著名的文学家、思想家，现代文学奠基人。一生创作最多的是杂文，针砭时弊，剖析人性，嬉笑怒骂，皆成文章，极富批判性、穿透性，具有超越时空的力量。也有散文诗集《野草》，散文集《朝花夕拾》，小说集《呐喊》《彷徨》《故事新编》，学术著作《中国小说史略》《汉文学史纲要》，翻译《域外小说集》《死魂灵》等。有人认为鲁迅严厉、沉郁、好骂好战、不近人情，这如果不是偏见，就是一种有意识的误导。一个人一生涉猎如此多的领域并且都卓有建树，一定有一个丰富的、强大的、生意盎然的心灵世界。

《从百草园到三味书屋》选自散文集《朝花夕拾》（鲁迅先生纪念委员会编《鲁迅全集》（第二卷），华夏出版社，2021年），是鲁迅一生中少有的一篇快文，用轻松温暖的笔调记下了他美好又有趣的童年往事。

我家的后面有一个很大的园，相传叫作百草园。现在是早已并屋子一起卖给朱文公的子孙了，连那最末次的相见也已经隔了七八年，其中似乎确凿只有一些野草；但那时却是我的乐园。

评注 >>

并：连同。

朱文公：即朱熹（1130—1200），南宋哲学家、教育家。1919年，周家将绍兴周家新台门卖给东邻朱阆仙，因为其与朱熹同姓，故作者戏称其为"朱文公的子孙"。

确凿（záo）：确实。

"似乎"即好像，不确定；"确凿"即确实，一定；看似矛盾的一对词正好写出

"时隔七八年"的记忆的特点；根据文意，偏重"确凿"一义。"只有"野草，"但"那时"却"是我的乐园，这些虚词使文意回环宛转、抑扬顿挫，毫不怀疑地点明：百草园就是我的乐园。

  不必说碧绿的菜畦，光滑的石井栏，高大的皂荚树，紫红的桑椹；也不必说鸣蝉在树叶里长吟，肥胖的黄蜂伏在菜花上，轻捷的叫天子（云雀）忽然从草间直窜向云霄里去了。单是周围的短短的泥墙根一带，就有无限趣味。油蛉在这里低唱，蟋蟀们在这里弹琴。翻开断砖来，有时会遇见蜈蚣；还有斑蝥，倘若用手指按住它的脊梁，便会拍的一声，从后窍喷出一阵烟雾。何首乌藤和木莲藤缠络着，木莲有莲房一般的果实，何首乌有拥肿的根。有人说，何首乌根是有像人形的，吃了便可以成仙，我于是常常拔它起来，牵连不断地拔起来，也曾因此弄坏了泥墙，却从来没有见过有一块根像人样。如果不怕刺，还可以摘到覆盆子，像小珊瑚珠攒成的小球，又酸又甜，色味都比桑椹要好得远。

评注 >>

  菜畦（qí）：菜地。不说"菜地"而说"菜畦"，大概是为了押韵，"畦""栏"是平声，"树""椹"是仄声，这样读起来有节奏感、很好听。另外"菜畦"更典雅一点。

  皂荚（jiá）树：绍兴俗称肥皂树，其果实的果皮有肥皂的功能，可以用来洗衣服。

  桑椹（sāngshèn）：桑树的果实。

  长吟（yín）：长声鸣叫。

  轻捷（jié）：轻快敏捷。

  叫天子（云雀）："云雀"是生物学学名，"叫天子"是别称，并且听起来更有趣，这是一种形状像麻雀的鸟，羽毛赤褐色，有黑色斑纹，飞得很高，叫的声音很响亮，很好听。

  云霄（xiāo）：极高的天空；天际。

  不必说碧绿的菜畦……就有无限趣味：前两句用"不必说""单是"连接，告诉读者百草园好玩的地方很多，仅仅是"泥墙根一带"就乐趣无穷，成为此段的总领。第一句写了好多好玩的，好看的——从菜畦到皂荚树到桑椹，视线从低到高；碧绿的菜畦、紫红的桑椹、肥胖的黄蜂，颜色也非常鲜亮、丰富。第一个"不必说"写静景，第二个"不必说"写动景，动静结合，更见生动。其中动词运用准确传神，鸣蝉"长吟"，黄蜂"伏"在菜花上，叫天子"窜"向云霄去了，形象如在眼前，叫声如在耳边。

　　油蛉（líng）：就是"金钟儿"，也叫蛉虫，形状像西瓜子，黑褐色，昼夜都叫，叫声奇特，像铃声。

　　斑蝥（máo）：一种昆虫，俗称"放屁虫"。

　　倘若（tǎngruò）：如果。

　　后窍（qiào）：肛门，俗称屁股。这里用专业名词描述昆虫身体部位，一是准确，二是与整体行文风格一致，抒情而典雅。

　　何首乌：多年生草本植物，茎细长，能缠绕物体，秋天开花，白色，根块状，粗大，可以做药。

　　木莲：一种蔓生的常绿灌木，学名薜荔，又叫莲蓬子，善于攀缘，其藤缠绕上树，可以长得很高；有结果枝和不结果枝，果实又分雌花果和雄花果，雌花果饱满，雄花果外形偏瘦。

　　缠络（chánluò）：缠绕在一起。

　　莲房：莲蓬。木莲又叫莲蓬子，大概是鲁迅先生那个地方认为它的果实形状像倒立的小莲蓬；其实更像小秤砣，所以它又被称为秤砣果。

　　拥肿（yōngzhǒng）：即臃肿，这里形容何首乌块根的粗大。臃肿一般用来形容人过度肥胖，这里用来写何首乌，突出根部特别肥大，简直有点过分，"肥大""粗大"都没有这个意味。

　　覆（fù）盆子：一种落叶灌木，高一两米，枝干上有刺，果实是聚合果，莓的一种，有红色、金色、黑色，味道酸甜。

　　珊瑚珠（shānhúzhū）：珊瑚制成的珠子，这里用来描述覆盆子那种聚合果的形态，即像很多小珊瑚珠子聚合在一起的样子。

　　攒（cuán）：凑在一起。

　　油蛉低吟、蟋蟀弹琴，就是拟人化的描写，就像这里有演奏会似的，让人十分享受。知道断砖下面有蜈蚣，按住斑蝥可以让它们屁股冒烟，这都是孩童的乐趣。

　　听说何首乌有像人形的，吃了可以成仙，这种传说对小孩子最有吸引力了。"常常""牵连不断"，写出"我"在这种诱惑下去拔藤，拔出来却没有找到像人形的根，仍然不死心，继续拔，把泥墙都拔塌了的可爱、执着的样子；孩子总是充满好奇地探索一切，总是刨根问底，沉浸其中，由此感到乐趣无穷。

　　百草园不仅有好看的、好听的、好玩的，也有好吃的，覆盆子就是，比桑椹的色味还要好，对于小孩子，这就是无上的乐园啊。

长的草里是不去的,因为相传这园里有一条很大的赤练蛇。

长妈妈曾经讲给我一个故事听:先前,有一个读书人住在古庙里用功,晚间,在院子里纳凉的时候,突然听到有人在叫他。答应着,四面看时,却见一个美女的脸露在墙头上,向他一笑,隐去了。他很高兴;但竟给那走来夜谈的老和尚识破了机关。说他脸上有些妖气,一定遇见"美女蛇"了;这是人首蛇身的怪物,能唤人名,倘一答应,夜间便要来吃这人的肉。他自然吓得要死,而那老和尚却道无妨,给他一个小盒子,说只要放在枕边,便可高枕而卧。他虽然照样办,却总是睡不着,——当然睡不着的。到半夜,果然来了,沙沙沙!门外像是风雨声,他正抖作一团时,却听得豁的一声,一道金光从枕边飞出,外面便什么声音也没有了,那金光也就飞回来,敛在盒子里。后来呢?后来,老和尚说,这是飞蜈蚣,它能吸蛇的脑髓,美女蛇就被它治死了。

结末的教训是:所以倘有陌生的声音叫你的名字,你万不可答应他。

评注 >>>

长妈妈:鲁迅小时候家里的女工,常给鲁迅讲故事。下文的"阿长"也是指她。

纳凉(nàliáng):乘凉。纳,享受。

机关:周密而巧妙的计谋,这里指美女蛇的诡计。

却道无妨:却说没有关系。道,说。无妨,没有妨碍,没有关系。

高枕而卧:形容安心睡觉。

敛(liǎn):收拢。

写百草园,穿插一段赤练蛇的故事,神秘而诡异,用长妈妈的口吻说来,口语化,很有民间色彩,与故事内容风格一致。长妈妈讲得有声有色,孩子的心也跟着绷紧、放松、大悟。大概也是长妈妈担心孩子夏天到茂密的草丛被蛇咬,故意讲这个故事吧。对于小孩,任何故事都是好的,何况这么跌宕、恐怖、神奇呢。得出来的教训也是长妈妈的口吻。可以想见长妈妈对孩子们的关心和谆谆嘱咐。

这故事很使我觉得做人之险,夏夜乘凉,往往有些担心,不敢去看墙上,而且极想得到一盒老和尚那样的飞蜈蚣。走到百草园的草丛旁边时,也常常这样想。但直到现在,总还是没有得到,但也没有遇见过赤练蛇和美女蛇。叫我名字的陌生声音自然是常有的,然而都不是美女蛇。

评注 >>

听完故事,"往往有些担心",这是非常自然的心理,何况是个小孩子呢;"极想得到一盒老和尚那样的飞蜈蚣",这也是每个孩子的梦想啊!

　　冬天的百草园比较的无味;雪一下,可就两样了。拍雪人(将自己的全形印在雪上)和塑雪罗汉需要人们鉴赏,这是荒园,人迹罕至,所以不相宜,只好来捕鸟。薄薄的雪,是不行的;总须积雪盖了地面一两天,鸟雀们久已无处觅食的时候才好。扫开一块雪,露出地面,用一支短棒支起一面大的竹筛来,下面撒些秕谷,棒上系一条长绳,人远远地牵着,看鸟雀下来啄食,走到竹筛底下的时候,将绳子一拉,便罩住了。但所得的是麻雀居多,也有白颊的"张飞鸟",性子很躁,养不过夜的。

　　这是闰土的父亲所传授的方法,我却不大能用。明明见它们进去了,拉了绳,跑去一看,却什么都没有,费了半天力,捉住的不过三四只。闰土的父亲是小半天便能捕获几十只,装在叉袋里叫着撞着的。我曾经问他得失的缘由,他只静静地笑道:你太性急,来不及等它走到中间去。

评注 >>

罗汉:佛教的一种修行得道者。塑雪罗汉,就是堆雪人,只不过"雪人"是佛教中罗汉的样子。中国早有堆雪人的传统,从宫廷到民间都有,是多人参与的好玩游戏,而百草园是"荒园",很少有人来,所以就不适合在这里玩堆雪人、塑雪罗汉了。同时也是反衬下文所写的雪天捕鸟的快乐。

鉴赏(jiànshǎng):鉴别,欣赏。

人迹罕(hǎn)至:少有人来。迹,足迹,脚印。罕,稀少。

觅(mì)食:寻找食物。觅,寻找。

秕(bǐ)谷:长得不饱满的谷粒。

张飞鸟:一种鸟,因头部圆黑,前额纯白,形似舞台上张飞的脸谱,因此得名。

叉袋:一种装粮食的布袋或者麻袋,袋口有叉角,可以打结。

　　前面写了春夏秋三季的百草园,是一幅色彩明丽、声音和谐、生意盎然、乐趣无穷的有声图画,这里写冬天的百草园。第一句先抑后扬:冬天的百草园比较的无味;但是雪一下,就两样了。"一……就"句式,写出下雪对冬天的百草园是多么重要!简单介绍冬天的活动——拍雪人和塑雪罗汉,但重点写捕鸟:捕鸟的时机、整个过程、结果,非常详细,动词准确、流畅,完全可以照做,可以想象孩子们忙活的快乐景象。

捕的鸟不多，童年的好伙伴闰土的父亲说是因为"我"太急了。"不急"是因为成年人有经验，"性急"写的是孩子们雪地捕鸟的兴奋、急不可耐。

我不知道为什么家里的人要将我送进书塾里去了，而且还是全城中称为最严厉的书塾。也许是因为拔何首乌毁了泥墙罢，也许是因为将砖头抛到间壁的梁家去了罢，也许是因为站在石井栏上跳了下来罢，……都无从知道。总而言之：我将不能常到百草园了。Ade，我的蟋蟀们！Ade，我的覆盆子们和木莲们！……

评注 >>

书塾（shú）：就是私塾，中国旧时家庭、宗族或教师自己设立的教学场所。

间（jiàn）壁：隔壁。

无从：没法。

Ade：德语，再见的意思，相当于 Auf Wiedersehen。

第一句话用一个问句将文章从"百草园"转入"三味书屋"，问句表明"我"是被迫的，不知道原因，不愿意也舍不得离开百草园。三个"也许"都是写"我"的淘气，表面写淘气，实际上写"百草园"确实是一座乐园。"最严厉的书塾"既是引出下文，同时也是先抑后扬的手法，看了后文才会知道。蟋蟀们、覆盆子们、木莲们前面加"我的"，表明无限亲密，百般舍不得。告别词插入一句德语，极其留恋无奈，又极其幽默：不愿意直接说出"再见"，但又不得不再见，就用它们不懂的话来告别。

出门向东，不上半里，走过一道石桥，便是我的先生的家了。从一扇黑油的竹门进去，第三间是书房。中间挂着一块扁道：三味书屋；扁下面是一幅画，画着一只很肥大的梅花鹿伏在古树下。没有孔子牌位，我们便对着那扁和鹿行礼。第一次算是拜孔子，第二次算是拜先生。

第二次行礼时，先生便和蔼地在一旁答礼。他是一个高而瘦的老人，须发都花白了，还戴着大眼镜。我对他很恭敬，因为我早听到，他是本城中极方正，质朴，博学的人。

评注 >>

先生：指三味书屋塾师寿怀鉴，字镜吾，是一个方正质朴、学问渊博的人。

方正：正派。

前文说是"最严厉的书塾",而"先生"所处的环境倒很朴素、古雅,不森严,"没有孔子牌位"。

概括描写先生形象,先点出"和蔼"的总体印象,再具体描写个头"高而瘦",突出其清癯;"须发""花白",可见先生年纪大了;戴着大眼镜,与后文的"博学"呼应,所以外形与"方正、质朴、博学"的内在品质、修养相一致。

不知从那里听来的,东方朔也很渊博,他认识一种虫,名曰"怪哉",冤气所化,用酒一浇,就消释了。我很想详细地知道这故事,但阿长是不知道的,因为她毕竟不渊博。现在得到机会了,可以问先生。

"先生,'怪哉'这虫,是怎么一回事?……"我上了生书,将要退下来的时候,赶忙问。

"不知道!"他似乎很不高兴,脸上还有怒色了。

我才知道做学生是不应该问这些事的,只要读书,因为他是渊博的宿儒,决不至于不知道,所谓不知道者,乃是不愿意说。年纪比我大的人,往往如此,我遇见过好几回了。

评注 >>

东方朔:字曼倩,西汉时期著名文学家,性格诙谐幽默,善辞赋,《汉书》卷六十五有传。

渊博:学识深而广。

怪哉:传说的一种奇怪的虫,赤色,有头目牙齿耳鼻。据说汉武帝在路上遇见这种虫,不认识是什么,就问东方朔,东方朔说,这是"怪哉"虫,因为秦朝暴政,无辜系狱的老百姓很多,他们愁怨郁愤,对天呼喊"怪哉""怪哉",感动了上天,就让他们化为此虫。汉武帝问怎么去除这些虫,东方朔说既然他们是愁怨所化,而酒能解愁,所以将此虫放在酒里它们就会消融。这个故事见南梁殷芸编纂的《小说》,鲁迅先生《古小说钩沉》里也有辑录。拿这个虫去问老师,正写出小孩子对稀奇古怪的事最感兴趣的特点。

消释:溶解。

宿儒(rú):书念得很多的老学者。宿,年老的,长久从事某种工作的意思。儒,指读书人。

上了生书,将要退下来的时候:(听先生)讲完新课,(我)将要回到座位上的时候。书塾里,老师教新课叫"上生书"。上生书的时候,学生走到老师旁边,站在那里听老师讲,听讲完毕,回到自己座位上去,所以说"退下来"。

"我"与先生交往的第一个回合。孩童的好奇、天真与先生的一本正经、正统形成鲜明对比,与前文"方正、质朴"呼应。

我就只读书,正午习字,晚上对课。先生最初这几天对我很严厉,后来却好起来了,不过给我读的书渐渐加多,对课也渐渐地加上字去,从三言到五言,终于到七言。

评注 >>

对课:旧时私塾中的一种功课,主要是学习词句、准备作诗的一种练习。例如老师说"雨",学生对"风";老师说"柳绿",学生对"桃红"。

言:这里是"字"的意思。三言、五言、七言,指对课中每个对句的字数为三个字、五个字、七个字。格律诗中每句字数最多的就是七言。

吃一堑长一智,"我就只读书",不再问书本之外的奇怪的问题,先生后来也"好起来了"。写出儿童的善于察言观色,既对老师有天然的尊敬、信任、敬畏,也写出从欢乐自在的百草园来到书屋学习的儿童的自然成长。

三味书屋后面也有一个园,虽然小,但在那里也可以爬上花坛去折腊梅花,在地上或桂花树上寻蝉蜕。最好的工作是捉了苍蝇喂蚂蚁,静悄悄地没有声音。然而同窗们到园里的太多,太久,可就不行了,先生在书房里便大叫起来:
"人都到那里去了?!"
人们便一个一个陆续走回去;一同回去,也不行的。他有一条戒尺,但是不常用,也有罚跪的规则,但也不常用,普通总不过瞪几眼,大声道:——
"读书!"

评注 >>

蝉蜕(chántuì):蝉的幼虫变为成虫时脱下的壳。
同窗:旧时称同学为"同窗",意思是一同在窗下念书的。
戒尺:书塾里的教师用来责罚学生(打手心)的尺子。
罚跪:惩罚学生的一种方法,让他们跪着。
普通:一般情况下,大多数情况下。
瞪(dèng):睁大眼睛看人,表示不满意。

书塾的一个场景:方正的老先生与一群活泼可爱的孩子们。折腊梅、捉蝉蜕、喂蚂蚁的孩子们在屋外，姿态横生；屋内的老先生猛然察觉人头稀少，大声召唤。孩子们早已摸透先生的特点，所以最喜欢喂蚂蚁，因为静悄悄地没声音，不易被发觉；也知道被先生叫唤不能一起回去，写出孩童的贪玩、狡黠、可爱。特写先生的戒尺、罚站都是吓唬人的，"不常用"；生气的时候最多"瞪几眼"，生气也只是"大叫""大声说'读书'"，先生方正、严格之中透着慈爱、和善。

于是大家放开喉咙读一阵书，真是人声鼎沸。有念"仁远乎哉我欲仁斯仁至矣"的，有念"笑人齿缺曰狗窦大开"的，有念"上九潜龙勿用"的，有念"厥土下上上错厥贡苞茅橘柚"的⋯⋯。先生自己也念书。后来，我们的声音便低下去，静下去了，只有他还大声朗读着：——

"铁如意，指挥倜傥，一坐皆惊呢～～～～；金叵罗，颠倒淋漓噫，千杯未醉嗬～～～～～⋯⋯。"

评注 >>

放开喉咙（hóulóng）：这里指大声地。

人声鼎沸（dǐngfèi）：人声喧闹。鼎沸，本意是锅里的水烧开了，发出响声，这里是比喻学生读书读得热闹。

仁远乎哉我欲仁斯仁至矣：出自《论语·述而》（7.30），即"仁远乎哉？我欲仁，斯仁至矣。"意思是仁德难道离我们很远吗？我要它，它就来了。孩子们读书都没有断句，可见是小和尚念经，有口无心，都没有弄懂；也可见当时读的书与孩子们的心理距离很大。

笑人齿缺曰狗窦（dòu）大开：出自《幼学琼林·身体》，即"笑人齿缺，曰狗窦大开"，嘲笑别人牙齿掉了，就说是狗洞大开。这个说法其实来自《世说新语·排调》第三十则："张吴兴年八岁，亏齿，先达知其不常，故戏之曰：'君口中何为开狗窦？'张应声答曰：'正使君辈从此中出入耳！'"（张玄［曾任吴兴太守］八岁时牙齿缺落，有人与他开玩笑说，你这里怎么开了狗洞？张玄毫不迟疑地回答说：正是为了让你们从这里出入。）《世说新语》这则故事是说张玄小时候很机智聪明，原本是被人嘲笑缺齿，结果把对方嘲弄了一通。《幼学琼林》是古代给小孩子看的启蒙书籍，教小孩子各种典故常识之类的东西。

上九潜龙勿用：出自《周易》乾卦的象辞"初九：潜龙勿用"。这个爻象隐喻事物在发展之初，虽然有发展的势头，但是比较弱小，所以应该小心谨慎，不可轻动。原文是"初九"，孩子们读成"上九"，这也是没有读懂，因为"上九"是另外一个爻象，象辞为"亢龙有悔"，隐喻处于极盛时可能就会物极必反，招致灾祸。

厥（jué）土下上上错厥贡苞茅（bāomáo）橘柚（júyòu）：出自《尚书·禹贡》，是由"厥土惟涂泥""厥赋下上，上错""厥贡⋯⋯厥包橘柚"和"包匦菁茅"诸句拼合而成，意思是：天下土地（共分九等），下上为下等里最上的一级，好坏交错；那进贡的物品里有茅草、橘柚等物品。可以断句如下："厥土：下上、上错；厥贡：苞茅、橘柚"。

倜傥（tìtǎng）：洒脱；不拘束。

"铁如意，指挥倜傥，一坐皆惊呢～～～～；金叵（pǒ）罗，颠倒（diāndǎo）淋漓（línlí）噫（yī），千杯未醉嗬（hē）～～～～……。"：出自清末刘翰《李克用置酒三垂岗赋》，描写唐末军阀李克用攻克邢州后在三垂岗设宴庆贺的情况。这两句的意思是：拿着铁如意，指挥比划，潇洒自如，满座惊奇不已；用金杯喝酒，酒满倾洒，痛快淋漓，喝得很多，他们竟说千杯未醉。引文中的声浪号表声音起伏，持续不断"噫""嗬"指念书时加在句尾用来加强感情的声音。不过引用句子和原文略有出入："铁如意"原作"玉如意"；"颠倒"原作"倾倒"。如意：中国传统的手工艺品，最初用来搔痒，可如人意（让人感觉很舒服），因此得名，一般用玉和黄金等金属制成；铁如意常用作指挥柄杖、防身雅器。叵罗，古代饮酒用的一种敞口浅杯。颠倒，这里指酒杯倾洒。淋漓，形容畅快。

这一节对比着写学生与先生读书：学生读，读的内容难懂，全是正统的儒家经典，有的十分不顺口，所以学生们读起来不分句读（jùdòu），像小和尚念经——有口无心，然后声音慢慢低下去，静下去。老师读书，读的却是充满狂放情致的近代辞赋，节奏铿锵，情感丰沛，老先生读起来声情并茂，十分投入、忘情。

我疑心这是极好的文章，因为读到这里，他总是微笑起来，而且将头仰起，摇着，向后面拗过去，拗过去。

评注 >>>

拗（ào）：这里是用力弯曲的意思。

描写先生读书投入的姿态，特别是微笑，仰头、摇头，向后拗过去、拗过去，老先生读书读得忘乎所以了。

先生读书入神的时候，于我们是很相宜的。有几个便用纸糊的盔甲套在指甲上做戏。我是画画儿，用一种叫作"荆川纸"的，蒙在小说的绣像上一个个描下来，像习字时候的影写一样。读的书多起来，画的画也多起来；书没有读成，画的成绩却不少了，最成片段的是《荡寇志》和《西游记》的绣像，都有一大本。后来，因为要钱用，卖给了一个有钱的同窗了。他的父亲是开锡箔店的；听说现在自己已经做了店主，而且快要升到绅士的地位了。这东西早已没有了吧。

九月十八日

评注 >>

盔（kuī）甲：古代军人打仗时穿戴的护身的战衣。头上戴的叫"盔"，身上穿的叫"甲"。这里指小孩子自己用纸做的套在指头上玩的小套子。

荆川纸：一种竹纸，薄而略透明。

绣像（xiùxiàng）：明清以来附在通俗小说卷首的书中人物画像，用来吸引读者，用线条勾描，绘制得很精细，所以称"绣像"。

影写：把纸蒙在字帖上照着描。

《荡寇（kòu）志》：清代作家俞万春创作的一部小说。

同窗：同在一起读书的人，同学。

锡箔（xībó）：表面涂着一层薄锡的纸，多叠成或糊成元宝形，旧时迷信的人祭奠死者时烧锡箔，说是死者能当钱用。

绅（shēn）士：指旧时地方上有地位、有势力、有功名的人，一般是地主或退职官僚。

先生读书入神，孩子们也没有闲着，"我"画画的成绩很是不俗。结尾一句无限怅然，无限怀念，结束全文，无忧无虑的童年已经过去了。

全文评析 >>

文章以题目为引导，从百草园写到三味书屋，过渡的衔接流畅自然，不着痕迹；句子之间善用虚词，逻辑性很强。写百草园，自然风光赏心悦目，一派天然之趣，穿插"赤练蛇"这个民间传说，蛇妖怪影，金光闪闪，跌宕起伏，但与主题并不游离，反而增添奇光异彩，显得童年生活更加奇异深邃，而民间传说就是一种滋养。三味书屋，选取三个主要场景对比描写师生：一是"我"的好奇与先生的方正对比；二是孩子们偷空玩耍被先生发现，双方的情态描写；三是在一声"读书"令下，师生读书对比描写，接着又写了老师读书入神，孩子们私下嬉戏的场景。写出了孩子们的活泼天真和挡不住的生命意气，也写出了一位方正得有点迂腐古板，却心地和善，认真投入读书时又非常可爱的老先生形象。作者笔端含情，对那景、那情、那人、那过去的童年无限怀念，也透着说不出的惘然与孤独。

三味书屋

周作人

　　旧日书房有各种不同的式样，现今想约略加以说明。这可以分作家塾和私塾，其设在公共地方，如寺庙祠堂，所谓"庙头馆"者，不算在里边。上文所述的书房，即是家塾之一种，——我说一种，因为这只是具体而微，设在主人家里，请先生来走教，不供膳宿，而这先生又是特别的麻胡，所以是那么情形。李越缦有一篇《城西老屋赋》，写家塾情状的有一段很好，其词曰：

　　"维西之偏，实为书屋。榜曰水香，逸民所目。窗低迫檐，地窄疑艐。庭广倍之，半割池渌。隔以小桥，杂蒔花竹。高柳一株，倚池而覆。予之童骏，踞觚而读。先生言归，兄弟相逐。探椠上树，捕鱼入洑。拾砖拟山，激流为瀑。编木叶以作舟，揉筱枝而当轴。寻蟋蟀而劂墙，捉流萤以照牍。候邻灶之饭香，共抱书而出塾。"这里先生也是走教的，若是住宿在塾里，那么学生就得受点苦，因为是要读夜书的。洪北江有《外家纪闻》中有一则云：

　　"外家课子弟极严，自五经四子书及制举业外，不令旁及，自成童入塾后晓夕有程，寒暑不辍，夏月别置大瓮五六，令读书者足贯其中，以避蚊蚋。"鲁迅在第一次试作的文言小说《怀旧》中，描写恶劣的塾师"秃先生"，也假设是这样的一种家塾，因为有一节说道：

　　"初亦尝扳王翁膝，令道山家故事，而秃先生必继至，作厉声曰，孺子勿恶作剧，食事既耶，盍归就尔夜课矣！稍忤，次日即以界尺击吾首，曰，汝作剧何恶，读书何笨哉！我秃先生盖以书斋为报仇地者，遂渐弗去。"

　　第二种是私塾，设在先生家里，招集学生前往走读，三味书屋便是这一类的书房。这是坐东朝西的三间侧屋，因为西边的墙特别的高，所以并不见得西晒，夏天也还过得去。《从百草园到三味书屋》里说明道：

　　"出门向东，不上半里，走过一道石桥，便是我的先生的家了。从一扇黑油的竹门进去，第三间是书房。中间挂着一块匾道：三味书屋。匾下面是一幅画，画着一只很肥大的梅花鹿伏在古树下。没有孔子牌位，我们便对着那匾和鹿行礼。第一次算是拜孔子，第二次算是拜先生。"

　　"三味书屋后面也有一个园，虽然小，但在那里也可以爬上花坛去折蜡梅花，在地上或桂花树上寻蝉蜕。最好的工作是捉了苍蝇喂蚂蚁，静悄悄的没有声音。然而同窗们到园里的太多，太久，可就不行了，先生在书房里便大叫起来。"

　　"'人都到哪里去了！'人们便一个一个陆续走回去，一同回去，也不行的。他有一条戒尺，但是不常用，也有罚跪的规则，但也不常用，普通总不过瞪几眼，大声道：'读书！'"

从这里所说的看来，这书房是严整与宽和相结合，是够得上说文明的私塾吧。但是一般的看来，这样的书房是极其难得的，平常所谓私塾总还是坏的居多，塾师没有学问还在其次，对待学生尤为严刻，仿佛把小孩子当作偷儿看待似的。譬如用戒尺打手心，这也罢了，有的塾师便要把手掌拗弯来，放在桌子角上，着实的打，有如捕快拷打小偷的样子。在我们往三味书屋的途中，相隔才五六家的模样，有一家王广思堂，这里边的私塾便是以苛刻著名的。塾师当然是姓王，因为形状特别，以绰号"矮癞胡"出名，真的名字反而不传了，他打学生便是那么打的，他又没收学生带去的烧饼糕干等点心，归他自己享用。他设有什么"撒尿签"的制度，学生有要小便的，须得领他这样的签，才可以出去。这种情形大约在私塾中间，也是极普通的，但是我们在三味书屋的学生得知了，却很是骇异，因为这里是完全自由，大小便时迳自往园里走去，不必要告诉先生的。有一天中午放学，我们便由鲁迅和章翔耀的率领下，前去惩罚这不合理的私塾。我们到得那里，师生放学都已经散了，大家便攫取笔筒里插着的"撒尿签"撅折，将朱墨砚覆在地下，笔墨乱撒一地，以示惩罚，矮癞胡虽然未必改变作风，但在我们却觉得这股气已经出了。

下面这件事与私塾不相干，但也是在三味书屋时发生的事，所以连带说及。听见有人报告，小学生走过绸缎街的贺家门口，被武秀才所骂或者打了，这学生大概也不是三味书屋的，大家一听到武秀才，便不管三七二十一的觉得讨厌，他的欺侮人是一定不会错的，决定要打倒他才快意。这回计划当然更大而且周密了，约定某一天分作几批在绸缎街集合，这些人好像是《水浒》的好汉似的，分散着在武秀才门前守候，却总不见他出来，可能他偶尔不在，也可能他事先得到消息，怕同小孩们起冲突，但在这边认为他不敢出头，算是屈服了，由首领下令解散，各自回家。这些虽是琐屑的事情，但即此以观，也就可以想见三味书屋的自由的空气了。

(选自周作人《知堂回想录》，牛津大学出版社，2019年)

故乡的野菜

周作人

周作人（1885—1967），原名周櫆寿，后改名周作人，浙江绍兴人。鲁迅（周树人）之弟，周建人之兄。曾与鲁迅一道留学日本，抗战前后任北京大学文学院教授，后经历复杂，人生苦涩。精通日语、古希腊语、英语，是著名的翻译家，日本文学和古希腊文学经典汉语译本是其卓越的代表。也是著名的散文家、思想家、中国民俗学的开拓人。他的散文清新淡雅，洋溢着深厚的中国、东洋、西洋古典与近现代文化素养。中国散文史上没有他，是不完整的。

《故乡的野菜》对故乡浙东的风物——野菜闲闲说来，似怀念，又似不想怀念；似珍惜，又似不可珍惜，但是记忆里都很清晰，那些民谚、童谣都盈盈在耳，那些美丽都如在眼前，但是也许都是过去，空留雪泥鸿爪。

以下《故乡的野菜》原文选自周作人著《知堂谈吃·人生一饱》，中国文史出版社，2020年出版。

我的故乡不止一个，凡我住过的地方都是故乡。故乡对于我并没有什么特别的情分，只因钓于斯游于斯的关系，朝夕会面，遂成相识，正如乡村里的邻舍一样，虽然不是亲属，别后有时也要想念到他。我在浙东住过十几年，南京东京都住过六年，这都是我的故乡；现在住在北京，于是北京就成了我的家乡了。

评注 >>

钓于斯游于斯：在这里钓游；指在故乡生活、成长。韩愈《送杨少尹序》："今之归，指其树曰：'某树，吾先人之所种也；某水、某邱，吾童子时所钓游也。'"后因此称故乡为"钓游之地"。斯，代词，这，这里指故乡。

朝夕会面：早晚见面，指时时刻刻在一起。

遂（suì）成相识：就成了相互认识的人。遂，于是。

浙东：古代以钱塘江为界，分为"浙西""浙东"，今杭州、嘉兴、湖州地区为"浙西"，而绍兴则属"浙东"。

写故乡的野菜，开篇却说故乡有好几个，要写的是哪一个还是所有的？说是要写故乡,又说对故乡没有什么情分;说是没有情分,又总还是会让人想起;想起来竟有好几个故乡,结果却回到了现在的住地,离开了故乡;这都是行文之法,显得有起有伏。但是隐隐之中有点淡漠、距离,还有一种"便把他乡作故乡"的不平常的随意。

  日前我的妻往西单市场买菜回来,说起有荠菜在那里卖着,我便想起浙东的事来。荠菜是浙东人春天常吃的野菜,乡间不必说,就是城里,只要有后园的人家都可以随时采食,妇女小儿各拿一把剪刀一只"苗篮",蹲在地上搜寻,是一种有趣味的游戏的工作。那时小孩们唱道:"荠菜马兰头,姊姊嫁在后门头。"后来马兰头有乡人拿来进城售卖了,但荠菜还是一种野菜,须得自家去采。关于荠菜向来颇有风雅的传说,不过这似乎以吴地为主。《西湖游览志》云:"三月三日男女皆戴荠菜花。谚云:'三春戴荠花,桃李羞繁华。'"顾禄的《清嘉录》上亦说:"荠菜花俗呼野菜花,因谚有'三月三蚂蚁上灶山'之语,三日人家皆以野菜花置灶陉上,以厌虫蚁。侵晨村童叫卖不绝。或妇女簪髻上以祈清目,俗号眼亮花。"但浙东人却不很理会这些事情,只是挑来做菜或炒年糕吃罢了。

评注 >>

  西单市场:北京西城区西单路口的一个市场。

  荠(jì)菜:田野、路边都有,各地的叫法不同,是一种人们喜爱的可食用野菜,会开白色小花,开花后就不能吃了,太老。

  苗篮:小竹篮,有圆形和椭圆形两种。它们底部较小,中间最大,上面收口处又变得略小,其上有一个竹编的篮把,用手拎着,十分轻巧方便。

  马兰头:一种野菜,生于路边、田野、山坡上。浙江有吃马兰头的习惯。

  姊姊(zǐzǐ):姐姐。

  吴地:很古老的地理概念,源于春秋五霸时的吴国,现在主要指浙江、上海、江苏南部等地方。本文的吴地是狭义范围,大概指苏杭一带,不包括作者家乡浙东。

  《西湖游览志》:明朝田汝成的一部记载西湖名胜古迹的书。

  谚云:谚语说。谚,在老百姓中流传的反映他们劳动经验的简单明了的短语。

  三春戴荠花,桃李羞繁华:意思是阳春三月戴荠菜花,连繁华的桃李也感到有些羞愧。三春,一年四季,每个季节三个月,古人把阴历正月叫孟春,二月为仲春,三月为季春,合称三春,此处指春天的第三个月。荠菜三春开花,鲜美可爱。

  顾禄:字总之,一字铁卿,清嘉庆、道光年间苏州吴县人。家境富裕,长年外出游玩,母亲去世后开始写苏州风土记——《清嘉录》,以十二月为序,记述苏州及附近地区的节令习俗。

  灶山:灶。

灶陉（zàoxíng）：灶边突出的部分，一般指灶台面。

以厌虫蚁：以此驱虫蚁。厌，使……厌。

侵晨：天快亮的时候。

或妇女簪（zān）髻（jì）上以祈清目：有的妇女把荠菜花戴在头上，以祈祷眼清目明。簪，戴。髻，在头顶或脑后盘成各种形状的头发。荠菜也可以做药，有去火、清心明目的作用。

不经意地从妻子买菜开始写，想起了故乡的野菜，把话题拉回到正题，回忆起故乡浙东有关荠菜的事——挖荠菜，穿插童谣，很有趣味。接着写戴荠菜花、荠菜驱虫蚁等风雅之事，虽然不是自己家乡的风俗，但是增加不少民俗趣味，也增长读者见识。最后一句回到故乡——故乡的荠菜只是用来吃罢了——很实在的做法。

　　黄花麦果通称鼠曲草，系菊科植物，叶小，微圆互生，表面有白毛，花黄色，簇生梢头。春天采嫩叶，捣烂去汁，和粉作糕，称黄花麦果糕。小孩们有歌赞美之云：
　　黄花麦果韧结结，
　　关得大门自要吃；
　　半块拿弗出，
　　一块自要吃。

评注 >>>

通称：通常叫作。

系：是。

互生：植物叶子排序的一种方式，茎上每节只生一单叶，而交互相间生于两侧。

簇（cù）生梢（shāo）头：（花）一簇簇地长在枝条顶端。簇，聚成一团。梢头，树枝的顶端，这里指菜苗的顶端。

和（huó）粉作糕：与面粉搅拌在一起做糕饼。和，与其他东西搅拌在一起加水使黏稠（做糕）。

韧（rèn）结结：指黄花麦果糕有韧性，很有嚼头。

半块拿弗（fú）出：半块都拿不出来。形容好吃，不想给人吃。写出小孩的天真可爱。

这一句介绍黄花麦果的句子，像生物学家介绍植物一样，把野菜的属类、叶子、花、样了、颜色以及吃法细细说来，客观、全面、简洁，增一字、减一字都不行，似乎不带感情；而"采""捣""去""和""作"，动作连贯，一气呵成。接着一首童谣又让文章显得活泼起来，似乎可以听到童声娇娇脆脆，而儿童爱饼、小气的模样可爱至极。

  清明前后扫墓时，有些人家——大约是保存古风的人家——用黄花麦果作供，但不作饼状，做成小颗如指顶大，或细条如小指，以五六个做一攒，名曰茧果，不知是什么意思，或因蚕上山时设祭，也用这种食品，故有是称，亦未可知。自从十二三岁时外出不参与外祖家扫墓以后，不复见过茧果，近来住在北京，也不再见黄花麦果的影子了。日本称作"御形"，与荠菜同为春天的七草之一，也采来做点心用，状如艾饺，名曰"草饼"，春分前后多食之，在北京也有，但是吃去总是日本风味，不复是儿时的黄花麦果糕了。

评注 >>

  指顶：做针线活时戴在手指上的工具，小圆环，可以帮助把针顶过布面。
  一攒（zǎn）：一簇。
  茧果：作者也不知道为什么叫这个名字，只是猜测可能是蚕结茧时祭祀所用，虽是闲笔，但是故乡风俗顺带写出来，还是别有风味。
  蚕上山：熟蚕将要结茧时，把它们放到用竹木、稻草等搭起来的木棚上。
  春天的七草：古典日文中春天的代表性草花——水芹、荠菜、鼠曲草、繁缕、宝盖草、芜菁、萝卜。

  写黄花麦果的相关记忆——用作扫墓的供果，仍然是客观写来，只是如今都"不复见""不再见"了；又与日本的"草饼"相比，说"吃去总是日本风味"，"不复是"儿时的味道，对故乡的忆念就自在其中了，客观描写中对故乡的怀念情感若隐若现，轻轻淡淡。

  扫墓时候所常吃的还有一种野菜，俗称草紫，通称紫云英。农人在收获后，播种田内，用作肥料，是一种很被贱视的植物，但采取嫩茎瀹食，味颇鲜美，似豌豆苗。花紫红色，数十亩接连不断，一片锦绣，如铺着华美的地毯，非常好看。而且花朵状若蝴蝶，又如鸡雏，尤为小孩所喜，间有白色的花，相传可以治痢，很是珍重，但不易得。日本《俳句大辞典》云："此草与蒲公英同是习见的东西，从幼年时代便已熟识。在女人里边，不曾采过紫云英的人，恐未必有罢。"中国古来没有花环，但紫云英的花球却是小孩常玩的东西，这一层我还替那些小人们欣幸的。浙东扫墓用鼓吹，所以少年常随了乐音去看"上坟船里的姣姣"；没有钱的人家虽没有鼓吹，但是船头上篷窗下总露出些紫云英和杜鹃的花束，这也就是上坟船的确实的证据了。

评注

被贱（jiàn）视：被看得很贱，不受重视。贱视，轻视。

瀹（yuè）食：煮着吃。瀹，煮。

鸡雏（chú）：小鸡。雏，幼小的。

治痢（lì）：治疗痢疾。痢，一种肠道疾病，表现为拉肚子、肚子痛等。

俳（pái）句：日本的一种古典短诗。

鼓吹：演奏乐曲的乐队，有锣鼓等乐器，吹吹打打，很是热闹。

上坟船里的姣姣（jiāo）：去上坟祭祖的船里的漂亮女子。水乡绍兴，旧时以船为主要交通工具，那些城里的小媳妇和大小姐，每年只有清明时节才有机会借祭祖的名头，到乡下见见田野风光，出头露面一下。她们一个个像过节一样，打扮得花枝招展，因此，上坟船里的大姑娘、小媳妇是一个比一个漂亮，一个比一个华丽。所以，"姣姣"就是这些漂亮的大姑娘、小媳妇。

由扫墓又想起另外一种野菜紫云英，又是扣住其"能吃"的特点，但还写了它的美、它的功效。顺手引用日文资料，丰富文章内容，读者也学到不少民俗知识，也再次烘托紫云英的美。最后回到扫墓，写浙东民俗清明祭祖，无论是船里的姣姣，还是船窗下的紫云英，都是美的。作者一路写来，似是想到哪里写到哪里，其实还是收放自如，自有一根线贯穿全文。

全文评析

作者写故乡的野菜，就像说话、聊家常，由妻子买荠菜想到故乡浙东的荠菜，由常吃的荠菜想到另一种常吃的黄花麦果，再由它做扫墓的供品想到另一种扫墓时常见的野菜紫云英，虽是不经意，其实是有意。说是有意，描写又似乎不带感情，就是平平说来；看似随意说起，但是故乡风物、民谣俗谚、孩童儿歌，一件件又说得有声有色。结尾就用野菜结尾，戛然而止，但是似乎又没有完。

文章语言通俗浅易，带有地方色彩的词汇，加上随手引用的风俗记录、民谚童谣，有着浓浓的风俗趣味，而旁征博引，又有着文雅之趣。

钓台的春昼（节选）

郁达夫

郁达夫（1896—1945），原名郁文，字达夫，浙江富阳人，中国现代作家，为中国革命而牺牲的作家。曾随哥哥赴日留学，入医学部，后改学政治，又学经济，同时进行小说创作，第一部小说集《沉沦》发表，轰动国内整个文坛。他具有传统文人的浪子习气、名士气，同时又受现代新思潮的影响；其文学创作以中国传统文学打底子，也受到俄国、德国、法国、日本等文学的影响，特别是日本"物哀"文化的影响，加之天生极度敏感，自卑而又自牧，形成他独有的清、细、露、颓的特点。

郁达夫好游，在青山绿水、奇谷峻岩之中穿梭流连，停驻叹赏，写下众多优美的游记散文，《钓台的春昼》便是其中之一，写于郁达夫被国民党通缉、避居家乡游览严子陵钓台之后。文章从为何游览钓台开始，上半部分写从家乡至目的地的旅游行程，写了桐庐街市、鱼梁渡头，过江游桐君山，夜访桐君观，顺带写了富春江边的桐严嫂、撑船的船夫；本文节选的是下半部分，从桐庐坐船出发去钓台开始，写了侵晨客舍的喧杂、码头的清寒、一路春光的烂漫、船上的梦、峡谷的古静、风景的荒颓、阴森、奇诡。文章过了一多半，才开始写钓台。看上去有点琐琐细细，但是写得清奇灵动，神韵悠悠；文字古雅、质朴，而俗语、鄙语则见性情，狂放不羁，谑虐激愤，浊中见清，凡中出奇。

以下《钓台的春昼》原文节选自郁达夫著《故都的秋——郁达夫散文》，中华书局，2016年出版。

第二日侵晨，觉得昨天在桐君观前做过的残梦正还没有续完的时候，窗外面忽而传来了一阵吹角的声音。好梦虽被打破，但因这同吹箎篥似的商音哀咽，却很含着些荒凉的古意，并且晓风残月，杨柳岸边，也正好候船待发，上严陵去；所以心里纵怀着了些儿怨恨，但脸上却只现出了一痕微笑，起来梳洗更衣，叫茶房去雇船去。雇好了一只双桨的渔舟，买就了些酒菜鱼米，就在旅馆前面的码头上上了船。轻轻向江心摇出去的时候，东方的云幕中间，已现出了几丝红韵，有八点多钟了；舟师急得厉害，只在埋怨旅馆的茶房，为什么昨晚不预先告诉，好早一点出发。因为此去就是七里滩头，无风七里，有风七十里，上钓台去玩一趟回来，路程虽则有限，但这几日风雨无常，说不定要走夜路，才回来得了的。

评注

侵晨（qīnchén）：黎明，天刚刚亮的时候，指时间还很早。

桐君观（guàn）：桐君山上敬奉桐君的道观。桐君，据说是黄帝时期的人，他曾在此结庐炼丹，制作药材，为百姓服务，分文不取，被称为中药鼻祖。观，道教的庙宇。

残（cán）梦正还没有续完：正接着昨天的梦继续做着，还没有做完。残梦，零乱不全的梦。

一阵吹角的声音：一阵吹号角的声音。当时酒店客舍提醒客人起床准备出发会吹号角；号角指像动物的角一样的乐器。

同吹筚篥（bìlì）似的商音哀咽（āiyè）：像筚篥吹出来的那种乐音，悲凉哀怨。筚篥，也称管子，即双簧管乐器，管身有八孔或九孔，管口插一哨子而发音；音色或高亢清脆，或哀婉悲凉。商音，旋律以商调为主音的乐声，其声悲凉哀怨。

晓风残月，杨柳岸边：清晨的风轻轻吹着，天空还有一弯残月，江边杨柳依依。晓风，拂晓的风，清晨的风。残月，清晨的弯月。此句出自柳永《雨霖铃·寒蝉凄切》："多情自古伤离别，更那堪，冷落清秋节！今宵酒醒何处？杨柳岸，晓风残月。"柳永的词是一幅凄清的图画，本文则写出侵晨一幅不可多得的清疏淡雅的风景，富有诗意。

严陵：指严子陵钓台风景区。严子陵，名光，东汉隐士，曾与东汉光武帝刘秀一同游学，成为好友，刘秀即位后，多次延请严子陵做官，但他隐姓埋名，退居富春山；严子陵这种不慕富贵，淡泊名利的思想品格，一直受到后世的称誉。严子陵钓台由东台、西台、严先生祠、石坊、碑园等景点组成。

怨恨（yuànhèn）：此处指因自己的梦被打断而非常不满。

一痕（hén）微笑：一点点微笑，指笑意很浅。

茶房：客舍里的供应茶水及做杂务的工人。

舟师：撑船的师傅。

七里滩头，无风七里，有风七十里：从桐庐逆流而上至严陵，必经之地浅滩多，行船艰难，没有风的时候还顺利，但是有风的时候，逆风而行，七里水路就会变成七十里，这是夸张的手法，说明有风时行船非常艰难，所以希望早去早回的舟师就埋怨茶房，因为早上八点多出发已经算晚了。

前文写旅游行程，从富阳到桐庐，着重写游桐君山的所见所感，此段开始，写出发游严陵。旅游中写人情物事，客舍、茶房、舟师，寥寥几笔，当时的情景就可以想象得见了。语言优雅，"商音哀咽""荒凉的古意""晓风残月，杨柳岸边"，都具有古诗的意境，清寂疏淡；而写舟师"急得厉害""埋怨"，则又具有舟师声口。

过了桐庐,江心狭窄,浅滩果然多起来了。路上遇着的来往的行舟,数目也是很少,因为早晨吹的角,就是往建德去的快班船的信号,快班船一开,来往于两埠之间的船就不十分多了。两岸全是青青的山,中间是一条清浅的水,有时候过一个沙洲,洲上的桃花菜花,还有许多不晓得名字的白色的花,正在喧闹着春暮,吸引着蜂蝶。我在船头上一口一口的喝着严东关的药酒,指东话西地问着船家,这是甚么山?那是甚么港?惊叹了半天,称颂了半天,人也觉得倦了,不晓得什么时候,身子却走上了一家水边的酒楼,在和数年不见的几位已经做了党官的朋友高谈阔论。谈论之余,还背诵了一首两三年前曾在同一的情形之下做成的歪诗:

　　　　不是尊前爱惜身,佯狂难免假成真。
　　　　曾因酒醉鞭名马,生怕情多累美人。
　　　　劫数东南天作孽,鸡鸣风雨海扬尘。
　　　　悲歌痛哭终何补,义士纷纷说帝秦。

　　直到盛筵将散,我酒也不想再喝了,和几位朋友闹得心里各自难堪,连对旁边坐着的两位陪酒的名花都不愿意开口。正在这上下不得的苦闷关头,船家却大声地叫了起来说:

　　"先生,罗芷过了,钓台就在前面,你醒醒吧,好上山去烧饭吃去。"

评注 >>

　　桐庐:桐庐县,浙江杭州的市辖县,在杭州市富阳区的南边,建德市的东北边。从桐庐到严子陵钓台有二十多里。

　　建德:建德县,现也隶属杭州,东北与桐庐交界,从桐庐到建德,一直都可以沿富春江、新安江走水路。

　　两埠(bù)之间:桐庐与建德之间。埠,有码头的城镇,或者商业发达的城市,此处指桐庐和建德。

　　沙洲:此处指富春江中某些堆积而成的泥沙质小岛,高水位时被淹没,正常水位时则显露出来。

　　喧闹着春暮:在暮春时节热闹地开着。写得很有诗意。宋代张先写春花烂漫,说"红杏枝头春意闹",一个"闹"字,把春天花儿盛放的景象写活了。这里"喧闹"也是写那些桃花菜花、不晓得名字的白色的花竞相开放的姿态,动词"喧闹"放在时间词"春暮"前,加强了动感,也写出了两岸暮春时节仍然春意浓厚的特殊风景。春暮,即暮春,阳春三月,春天将尽的时节。

　　严东关的药酒:严州东关村生产的药酒。严州,中国古代的地名,包括如今下属于杭州的桐庐、淳安、建德等县。东关是建德三江口(新安江、兰江和富春江)附近的一个大村,沿古代严州这个名,就叫严东关,以产药酒而出名。

指东话西:说话时东扯西拉,没有什么主题,瞎聊。

甚么:什么。

党官:国民党的官员。

高谈阔论:空泛而不切实际地谈论。

歪诗:内容、技巧都很差的诗,这里是谦虚又带点嘲弄的说法。此诗有感于时事,直抒胸臆,写出走马章台、痛饮狂歌的名士之疏狂纵浪、激愤忧闷。起承转合,一气流转,浑然一体。

首联以"不是"开头,仄声开启截然的否定,突如其来,给人劈面急风之感,写"我"不会没有顾忌地纵情饮酒,不是爱惜身体,而是醉酒假装疯癫多次可能就会弄假成真,变成真的狂士。尊前,樽前,即酒杯前,指喝酒。爱惜身,爱惜身体。伴狂,假装疯癫。魏晋名士伴狂而不是真狂,只是借伴狂来避祸,所以作者说不能变成真的"狂士",真的狂士如嵇康就会被杀头。

颔联继续说为什么不豪饮:曾经就因为喝醉酒而鞭打名马,也担心自己多情而连累了美人。言外之意指喝醉酒后容易做错事,就有可能连累朋友、身边的人。酒醉鞭名马,情多累美人,写得如此放纵、张狂,但是对仗工稳,自然流畅。

以下四句是对当前现实的抨击。颈联"劫数"指灾祸,即当时国民党捕杀共产党和革命人士等事情,上海首当其冲,地处东南,所以说"东南"。天作孽,指国民党做的事太恶劣,没法说,简直是老天作孽,由此表达对国民党的痛恨。"鸡鸣风雨"出自《诗经·郑风·风雨》的"风雨如晦,鸡鸣不已",指雄鸡惊鸣,风雨交加,天昏地黑,比喻政局黑暗;"海扬尘"意思是沧海变为陆地,扬起灰尘,指世事时局的污浊、混乱。这一联急转,写时局动荡,环境险恶,使用典故,但是明白如话,愤懑之情寓于其中。尾联用战国时鲁仲连大义凛然、绝不尊秦为帝的典故:当时秦国围赵国,魏国派谋士辛垣衍持"帝秦说"去说服赵王尊秦为帝以解围,鲁仲连坚决驳斥"帝秦说",反对投降。郁达夫是反用其意,说有些"义士"还在纷纷游说人投靠、依附国民党蒋介石政权,这样的人在郁达夫看来其实根本不是鲁仲连那样的"义士",所以悲歌痛哭有什么用!同时回答首联"为什么不痛饮"的问题,表明借酒浇愁根本就没有用,写得悲愤沉痛。

此诗直指纷乱世事,把放荡不羁而又忧国忧民的才士悲愤压抑、颓丧哀痛、愤懑无助等多种情感融为一体,起承转合,浑然无迹;特别是中间两联,诗人伴狂张扬之态,天下风雨如晦、簸海扬尘的大混乱,都如在眼前。此诗集中抒发情感,是全文情感之眼。

盛筵(yán)将散:盛大的筵席即将散场。

难堪（nánkān）：难以忍受。
连对：连带着，影响着。
陪酒的名花：陪酒的女子。
罗芷（zhǐ）：靠近严陵的一个地方。
好上山去烧饭吃去：船家的话，口语，即正好上山去做饭吃。第一个"去"，动词，第二个"去"，句尾助词。船家的话表明从"走上一家水边的酒楼"开始是在写梦境。

写沿途风景，桃花菜花，不知名的白花开得正热闹，写出一派春意。而"我"心有所想，竟然在船上做了一梦，对时局进行抨击。作者此次回乡，就是为了躲避国民党的通辑，但是回乡日久，郁愤日甚，故以旅游来排遣心中的苦闷，就像柳宗元被贬永州，寄情山水一样。但也与柳宗元一样，山水虽美，时事仍然无法令人忘怀，激愤忧愁，借梦喷薄爆发。船家一句话，惊醒梦中人，闲笔不闲，引出下文的风景。

擦擦眼睛，整了一整衣服，抬起头来一看，四面的水光山色又忽而变了样子了。清清的一条浅水，比前又窄了几分，四围的山包得格外的紧了，仿佛是前无去路的样子。并且山容峻削，看去觉得格外的瘦格外的高。向天上地下四围看看，只寂寂的看不见一个人类。双桨的摇响，到此似乎也不敢放肆了，钩的一声过后，要好半天才来一个幽幽的回响，静，静，静，身边水上，山下岩头，只沉浸着太古的静，死灭的静，山峡里连飞鸟的影子也看不见半只。前面的所谓钓台山上，只看得见两个大石垒，一间歪斜的亭子，许多纵横芜杂的草木。山腰里的那坐祠堂，也只露着些废垣残瓦，屋上面连炊烟都没有一丝半缕，像是好久好久没有人住了的样子。并且天气又来得阴森，早晨曾经露一露脸过的太阳，这时候早已深藏在云堆里了，余下来的只是时有时无从侧面吹来的阴飕飕的半箭儿山风。船靠了山脚，跟着前面背着酒菜鱼米的船夫，走上严先生祠堂去的时候，我心里真有点害怕，怕在这荒山里要遇见一个干枯苍老得同丝瓜筋似的严先生的鬼魂。

评注 >>

山容峻削（jùnxuē）：山势非常陡峭。
钩的一声过后："钩"此处是描述船桨击水的声音。
沉浸着太古的静：整个环境非常非常的静，似乎是远古而来的从未被打破过的静。沉浸，本指浸在水中，这里形容周围非常安静，"静"似乎像水一样浸泡住了一切，沉淀、过滤了所有的声音。太古，远古。

大石垒（lěi）：大石堆叠起来的石堆。

纵横（zònghéng）芜杂（wúzá）的草木：形容地方荒乱，草木横七竖八、杂乱地生长着。

那坐祠堂（cítáng）：此处指祭祀严子陵的场所。"那坐"，根据现代汉语的用法，"坐"不能用作量词，应为"那座"。

废垣（yuán）残瓦：残缺不全的墙，残破的瓦片，指建筑年久失修，荒无人迹、破败的模样。

一丝半缕：一条丝，半条缕，形容非常非常细微。这里指屋上没有炊烟，毫无人气。

阴森：这里指天气阴沉得令人害怕。

阴飕飕（sōusōu）的半箭儿山风：阴冷的、时有时无的山风。飕飕，形容风声，也有阴冷的意思。半箭儿山风，指风力不大的山风，时不时来一下，有点冷不丁、叫人不防备的意思，更加显得"阴"。

丝瓜筋（jīn）：即丝瓜络，全是干丝，堆叠牵绊；以此形容鬼魂的干枯、苍老。这个比喻非常新奇，也很形象。

此段写穿越峡谷的风景，高峻陡峭的山，"格外的瘦""格外的高"，无限的沉寂，看不见人，桨声也小心翼翼，飞鸟也不见，太古的静，死灭的静；歪斜的亭子、芜杂的草木、破颜的祠堂、阴森的风，一幅萧条破败的景象，阴寒逼人。写景如画，如闻其声，如临其境。而句尾的想象与比喻，更见奇诡、怪谲。

在祠堂西院的客厅里坐定，和严先生的不知第几代的裔孙谈了几句关于年岁水旱的话后，我的心跳，也渐渐儿地镇静下去了，嘱托了他以煮饭烧菜的杂务，我和船家就从断碑乱石中间爬上了钓台。

东西两石垒，高各有二三百尺，离江面约两里来远，东西台相去，只有一二百步，但其间却夹着一条深谷，立在东台，可以看得出罗芷的人家，回头展望来路，风景似乎散漫一点，而一上谢氏的西台，向西望去，则幽谷里的清景，却绝对地不像是在人间了。我虽则没有到过瑞士，但到了西台，朝西一看，立时就想起了曾在照片上看见过的威廉退儿的祠堂。这四山的幽静，这江水的青蓝，简直同在画片上的珂罗版色彩，一色也没有两样；所不同的，就是在这儿的变化更多一点，周围的环境更芜杂不整齐一点而已，但这却是好处，这正是足以代表东方民族性的颓废荒凉的美。

评注 >>

　　裔（yì）孙：远代子孙。

　　断碑乱石：断裂的碑，杂乱的石。

　　钓台：据说是严子陵曾经垂钓的地方。

　　东台：严子陵垂钓的地方。

　　西台：也称谢翱台。谢翱，南宋末年人，不仕元朝，曾多次在此向北痛哭，奠祭爱国英雄文天祥，曾作《登西台恸哭记》记叙此事。谢翱死后，葬于钓台之南。后人对谢的义举相当敬佩，所以说"东西钓台，名垂千古"。

　　散漫：零散，不集中。这里的风景与乘船舟中所见不一样，写出视角不同，所见风景也不同。

　　瑞士：中欧国家，Swiss Confederation。

　　威廉退儿：现在一般译为威廉·退尔（William Tell），是瑞士民间传说中的英雄。

　　珂罗版：照相平版印刷工艺的一种，此种办法可以使原稿层次、色彩真实而逼真地反映出来。此处是说登西台所见的风景美如画。

　　颓废（tuífèi）荒凉：颓废一般指精神不振，任其堕落、下沉；荒凉一般指人烟稀少，四野无人的凄凉景象。颓废荒凉作为一种美学类型，郁达夫自己的文章也有这种特点。

　　此段简介钓台概貌，重点写登台所见，西台风景绝美，"不像是在人间"，四山"幽静"，江水"青蓝"，美得像画，但又不是明丽的画，因为配上芜杂荒乱的环境，具有了一股忧郁、颓废的美。

　　从钓台下来，回到严先生的祠堂——记得这是洪杨以后严州知府戴槃重建的祠堂——西院里饱啖了一顿酒肉，我觉得有点酩酊微醉了。手拿着以火柴柲制成的牙签，走到东面供着严先生神像的龛前，向四面的破壁上一看，翠墨淋漓，题在那里的，竟多是些俗而不雅的过路高官的手笔。最后到了南面的一块白墙头上，在离屋檐不远的一角高处，却看到了我们的一位新近去世的同乡夏灵峰先生的四句似邵尧夫而又略带感慨的诗句。夏灵峰先生虽则只知崇古，不善处今，但是五十年来，像他那样的顽固自尊的亡清遗老，也的确是没有第二个人。比较起现在的那些官迷的南满尚书和东洋宫婢来，他的经术言行，姑且不必去论它，就是以骨头来称称，我想也要比什么罗三郎郑太郎辈，重到好几百倍。慕贤的心一动，醺人的臭技自然是难熬了，堆起了几张桌椅，借得了一枝破笔，我也在高墙上在夏灵峰先生的脚后放上了一个陈屁，就是在船舱的梦里，也曾微吟过的那一首歪诗。

评注 >>>

洪杨以后：即洪秀全、杨秀清领导的太平天国运动（1851—1864）之后。

严州知府戴槃（pán，1813—1882）：字涧邻，出身镇江望族，道光二十三年（1843）举人，曾任严州知府。

饱啖（dàn）：好好地吃了一顿，形容吃得好，吃得尽兴，"啖"字写出吃得很豪爽。

酩酊（mǐngdǐng）微醉：酒后有点醉了，迷迷糊糊的。酩酊，醉得迷迷糊糊的。

翠墨淋漓：指墙壁上的题诗特别多，墨迹满壁。

俗而不雅：低俗，不雅观，就是品位不高，不好。

夏灵峰（1854—1930）：名震武，字伯定，爱国教育家、学者。

邵尧夫（1012—1077）：邵雍，字尧夫，谥康节，北宋理学家、诗人。

只知崇古，不善处今：指夏灵峰先生一心为国，忠直耿介，有古人之风，曾为朝廷出谋献策，虽不为采纳，但他决不同流合污，三度辞官，专心讲学。

顽固自尊的亡清遗老：遗老，此处指改朝换代之后仍然不忘旧时、具有士大夫精神的夏灵峰；清朝结束，民国开始，夏灵峰先生仍然以教古文、讲理学大义为任，但他的讲义已经不太适应当时社会的需要与发展，所以说他"顽固自尊"。

南满尚书：争当伪满洲国官员的一众人。

东洋宦婢：给日本人充当傀儡的一些人。

经术言行：指夏灵峰先生固守四书五经、孔孟程朱儒学之类的学术思想及言行。

姑且：暂且。

以骨头来称称（chēngchēng）：这里指比较为人的骨气、气节、人品。称称，称一称。意思是夏灵峰先生更有骨气。

罗三郎郑太郎：指投身伪满洲国的罗振玉、郑孝胥。太郎、三郎是日本人的常用名，这样来称呼罗振玉、郑孝胥他们，有讽刺的意思。

慕贤：敬慕先贤，这里指敬慕夏灵峰先生这样的先贤。

醺人的臭技自然是难熬了：指也想要在墙壁上题诗。熏人的臭技，非常不好的技术，这是作者谦虚的说法，意思是说自己写诗、题诗的功夫很差；既然如此还要题诗，是因为看到当时官员堕落、丑陋的行为很愤怒，要发泄胸中的郁愤之情。难熬，难以忍耐。

放上了一个陈屁：题了一首旧诗。说得很粗俗，嘲笑自己，同时也表达出对墙上那些官员题诗的不满，故意说得粗俗。

此段参观祠堂，对着官员墙壁题诗发了一通议论，倾慕夏灵峰这样的高洁之士，批评卖国求荣的一些达官贵人，讽刺谑虐，笑傲怒骂，最见性情。

  从墙头上跳将下来，又向龛前天井去走了一圈，觉得酒后的喉咙，有点渴痒了，所以就又走回到了西院，静坐着喝了两碗清茶。在这四大无声，只听见我自己的啾啾喝水的舌音冲击到那座破院的败壁上去的寂静中间，同惊雷似地一响，院后的竹园里却忽而飞出了一声闲长而又有节奏似的鸡啼的声来。同时在门外面歇着的船家，也走进了院门，高声的对我说：

  "先生，我们回去罢，已经是吃点心的时候了，你不听见那只公鸡在后山啼么？我们回去罢！"

一九三二年八月在上海写

评注 >>

  龛（kān）前天井：神龛前的一块露天空地。龛，供奉神佛或者祖先牌位的小阁子。天井，由房子或围墙所围成的露天空地。

  啾啾（jiūjiū）喝水的舌音：连喝水细微的啾啾声都能听到，可见非常安静。啾啾，本指鸟鸣声，这里指喝水时吸水吞咽的那种细微声音。这种细微的声音竟然"冲击"到破院的寂静，可见有多么安静。

  正因为安静，所以一声鸡啼，才显得"惊雷似地"一响，犹如亘古寂寥被突然冲破；而"闲长而又有节奏"的鸡鸣，又见万物悠然，不知人间纷扰的冲淡平和，把山中古祠的荒寂清幽写得无比真切。作者的感觉细腻，选取鸡啼这个独特对象，不仅是以动写静，也是以山中悠然衬托世间的动荡。

  最后一句，船家来叫"我"回去，文章戛然而止，但是情韵悠悠。

全文评析 >>

  写游览钓台，却不止写钓台，一路行程水驿，山光水色，人声人情，写得洋洋洒洒，流荡自如。本为排遣郁闷而游，情之所到，纵意驰骋，笔墨性情，呼之可见。

背 影

朱自清

朱自清（1898—1948），出生于江苏东海（今连云港东海县），后随祖父、父亲定居扬州，是五四时期散文成就最高者之一，也是诗人、学者。其散文建筑在古典文学基石之上，抒情写景具有诗情画意，同时善用叠词，富有音乐美，《春》《荷塘月色》是脍炙人口的名篇名作。《背影》作于1925年，文风朴实，但是结构颇具匠心，全文以"背影"贯穿始终，三次不同的"背影"展示儿子对父亲情感的逐步深化，以及儿子对父亲的理解与接受。爱与被爱，只有相互体会到，才会这么让人心动、落泪。

以下《背影》原文选自朱自清著《背影》，中国文史出版社，2016年出版。

> 我与父亲不相见已二年余了，我最不能忘记的是他的背影。那年冬天，祖母死了，父亲的差使也交卸了，正是祸不单行的日子，我从北京到徐州，打算跟着父亲奔丧回家。到徐州见着父亲，看见满院狼藉的东西，又想起祖母，不禁簌簌地流下眼泪。父亲说，"事已如此，不必难过，好在天无绝人之路！"

评注 >>

差（chāi）使：旧时官场中临时委任的职务，后来泛指职务或官职。

交卸（xiè）：辞去职务，交付给后任。

祸不单行：中国俗语"福无双至，祸不单行"，意思是好事从来没有一齐来的，但是坏事一来就都来了。

奔丧（bēnsāng）：从外地赶回去参加或料理亲属的丧事。

狼藉（jí）：散乱不整齐的样子。

簌簌（sùsù）：形容眼泪纷纷落下来的样子。

开篇点题，这种写法也叫开门见山，便于尽快入题，显得简洁利索。此后进入回忆，回答为什么不能忘记父亲的"背影"，这种写法叫倒叙。父子"不相见已二年余"在当时的中国是不太正常的，读者不可忽视这句话。虽然不相见日久，但是仍然"不能忘记"，可见"背影"给"我"的印象之深。

接着介绍家庭背景，为父子相见做铺垫。"祸不单行"的时刻，正可以见出人之真情。父亲的话表现出父亲作为一家之主的责任与担当，在儿子面前所具有的家长气概；

同时也表现出一位饱经风霜之人面对世事变幻的淡然。此处与结尾信中的"颓唐"形成对比，显出父亲整个境况的改变。

回家变卖典质，父亲还了亏空；又借钱办了丧事。这些日子，家中光景很是惨淡，一半为了丧事，一半为了父亲赋闲。丧事完毕，父亲要到南京谋事，我也要回北京念书，我们便同行。

评注 >>

典质：典当，把自己家里值钱的东西拿到当铺换钱，有钱时再取回来，没钱取回则任由当铺处理。
亏空：因为入不敷出而欠下的财物。
光景：境况。
惨淡（cǎndàn）：凄惨暗淡，不景气。"一半……，一半……"两个分句解释"惨淡"的原因。
赋闲：没有职业，在家闲居。

继续介绍当时的背景，前一段"狼藉"，此段"惨淡"，彼此呼应。背景介绍顺理成章引出"同行"，只有"同行"这样的近距离相处才可以相互感动。

到南京时，有朋友约去游逛，勾留了一日；第二日上午便须渡江到浦口，下午上车北去。父亲因为事忙，本已说定不送我，叫旅馆里一个熟识的茶房陪我同去。他再三嘱咐茶房，甚是仔细。但他终于不放心，怕茶房不妥帖；颇踌躇了一会。其实我那年已二十岁，北京已来往过两三次，是没有甚么要紧的了。他踌躇了一会，终于决定还是自己送我去。我两三回劝他不必去；他只说，"不要紧，他们去不好！"

评注 >>

勾（gōu）留：逗留。
茶房：旧时称在旅馆、茶馆、轮船、火车、剧场等地方从事供应茶水等杂务工作的人。
妥帖（tuǒtiē）：恰当，十分合适。
踌躇（chóuchú）：犹豫不决。

此段颇多转折，一转意思即深一层，爱便深一层："本已说定不送我"，所以仔细嘱托别人，此一层意思；但是"终于不放心"，其实那年"我已二十岁"，本不用送，但决定送，又一层意思；"终于决定还是自己送我去""他们去不好"，再次转折，坚持要送，又一层意思。不放心是因为关心，关心是因为爱。此段文字朴实简单，但是写出父爱之深，并且这一场景具有普遍性，任何读者读起来都会有似曾相识之感，可怜天下父母心。

我们过了江，进了车站。我买票，他忙着照看行李。行李太多了，得向脚夫行些小费，才可过去。他便又忙着和他们讲价钱。我那时真是聪明过分，总觉他说话不大漂亮，非自己插嘴不可。但他终于讲定了价钱；就送我上车。他给我拣定了靠车门的一张椅子；我将他给我做的紫毛大衣铺好坐位。他嘱我路上小心，夜里警醒些，不要受凉。又嘱托茶房好好照应我。我心里暗笑他的迂；他们只认得钱，托他们真是白托！而且我这样大年纪的人，难道还不能料理自己么？唉，我现在想想，那时真是太聪明了！

评注 >>>

脚夫：旧称搬运工人。

行（xíng）些小费：给（脚夫）一些小费。

拣（jiǎn）：挑选；"拣"比"挑选"更有生活气息。

迂（yū）：言行或见解陈旧，不合时宜。

在当时，"我"觉得父亲"迂"而"我"则很"聪明"，但回忆中对"我的聪明"进行批评，远近形成比照；在回忆中彻底醒悟父亲对自己的爱。此段前面写回忆，最后一句写现在，写出当时不能体会父亲处境之艰难以及不能体会父爱深沉的懊悔、自责之情。

我说道："爸爸，你走吧。"他望车外看了看，说："我买几个橘子去。你就在此地，不要走动。"我看那边月台的栅栏外有几个卖东西的等着顾客。走到那边月台，须穿过铁道，须跳下去又爬上去。父亲是一个胖子，走过去自然要费事些。我本来要去的，他不肯，只好让他去。我看见他戴着黑布小帽，穿着黑布大马褂，深青布棉袍，蹒跚地走到铁道边，慢慢探身下去，尚不大难。可是他穿过铁道，要爬上那边月台，就不容易了。他用两手攀着上面，两脚再向上缩；他肥胖的身子向左微倾，显出努力的样子。这时我看见他的背影，我的泪很快地流下来了。我赶紧拭干了泪，怕他看见，也怕别人看见。我再向外看时，他已抱了朱红的橘子望回走了。过铁道时，他先将橘子散放在地上，自己慢慢爬下，再抱起橘子走。到这边时，我赶紧去搀他。他和我走到车上，将橘子一股脑儿放在我的皮大衣上。于是扑扑衣上的泥土，心里很轻松似的，过一会儿说，"我走了，到那边来信！"我望着他走出去。他走了几步，回过头看见我，说，"进去吧，里边没人。"等他的背影混入来来往往的人里，再找不着了，我便进来坐下，我的眼泪又来了。

评注 >>

马褂（guà）：旧时男子穿在长袍外面的对襟短褂。

蹒跚（pánshān）：走路缓慢、摇摆的样子。

一股脑儿：全部，通通，指父亲把买来的橘子全部给了"我"，自己一个都没留。但如换成"全部"，则语气过于正式，不符合这里的语境。

此段是全文着力之处，如工笔画，细细描摹"背影"，也如慢镜头，在作者、读者心中慢慢放过，感受爱缓缓流过。背影及父亲对我说的话，都体现出一个父亲对儿子深深的爱，作者此处不作评说，只是详细描写，爱就在其中了，这种写法可以学习。所以这里细致描摹的不仅是"背影"，更是被儿子感受到的深深的父爱。

近几年来，父亲和我都是东奔西走，家中光景是一日不如一日。他少年出外谋生，独力支持，做了许多大事。哪知老境却如此颓唐！他触目伤怀，自然情不能自已。情郁于中，自然要发之于外；家庭琐屑便往往触他之怒。他待我渐渐不同往日。但最近两年的不见，他终于忘却我的不好，只是惦记着我，惦记着我的儿子。我北来后，他写了一信给我，信中说道："我身体平安，惟膀子疼痛利害，举箸提笔，诸多不便，大约大去之期不远矣。"我读到此处，在晶莹的泪光中，又看见那肥胖的、青布棉袍、黑布马褂的背影。唉！我不知何时再能与他相见！

1925年10月在北京
（原载1925年11月22日《文学周报》第200期）

评注 >>

老境：老年的处境。

颓唐（tuítáng）：衰颓败落，这里指父亲老年的处境非常不好。文中多处写到家境的衰败，以及父亲精神状态的颓唐，虽是闲笔，但是可见时代境况。在这样的时代背景中，新老两代人的思想也处于激烈碰撞时期，尽管有过矛盾，但是毕竟血浓于水，亲情的力量溶解了心中的坚冰，爱是这篇文章的主旋律。

情郁（yù）于中：情感积聚在心里。
利害（lìhài）：很难忍受；剧烈。
箸（zhù）：筷子。
大去之期：辞世、去世的日子。

此段大有意味。开篇所说"不相见已二年余"的原因即在于此，即父子之间是有嫌隙和矛盾的。朱自清的父亲是非常传统的读书人，做过官，享受过旧官僚的花酒生活，思想保守，在教育孩子时有专制家长作风，虽然他非常爱儿子，但希望儿子绝对服从自己，自己对儿子具有绝对权威；朱自清作为受过五四精神洗礼的新一代，对父亲的生活作风、思想观念都是不太赞成的。1917年徐州失业是他父亲一生的滑铁卢，从此家境没落，再也没有恢复过来；1920年朱自清北大毕业后，理应负起养家责任，但是父亲以一家之长的身份，没有商量，擅自到朱自清工作的扬州省立八中，凭其与校长的私交将朱自清的工资全部拿走。朱自清觉得自己已成家立业，却连工资的支配权都没有，还不能独立，加上一直以来与父亲的隔阂，他最终离开了扬州。后来朱自清曾试图缓和与父亲的关系，但父亲不愿见他。后来父亲在老境之中常常写信来问候，朱自清内心也慢慢接纳父亲，虽然父亲的荒唐行为给他带来过难以抚平的伤痛。此段对父亲充满理解之同情，前文对自己的"自作聪明"也有批评之意。据说朱自清先生的父亲看到这篇文章，老泪纵横，原谅了朱自清曾经"处事不妥"的地方，也感谢儿子理解了自己对子女的爱，"眼里放光"。爱的力量就这么神奇，只是爱与被爱，也要双方都能领会。文末再次点题，"我"理解了"父亲"，"背影"成为父爱的象征；所以泪光盈盈，期盼相见。

全文评析 >>>

《背影》在朱自清先生的散文中算不上顶级之作，但文笔朴实，感情深挚，结构工整，是可以摹写的范文。此文主要写深沉的父爱，间接涉及亲人矛盾的处理，充满自省与批评精神，对父亲充满理解之同情，同情之理解。父爱深沉，也只有子女感受到了才更见深沉。

春

朱自清

　　《春》是一篇短小的散文，作者通过多种修辞手法，把春天的形态、色彩、气味、声音活现在读者眼前，描画了一幅繁花似锦、姹紫嫣红、鸟语花香、诗意淋漓、生机勃勃的希望之春图，字里行间都是春在生长的活泼的样子。

　　以下《春》原文选自朱自清著《背影：朱自清散文选》，译林出版社，2017年出版。

　　盼望着，盼望着，东风来了，春天的脚步近了。

评注 >>

　　两个"盼望着"，运用了反复的修辞手法，写出对春天的期盼之情。

　　东风：春风。将"春风"写成"东风"，避免与后面的"春天"重复，同时"东风"也具有古典诗意，古人惯用东风来指春风，如"春城无处不飞花，寒食东风御柳斜"（韩翃《寒食》），"等闲识得东风面，万紫千红总是春"（朱熹《春日》），"东风夜放花千树，更吹落、星如雨"（辛弃疾《青玉案·元夕》）。

　　"盼望着，盼望着"表示急切期盼，"东风来了，春天的脚步近了"是期盼的结果——用拟人手法写春天终于要来了，暗含欢呼雀跃之情。

　　一切都像刚睡醒的样子，欣欣然张开了眼。山朗润起来了，水涨起来了，太阳的脸红起来了。

评注 >>

　　刚睡醒：春来万物复苏，一切刚刚萌动，春的形象、色彩都不明晰，就像人刚睡醒还有点懵懂不清的样子，"刚睡醒"非常形象地写出了这一切。

　　欣欣然：写出春天苏醒的雀跃和欢喜，表面上写万物欣然，实际上是人的欣然，是人们对春天到来的"欣欣然"。

　　张开了眼：初春万物就像刚来到世界的小孩子，对一切充满好奇，用拟人手法写出春天到来，生命万物的可爱、新奇以及给人的惊喜。

　　朗润（lǎngrùn）：明朗，滋润；朗是明亮，从外部光线色彩角度写；润是润泽，从山本身散发的色泽韵味写，这一词精准、传神、不可替换，把春山的光泽、明朗、含蓄、润泽的形象写了出来。

这一段用了比喻、拟人、叠词、排比等修辞手法，把春天初到人间的样子摹画得形象可感，让人看到春天悄然苏醒、慢慢舒展的过程。

最后一句从大处着笔，粗线条勾勒出山、水、太阳，白描画出初春的大轮廓，充满生长的喜悦。

　　小草偷偷地从土地里钻出来，嫩嫩的，绿绿的。园子里，田野里，瞧去，一大片一大片满是的。坐着，躺着，打两个滚，踢几脚球，赛几趟跑，捉几回迷藏。风轻悄悄的，草绵软软的。

评注

如果说上一段是广角镜头、大笔墨，这段则开始近景特写。春天一来，草色变化最能抓人眼，草是诗人们喜欢描摹的春天景象，如"野火烧不尽，春风吹又生"（白居易《赋得古原草送别》），"草色遥看近却无"（韩愈《早春呈水部张十八员外》），"迟日江山丽，春风花草香"（杜甫《绝句》）。朱自清先生用现代白话文写草，一样生意盎然。

"偷偷地"写出小草不经意、在人没有察觉的时候生长的情态，"钻"字写出小草严冬过后努力生长、顽强生长的生命力。这是从细部写草，然后放眼四望，"一大片一大片满是的"，真是春风又绿遍人间，满眼春意啊！情不自禁要在草地上玩耍。

第三句全部用动词开头，运用排比写人们在春天的户外活动，犹如一幅春来撒欢图，草地、整个世界都热闹起来。

但是此时的春天还不是最烂漫的，"风轻悄悄的，草绵软软的"，初春是轻柔的、温柔的。

　　桃树、杏树、梨树，你不让我，我不让你，都开满了花赶趟儿。红的像火，粉的像霞，白的像雪。花里带着甜味，闭了眼，树上仿佛已经满是桃儿、杏儿、梨儿！花下成千成百的蜜蜂嗡嗡地闹着，大小的蝴蝶飞来飞去。野花遍地是：杂样儿，有名字的，没名字的，散在草丛里像眼睛，像星星，还眨呀眨的。

评注

赶趟（tàng）儿：本义是赶得上、来得及，这里指凑热闹。这一句用了排比、连环、拟人等手法，写出桃花、杏花、梨花争先恐后开花的热闹。"你不让我，我不让你""赶趟儿",口语化的表达,把花儿竞相开放的景象写得非常活泼可爱。

第二句用三个比喻写花的色彩,桃花红似火,艳丽鲜明;杏花粉似霞,柔美梦幻;梨花白似雪,纯洁无瑕,颜色由浓至淡,由深至浅;一瓣梨花不会似雪,两片杏花也不会似霞,三两处桃花也不会似火,这里是从色彩角度写繁花似锦,写漫天漫地都是花的景象。

第三句从嗅觉角度写花,让人身临其境;并加上联想,想起果树丰收成熟的样子,让人更加感激春天的孕育,喜爱春天的灿烂。

有花自然有蜂蝶,这既是眼前实景,也是自然观察顺序:只有先看到大片花海,才会注意到花间飞舞的蜂蝶。

最后一句写野花,"像眼睛,像星星",散落草丛,星星点点,纵不出名,却自开自乐,"眨呀眨的",写出野花天然、自然、调皮可爱的情态。

写桃花、杏花、梨花是浓墨重彩地描,而野花则是轻轻点缀。没有前者,春天过于冷清;没有后者,春天则缺乏灵动。两者配合,相得益彰,好一幅烂漫春花图!

> "吹面不寒杨柳风",不错的,像母亲的手抚摸着你。风里带来些新翻的泥土的气息,混着青草味,还有各种花的香,都在微微润湿的空气里酝酿。鸟儿将窠巢安在繁花嫩叶当中,高兴起来了,呼朋引伴地卖弄清脆的喉咙,唱出宛转的曲子,与清风流水应和着。牛背上牧童的短笛,这时候也成天在嘹亮地响。

评注 >>

"吹面不寒杨柳风":这句出自南宋诗僧志南的《绝句》:"古木阴中系短篷,杖藜(lí)扶我过桥东。沾衣欲湿杏花雨,吹面不寒杨柳风。"杨柳风,这里就是指春风,用杨柳风指春风,风一下子就具有了形象,似乎让人看到嫩绿的柳枝在微风中轻轻拂动的画面;杨柳吐绿转青,春风不再料峭,所以吹在脸上一点儿都不冷,并且很舒服,"像母亲的手抚摸着你",温柔有情。

酝酿(yùnniàng):本义指造酒发酵的过程,常用来比喻事情的准备工作。此句写春天的味道:风是媒介,把泥土的味道、青草的味道、花香的味道混合在一起,空气微微湿润,各种香不至浓烈熏人,气味清新入鼻,春天便可闻可感了。

窠巢(kēcháo):动物栖身的地方,这里指鸟巢。

宛转(wǎnzhuǎn):委婉曲折,这里指鸟声圆润柔媚,悠扬动听。

第三句写鸟儿的歌声,即春之声。春天到来,鸟儿不再迁徙,安好家高兴地唱起歌来。"呼朋引伴"运用了拟人手法写出鸟声此起彼伏、欢声一片的热闹。"卖弄"就是炫耀的意思,本具有贬义,但是此处写出了鸟儿尽情歌唱的情态。鸟儿的歌声明亮悦耳,而风声细细、水声潺潺,只有静听才感觉得到,一动一静相互应和,尽显大自然和谐之美，富有诗意。

乡间牧童嘹亮的短笛，是田园牧歌一景，笛声响起，乡间充满生气，让人有家园安定之感。

此段写风，动用各种感观，触觉、味觉、听觉，把借助风来传播的各种气味、声音混合在一起，画面温柔又轻快，热闹又恬静。

  雨是最寻常的，一下就是三两天。可别恼，看，像牛毛，像花针，像细丝，密密地斜织着，人家屋顶上全笼着一层薄烟。树叶子却绿得发亮，小草也青得逼你的眼。傍晚时候，上灯了，一点点黄晕的光，烘托出一片安静而和平的夜。乡下去，小路上，石桥边，撑起伞慢慢走着的人；还有地里工作的农夫，披着蓑，戴着笠的。他们的草屋，稀稀疏疏的在雨里静默着。

评注 >>>

寻常：平常。"酒债寻常行处有，人生七十古来稀"（杜甫《曲江二首》）与此同义。此段写雨，开篇就说春天下雨实在是最平常不过了。"一下就是两三天"写出春雨的缠绵，似乎让人有点不耐烦。

可别恼：就是别生气，别烦恼。三字短句紧承上句，转折中语含劝解，态度鲜明，为下文写春雨之美做铺垫。

一个"看"字，勾连上句，提醒读者注意，缺了它便气韵不畅；"看"什么呢，自然引出下文对春雨形象的描写：连用三个比喻，兼用排比、拟人，把烟雨迷蒙的诗意勾勒出来了。

前三句句式长短变化，语义婉转，但承接自然，富有节奏感。

在烟雨迷蒙的背景下，树叶绿得发亮，"小草也青得逼你的眼"，画面顿时提亮了，有了光感和生机；一个"逼"字把草木在春雨滋润下的青葱润泽，油油欲滴的形态凸现到眼前，似乎草木们是自动把油亮青翠的色彩送到你眼前的，不看都不行。

后三句白描出傍晚黄晕的灯光，以及各处活动的人们，并用拟人手法写乡村稀稀疏疏的静默的房屋，犹如一幅平安祥和的图画。同样是长短句交叉，兼用排比、对偶、拟人等修辞手法，读起来朗朗上口，很有乐感。

  天上风筝渐渐多了，地上孩子也多了。城里乡下，家家户户，老老小小，他们也赶趟儿似的，一个个都出来了。舒活舒活筋骨，抖擞抖擞精神，各做各的一份事去。"一年之计在于春"；刚起头儿，有的是工夫，有的是希望。

评注 >>

上一段写人着重于静,这一段继续写人,着重在动。放风筝的、锻炼身体的、各样奔忙的,运用叠词、四字句、对偶、排比,把春天到来时人们活跃奔腾的身姿勾勒了出来。

最后一句点题,春天是希望的春天。

春天像刚落地的娃娃,从头到脚都是新的,它生长着。
春天像小姑娘,花枝招展的,笑着,走着。
春天像健壮的青年,有铁一般的胳膊和腰脚,他领着我们上前去。

1933 年 7 月

评注 >>

用三个比喻来写春天,同时构成排比,很有气势,充满无限希望。从娃娃到小姑娘到健壮的青年,是一个不断生长的过程,每个过程的特点不一样,但是不断生长,不断前进的生命力是一样的。虽然这样收尾有点题旨化,不够灵动,但是与前文的"希望"之春连接紧密,确实给人以力量。

全文评析 >>

此篇散文情调美、画面美、音韵美兼而有之,触笔欣喜,落笔成画,适合大声朗读。

清 明

丰子恺

丰子恺（1898—1975），浙江嘉兴人，著名散文家、画家、音乐家、翻译家。曾师从李叔同学音乐、绘画，师从夏丏尊学国文。丰子恺的漫画善于抓取生活片段，往往寥寥几笔，看似随意勾画，却富有诗意，既具有中国画的萧疏淡远，又不失西洋画的活泼酣畅。散文主要有《缘缘堂随笔》《辞缘缘堂》《缘缘堂再笔》《率真集》等，主要写他亲身经历的生活和日常接触的人事，文笔朴实，简单真挚，以一颗温柔悲悯的心看世界，以一颗出世的心深含入世的情，他的文章总是温暖的。《清明》一文不仅记录了当时清明的风俗民情，更描写了小孩子的快乐和无忧，写得清新喜悦。

以下《清明》原文节选自丰子恺著《丰子恺散文精选》，长江文艺出版社，2013年出版。

　　清明例行扫墓。扫墓照理是悲哀的事。所以古人说："鸦啼雀噪昏乔木，清明寒食谁家哭。"又说："佳节清明桃李笑，野田荒冢只生愁。"然而在我幼时，清明扫墓是一件无上的乐事。人们借佛游春，我们是"借墓游春"。我父亲有八首《扫墓竹枝词》：
　　　　别却春风又一年，梨花似雪柳如烟。
　　　　家人预理上坟事，五日前头折纸钱。

　　　　风柔日丽艳阳天，老幼人人笑口开。
　　　　三岁玉儿娇小甚，也教抱上画船来。

　　　　双双画桨荡轻波，一路春风笑语和。
　　　　望见坟前堤岸上，松阴更比去年多。

　　　　壶榼纷陈拜跪忙，闲来坐憩树阴凉。
　　　　村姑三五来窥看，中有谁家新嫁娘。

　　　　周围堤岸视桑麻，剪去枯藤只剩花。
　　　　更有儿童知算计，松球拾得去煎茶。

荆榛坡上试跻攀，极目云烟杳霭闲。
恰得村夫遥指处，如烟如雾是含山。

纸灰扬起满林风，杯酒空浇奠已终。
却觅儿童归去也，红裳遥在菜花中。

解将锦缆趁斜晖，水上蜻蜓逐队飞。
赢受一番春色足，野花载得满船归。

这里的"三岁玉儿"，就是现在执笔写此文的七十老翁。我的小名叫作"慈玉"。

评注 >>>

清明：中国的传统节日，是中国人祭祀和扫墓的日子；同时因为正是春暖花开、杨柳吐绿的时节，所以人们趁此出去踏青赏春，又成为春游节。

鸦啼雀噪昏乔木，清明寒食谁家哭：出自白居易的《寒食野望吟》，原文是"乌啼鹊噪昏乔木"。意思是乌鹊啼叫发出聒噪的声音，在昏暗的高大树木下，是哪家在清明寒食节里哭泣？

佳节清明桃李笑，野田荒冢只生愁：出自黄庭坚的《清明》，运用对比手法一边写清明佳节桃李花开，春光烂漫；一边写荒野坟冢，看着让人心里难过。

壶榼（húkē）：泛指盛酒或茶水的容器。

坐憩（qì）：坐下来休息。

跻攀（jīpān）：攀登。

极目：放眼望去。

杳霭（yǎoǎi）：云雾缥缈的样子。

含山：石门附近唯一的一个山，山上有含山寺塔。

解将锦缆趁斜晖（huī）：趁着傍晚的日光解开缆绳。锦缆，锦制的缆绳，即精致的缆绳。

八首《扫墓竹枝词》写出扫墓祭拜的整个行程，准备、出发、行船、到达、游赏、登山、祭祀结束、回家；其中村姑来"看新嫁娘"和孩子们趁此机会在乡村玩得不亦乐乎的情态，均写得趣味盎然。

本段以先抑后扬的手法写出，"清明扫墓是一件无上的乐事"。

清明三天，我们每天都去上坟。第一天，寒食，下午上"杨庄坟"。杨庄坟离镇五六里路，水路不通，必须步行。老幼都不去，我七八岁就参加。茂生大伯挑了一担祭品走在前面，大家跟他走，一路上采桃花，偷新蚕豆，不亦乐乎。

到了坟上，大家息足，茂生大伯到附近农家去，借一只桌子和两只条凳来，于是陈设祭品，依次跪拜。拜过之后，自由玩耍。有的吃甜麦塌饼，有的吃粽子，有的拔蚕豆梗来作笛子。蚕豆梗是方形的，在上面摘几个洞，作为笛孔。然后再摘一段豌豆梗来，装在这笛的一端，笛便做成。指按笛孔，口吹豌豆梗，发音竟也悠扬可听。可惜这种笛寿命不长。拿回家里，第二天就枯干，吹不响了。祭扫完毕，茂生大伯去还桌子凳子，照例送两个甜麦塌饼和一串粽子，作为酬谢。然后诸人一同在夕阳中回去。杨庄坟上只有一株大松树，临着一个池塘。父亲说这叫做"美人照镜"。现在，几十年不去，不知美人是否还在照镜。闭上眼睛，情景宛在目前。

评注 >>

甜麦塌（tā）饼：江浙一带的特色传统茶点，是以米粉、芽麦粉及一种叫作"草头"的野草为原料制作的甜饼，圆圆、扁扁的。

蚕豆梗（gěng）：蚕豆的茎。

悠扬（yōuyáng）：形容声音高低起伏、和谐好听，能传得很远，一般指歌声。

酬（chóu）谢：指用金钱、礼物等表示谢意。

宛（wǎn）在目前：好像在眼前。宛，好像。

记叙清明第一天的习俗，交待第一乐：采桃花，偷蚕豆。

第二乐：用蚕豆梗做笛，还可以吹出婉转的歌曲，好玩、好听、有趣。

第三乐：可以欣赏美景，一棵大松树临水自照，比喻为"美人照镜"，真是妩媚极了。

正清明那天，上"大家坟"。这就是去上同族公共的祖坟。坟共有五六处，须用两只船，整整上一天。同族共有五家，轮流作主。白天上坟，晚上吃上坟酒。这笔费用由祭田开销。祖宗们心计长，恐怕子孙不肖，上不起坟，叫他们变成饿鬼。因此特置几亩祭田，租给农民。轮到谁家主持上坟，由谁家收租。雇船办酒之外，费用总有余裕。因此大家高兴作主。而小孩子尤其高兴，因为可以整天在乡下游玩，在草地上吃午饭。船里烧出来的饭菜，滋味特别好。因为，据老人们说，家里有灶君菩萨，把饭菜的好滋味先尝了去；而船里没有灶君菩萨，所以船里烧出来的饭菜滋味特别好。孩子们还有一件乐事，是抢鸡蛋吃。每到一个坟上，除对祖宗的桌祭品以外，必定还有一只小匦，内设小鱼、小肉、鸡蛋、酒和香烛，是请地主吃的，叫做拜坟墓土地。孩子们中，谁先向坟墓土地叩头，谁先抢得鸡蛋。我难得抢到，觉得这鸡蛋的确比平常的好吃。上了一天坟回来，晚上是吃上坟酒。酒有四五桌，因为出嫁姑娘也都来吃。吃酒时，长辈总要训斥小辈，被训斥的，主要是乐谦、乐生和月生。因为乐谦盗卖坟树，乐生、月生作恶为非，上坟往往不到而吃上坟酒必到。

评注 >>

费用由祭田开销：费用由祭田得来的收入开支。祭田，旧时大家族的田地中专门用来做祭祀开销的土地。开销，花费，支付。

心计长：心思计划长远。

子孙不肖（xiào）：后代没有出息。不肖，不成材。

上不起坟：没有上坟祭祖的钱。

收租（zū）：收取田租。旧时大家族把自己的田租给农民种，农民收获之后，给大家族一部分钱或实物，这个钱或实物就是田租。

雇（gù）船办酒：租船、置办酒席。雇船，江浙一带水多，出行通常坐船，所以去祭祖就得租船。办酒，置办酒席，因为去祭祖的人很多，所以要准备好大家的饭食。

费用总有余裕（yù）：费用总是很充足。

灶君菩萨（púsà）：灶王爷，中国传统民间信仰中管理厨房的神。

介绍正清明的风俗"上大家坟"，主要介绍操办的经费从何而来，可见当时家族的管理制度。

接上文写第四乐：在草地上吃饭。"船里烧出来的饭菜，滋味特别好"，其实大概并不是真的，而是这种做法新鲜，让孩子们觉得有趣。用大人们的解释作补充，说是船里烧的饭没有灶君菩萨来尝，所以饭食好吃，也有童趣；当时的家长多么懂得哄孩子开心啊！灶君菩萨先尝饭菜这一民间传说，也幽默可喜。

"抢鸡蛋"是第五乐，因为难得抢到，所以觉得的确比平常的好吃，其实大概也是小孩子的特殊心理，玩得高兴，东西也觉得好吃了。

第三天上私房坟。我家的私房坟，又称为旗杆坟。去上的就是我们一家人，父母和我们姐弟数人。吃了早中饭，雇一只客船，慢吞吞地荡去。水路五六里，不久就到。祭扫期间，附近三竺庵里的和尚来问讯，送我们些春笋。我们也到这庵里去玩，看见竹林很大，身入其中，不见天日。我们终年住在那市井尘嚣中的低小狭窄的百年老屋里，一朝来到乡村田野，感觉异常新鲜，心情特别快适，好似遨游五湖四海。因此我们把清明扫墓当作无上的乐事。我的父亲孜孜兀兀地在穷乡僻壤的蓬门败屋之中度送短促的一生,我想起了感到无限的同情。

评注

市井尘嚣(chénxiāo):人世间的烦扰、喧嚣。

遨游(áoyóu):远游,漫游。

孜孜(zī)兀兀(wù):勤勤恳恳,不知辛劳。这里形容父亲一生勤勉、辛苦。孜孜,勤勉,不懈怠。兀兀,用心、劳苦的样子。

穷乡僻壤(pìrǎng):荒凉贫穷又偏僻的地方。

蓬门(péngmén)败屋:以蓬草当门的破败房屋。蓬门,用蓬草编成的门,指贫寒之家。败屋,破败的房屋,指贫穷人家。

度送:度过,送走。

前面详细介绍清明扫墓风俗,很有特点,犹如风俗画;同时写了孩子的玩乐,自由自在。这段分析孩子们高兴的原因:平常在家关闭太久,而乡村田野无限广阔,任人撒欢遨游,哪个孩子不喜欢呢。间接写出对大自然、活泼生命的热爱。最后一句写到父亲,含有不尽的思念。

全文评析

全文对清明扫墓游春风俗娓娓道来,不疾不徐,同时写出孩子们的赏心乐事,清新欢乐,真如春天的风,和煦、美好。

伤 逝

台静农

台静农（1902—1990），本姓澹台，字伯简，原名传严，改名静农，安徽霍邱（今安徽六安）人。著名作家、文学评论家、书法家。早年与鲁迅有过交往，曾先后执教于中国大陆的几所大学，1946年赴中国台湾后任台湾大学中文系教授。其书法有童子功，后来得沈尹默指导，于胡小石、张大千处获书法秘本，境界别开，格调生新，但他从不以书法家自诩。早年创作的小说多批判黑暗，悲悯人生，具有浓厚乡土气息；中年归于平朴，俯身教育，潜沉学术与书法，其杂文谈史说艺，怀人忆事，直抒胸臆，不着闲墨，干净纯粹。《伤逝》是怀念去逝的两位好友的文章，叙事简洁，语言干净，几乎没有任何修饰，但是朋友间的真情就在其中。

以下《伤逝》原文选自台静农著《龙坡杂文》，海燕出版社，2015年出版。

今年四月二日是大千居士逝世三周年祭，虽然三年了，而昔日谳谈，依稀还在目前。当他最后一次入医院的前几天的下午，我去摩耶精舍，门者告诉我他在楼上，我就直接上了楼，他看见我，非常高兴，放下笔来，我即刻阻止他说："不要起身，我看你作画。"随着我就在画案前坐下。

评注 >>

伤逝：哀伤地怀念去世的人。

大千居士（1899—1983）：为张大千别号，20世纪世界著名的国画大师，曾于敦煌临摹壁画近三年，与其兄创立"大风堂画派"，尤善泼墨与泼彩。

昔日谳（yàn）谈：过去欢饮畅谈。谳，同"宴"，宴饮，宴会。谳谈，喝酒谈心。

依稀：仿佛，记忆模糊、不清晰。

摩耶（móyē）精舍：位于台北市外双溪，是张大千自己设计的四合院型建筑，1976年开始建造，张大千晚年生活在这里。摩耶，佛教词汇，据说是释迦牟尼的母亲，其腹中有三千个"大千世界"。精舍，僧人道士等修行者修炼居住之所。张大千早年出家，法号大千，后还俗。

开篇写朋友逝世的精确时间，逝去的时长，让人感觉朋友虽然离世，但是"我"一刻也没有忘记。开篇即点题。因为不能忘记，随即开始回忆。

案上有十来幅都只画了一半，等待"加工"，眼前是一小幅石榴，枝叶果实，或点或染，竟费了一小时的时间才完成。第二张画什么呢？有一幅未完成的梅花，我说就是这一幅罢，我看你如何下笔，也好学呢。他笑了笑说："你的梅花好啊。"其实我学写梅，是早年的事，不过以此消磨时光而已，近些年来已不再有兴趣了。但每当他的生日，不论好坏，总画一小幅送他，这不是不自量，而是借此表达一点心意，他也欣然。最后的一次生日，画了一幅繁枝，求简不得，只有多打圈圈了。他说："这是冬心啊。"他总是这样鼓励我。

评注 >>>

或点或染：点染是工笔画中的一种染色技巧，用接近写意的笔法，一笔蘸上深浅不同的色彩在画面上连点带染，常用来处理背景或小型花卉。

消磨时光：打发时间。这当然是谦虚的说法。

欣然：高兴愉快的样子。

打圈圈：画圈圈。

冬心：金冬心（1687—1764），名金农，号冬心先生。博学多才，精篆刻，工诗文、书法、绘画、治印、刻砚，无所不通。其画造意新颖，形态奇古，其人极具个性，为"扬州八怪"之一。他的梅花并不细描，也非泼墨，看上去就是一些"圈圈"，但极有特点。

回忆两人交往的细节，画梅、送梅，看上去简单、清淡。张大千以绘画著名，而"我"并不是，但是每年张大千过生日"我"都会送一幅梅，张大千也欣然，并且总是鼓励，作者只是平平叙述，但是君子之交正是如此：没有客套，无需应酬，随心而行，但是正心诚意。

话又说回来了，这天整个下午没有其他客人，他将那幅梅花完成后也就停下来了。相对谈天，直到下楼晚饭。平常吃饭，是不招待酒的，今天意外，不特要八嫂拿白兰地给我喝，并且还要八嫂调制的果子酒，他也要喝，他甚赞美那果子酒好吃，于是我同他对饮了一杯。当时显得十分高兴，作画的疲劳也没有了，不觉的话也多起来了。

评注 >>>

不特：不但。

白兰地：brandy 的音译，一种以水果为原料的蒸馏酒。

仍然是平淡的记叙，谈天，喝酒；谈不完的天，可见二人之相契；而特意上酒，可见兴致之高。俗话说，酒逢知己千杯少，话不投机半句多。两人谈天喝酒"十分高兴"，疲劳没有了，话也多起来，不是好友，哪能如此？

回家的路上我在想，他毕竟老了，看他作画的情形，便令人伤感。犹忆一九四八年大概在春夏之交，我陪他去北沟故宫博物院，博物院的同人对这位大师来临，皆大欢喜，庄慕陵兄更加高兴与忙碌。而大千看画的神速，也使我吃惊，每一幅作品刚一解开，随即卷起，只一过目而已，事后我问他何以如此之快，他说这些名迹，原是熟悉的，这次来看，如同访问老友一样。当然也有在我心目中某一幅某些地方有些模糊了，再来证实一下。

评注 >>

北沟故宫博物院：当时的台北故宫博物院还在北沟村，1965 年台北故宫博物院才建成，位于外双溪。

庄慕陵（mùlíng）：庄严，字慕陵，北大哲学系毕业生，后做清点故宫文物的工作，20 世纪 40 年代末从中国大陆护送故宫古器物到台湾，在台中任台中故宫古物馆馆长，台北故宫博物院落成后改任博物院副院长。与台静农为终身挚友。

回家路上为朋友的"老"而伤感，"我"如此敏感，是因为对朋友很了解、很关心。回忆中再回忆，写张大千作为画家的生活——画画，看画；由此引出庄慕陵。看画神速，看画似看老朋友，也正是画家本色：画家一定会花很多时间学习前人名作，而正是因为对那些名迹很熟悉，已经了然于心，所以才能看得这么快，所以这次来就像会老朋友；记忆模糊的地方再来证实，可见画家一直都在揣摩、研究前人，从中汲取营养。

晚饭后，他对故宫朋友说，每人送一幅画。当场挥洒，不到子夜，一气画了近二十幅，虽皆是小幅，而不暇构思，着墨成趣，且边运笔边说话，时又杂以诙谐，当时的豪情，已非今日所能想象。所幸他兴致好并不颓唐，今晚看我吃酒，他也要吃酒，犹是少年人的心情，没想到这样不同寻常的兴致，竟是我们最后一次的晚餐。数日后，我去医院，仅能在加护病房见了一面，虽然一息尚存，相对已成隔世，生命便是这样的无情。

评注 >>

当场挥洒：在现场就开始画。

子夜：正当子时的夜间，大概晚上11点至凌晨1点。

一气：一口气，指画了近二十幅画中途没有歇息。晚饭后才开始画，不到半夜，竟画出二十多幅，也不休息，一方面说明精力好、身体好，另一方面也是水平高。

小幅：幅面小的书画。

不暇构思，着墨成趣：没有时间细想，但是画出来的都很好。说明艺术水平高。

运笔：中国画、书法中毛笔在纸上运转，形成所需要的点画。

杂以诙谐：（谈话）还很风趣，引人发笑。边画边闲聊，还能画得好，所以看上去作者写得简单，但是不能简单地看。这正是写张大千绘画水平高，精力也旺盛。

颓唐（tuítáng）：精神不振。

不同寻常的兴致：不同一般的好心情，就是兴致很好。

一息尚存：还有一口气，一般指生命的最后阶段。

相对已成隔世：面对着面，却像隔了一世，不在同一个世界。形容非常悲伤的心情。

接着上文的看画来写作画，简笔描画，平实记叙，写出当初精神豪健、作画神速；如今却在加护病房，与"我"已成隔世；今昔对比，让人无限感伤。作者对两人的情谊的描写，快乐、悲伤都是直接写出的，但是写此文时作者也八十多岁了，看过无数的人生，也经历无数历练和生离死别，看透之后仍觉生命之"无情"，就是因为深深痛惜朋友的离去。

摩耶精舍与庄慕陵兄的洞天山堂，相距不过一华里，若没有小山坡及树木遮掩，两家的屋顶都可以看见的。慕陵初闻大千要卜居于外双溪，异常高兴，多年友好，难得结邻，如陶公与素心友"乐与数晨夕"，也是晚年快事。大千住进了摩耶精舍，慕陵送给大千一尊大石，不是案头清供，而是放在庭园里的，好像是"反经石"之类，重有两百来斤呢。

评注 >>

洞天山堂：庄慕陵的住处，但是这个居所的名字特别美，洞天一般认为是神仙居住的地方；山堂，一般指隐士的居所。由屋名可见此处主人的情趣和修养。另外，《洞天山堂》也是台北故宫博物院的一幅古画，张大千也画过同名的一幅画，但是两幅画的构图、用笔、风格完全不一样。

一华里：一里，500米。
卜居：选择地方居住。
异常：非常。
结邻：成为邻居。
陶公与素心友：陶渊明与他纯朴的朋友。陶公，陶渊明，东晋文学家。
"乐与数晨夕"：陶渊明《移居二首·其一》的诗句"闻多素心人，乐与数晨夕"，意思是听说这里住着许多纯朴的人，愿意同他们度过每一个早晨。
案头清供：在室内放置在案头供观赏的物品。一般是就地取材，有文房四宝、插花、奇石、古玩摆件等，主要是给生活增添情趣。
反经石：一种石头，磁铁矿的成分比较多，具有强磁性，条痕黑色，不透明，有金属光泽。

接着上文在台北故宫博物院看画写到博物院院长庄慕陵，这样写来，非常自然，写他与张大千的交往：好朋友且成为邻居，双方都开心，进而以陶渊明的诗来写二人，既见两人之相投契，也可见二人之性情，都有一颗纯心，都是淳朴之人。

可悲的，他们两人相聚时间并不多，因为慕陵精神开始衰惫，终至一病不起。他们最后的相晤，还是在荣民医院里，大千原是常出入于医院的，慕陵却一去不返了。

评注 >>

衰惫（shuāibèi）：衰弱疲乏。
终至一病不起：最终得病了，再也起不了床。形容病情一天天恶化，最终死亡。
相晤（wù）：会见。
一去不返：一去就不再回来了。庄慕陵1980年就去世了。

两人成了邻居，但是都老了，一个精神"衰惫"，一个"一去不返"，人到老境的无奈、孤独不过如此吧，所以"可悲"。

我去外双溪时，若是先到慕陵家，那一定在摩耶精舍晚饭。若是由摩耶精舍到洞天山堂，慕陵一定要我留下同他吃酒。其实酒甚不利他的病体，而且他也不能饮了，可是饭桌前还得放一杯掺了白开水的酒，他这杯淡酒，也不是为了我，却因结习难除，表示一点酒人的倔强，听他家人说，日常吃饭就是这样的。

评注 >>

结习难除：长期形成的习惯难以更改。

酒人的倔强（juéjiàng）：喝酒人的不屈服，此处指虽然不能喝了，喝酒的形式还要保留。

二人都是"我"的好友，所以写"我"同时与二人的交往，这里主要写与庄慕陵的交往，又回到吃饭、喝酒；写庄慕陵的"倔强"，实是写"我"看到的人对生命无常的抗争，很见性情。

后来病情加重，已不能起床，我到楼上卧房看他时，他还要若侠夫人下楼拿杯酒来，有时若侠夫人不在，他要我下楼自己找酒。我们平常都没有饭前酒的习惯，而慕陵要我这样的，或许以为他既没有精神谈话，让我一人枯坐着，不如喝杯酒。当我一杯在手，对着卧榻上的老友，分明死生之间，却也没生命奄忽之感。或者人当无可奈何之时，感情会一时麻木的。

一九八六年三月

评注 >>

枯坐：无所事事地干坐着。
生命奄忽（yǎnhū）：生命短暂。奄忽，急速，匆匆。
无可奈何之时：没有一点办法的时候。指面对老友的即将离去，无可奈何。
麻木：身体某部分感觉发麻甚至丧失感觉，比喻对外界事物反应不灵敏。

此段写最后的探望，老朋友已无精神谈话，怕"我"一个人枯坐不好，让"我"去拿杯酒；探望老朋友，惟酒杯在手，不能说话，这种情境是很让人伤怀的，所以这既是写实，也是借写实来表达难过的心情。老朋友的离去，让人"无可奈何""麻木"，那是怎样的悲伤！文章中这类表达感情的地方，写来似乎很冷静，但如果读者有丰富的人生阅历，设身处地，感触会更深；"麻木"不是真的无动于衷，而是伤痛无以复加，身体的一种即时的应激反应。

全文评析 >>

本文看上去写得非常平实，也只是写小事，但是非常讲究。点题之后马上进入回忆，从"我"与张大千进医院前最后一次见面写起，扣住"画家"本色写了画画、谈画、看画、作画，淡淡写来，自然而然；而由"看画"顺势引出另一位友人庄慕陵，承接自然，一点痕迹也没有，写与庄慕陵交往又回到最后一次见面的看望、喝酒，同样是淡淡写来，但是情义深长，淡而味永。

傅雷家书（节选）

傅 雷

傅雷（1908—1966），字怒安，号怒庵，江苏南汇（今上海浦东航头镇）人，著名翻译家、艺术评论家、作家。他品格高尚，学问渊博，一辈子严谨、求真、求美，为人刚直、纯粹，一颗赤子之心。人生的最后十年就像他的名字，疾风迅雷，波涛如怒，但是君子之行，宁折不弯，结果雷怒玉碎。《傅雷家书》是傅雷在儿子傅聪出国留学、生活期间给儿子的家信，这里有所有为人父母对子女的牵挂、关爱和深情，只是傅雷表现得丰富而细腻、深刻又热烈；同时也可见一位艺术修养高深的学者对文学、音乐、美术、人生等鞭辟入里的侃侃而谈，完全可以看作是一部艺术学徒的修养读物；而字里行间，傅雷先生贯穿一生的自由独立的人格，真诚高尚炽热的爱国情怀和"做人第一"的教育观念，都值得仔细品味。

以下《傅雷家书》原文节选自傅敏编《傅雷家书》，生活·读书·新知三联书店，1984年出版。

一九五四年一月三十日晚

亲爱的孩子，你走后第二天，就想写信，怕你嫌烦，也就罢了。可是没一天不想着你，每天清早六七点就醒，翻来覆去的睡不着，也说不出为什么。好像克利斯朵夫的母亲独自守在家里，想起孩子童年一幕幕的形象一样，我和你妈妈老是想着你二三岁到六七岁间的小故事。——这一类的话我们不知有多少可以和你说，可是不敢说，你这个年纪是一切向前往的，不愿意回顾的；我们噜哩噜苏的抖出你尿布时代的往事，会引起你的憎厌。孩子，这些我都很懂得，妈妈也懂得。只是你的一切终身会印在我们脑海中，随时随地会浮起来，像一幅幅的小品图画，使我们又快乐又惆怅。

评注 >>

克利斯朵夫：法国作家罗曼·罗兰《约翰·克利斯朵夫》的主人公，傅雷翻译了这本书。

噜哩噜苏（lūlǐlūsū）：方言，絮絮叨叨，啰哩啰唆。

憎厌（zēngyàn）：憎恶、厌恶。

惆怅（chóuchàng）：说不出来的、说不清楚的伤感、忧伤。

1954年傅聪赴波兰参加第五届萧邦国际钢琴比赛并在波兰留学。当年1月17日全家在上海火车站送傅聪去北京，此时傅聪还在北京做出国准备。孩子一离开即想念，以致夜不成寐，以致回忆成了父母生活的一部分，傅雷之心，天下父母之心。

真的，你这次在家一个半月，是我们一生最愉快的时期；这幸福不知应当向谁感谢，即使我没宗教信仰，至此也不由得要谢谢上帝了！我高兴的是我又多了一个朋友；儿子变了朋友，世界上有什么事可以和这种幸福相比的！尽管将来你我之间离多别少，但我精神上至少是温暖的，不孤独的。我相信我一定会做到不太落伍，不太冬烘，不至于惹你厌烦。也希望你不要以为我在高峰的顶尖上所想的，所见到的，比你们的不真实。年纪大的人终是往更远的前途看，许多事你们一时觉得我看得不对，日子久了，现实却给你证明我并没大错。

评注 >>>

宗教信仰：信奉神的创造和神的主宰。如基督徒就相信有上帝。这句话表明傅雷对能与儿子愉快地相处一个半月非常感激，非常珍惜。

离多别少：离多聚少的意思，就是离别的日子多；类似结构的词语如"寻死觅活"，意思是不想活了，一门心思想死。

冬烘（dōnghōng）：见识浅陋，言谈和行为拘泥于陈旧的、固定的模式和准则，不知变通，不合时宜。

《傅雷家书》从1954年开始至1966年结束，傅雷傅聪父子俩的信件足以证明傅雷的话没有错——他们是父子，也是朋友。从这些家书里，我们可以对"朋友"二字有更深刻的理解；人生风波起伏，朋友是精神上最大的安慰吧，所以在这父子分别之际，傅雷也不忘嘱咐孩子也要把自己当成朋友。

孩子，我从你身上得到的教训，恐怕不比你从我这得到的少。尤其是近三年来，你不知使我对人生多增了几许深刻的体验，我从与你相处的过程中学得了忍耐，学到了说话的技巧，学到了把感情升华！

你走后第二天，妈妈哭了，眼睛肿了两天：这叫做悲喜交集的眼泪。我们可以不用怕羞的这样告诉你，也可以不担心你憎厌而这样告诉你。人毕竟是感情的动物。偶然流露也不是可耻的事。何况母亲的眼泪永远是圣洁的，慈爱的！

评注 >>

忍耐（rěnnài）：把痛苦的感情或内心的感受控制住不让其表现出来。

肿（zhǒng）：本来形容肉像种子发芽一样膨胀了，这里指流眼泪太多，眼睛周围的皮肤突起来，鼓鼓的。

悲喜交集：悲和喜的感情一起涌上心头。这里指为傅聪因优秀的钢琴演奏而即将出国参赛而高兴，但是又因为离别而悲伤。

流露：（意思、感情）不自觉地表现出来。

可耻（kěchǐ）：让人觉得羞耻，一般指某种行为让旁人感到不自在。

圣洁：神圣而纯真洁净。

慈（cí）爱：一般形容年长者对年幼者的温柔、怜爱之情。

傅雷教子甚严，年轻时脾气很暴躁，对孩子也有打骂的时候，但随着孩子长大，他也不时反省，所以说"从你身上得到的教训"很多，也增加了人生的深刻体验，学会忍耐，学会说话技巧，学到把感情升华，这在傅雷都是真心话；确实，做父母也是要不断学习的。

写"妈妈"哭肿了眼睛，这也是母亲与父亲的区别。告诉孩子母亲的哭，也是在表达父母的怜子之爱。因为中国人向来有"男儿有泪不轻弹"的观点，所以在儿子面前也会解释一番流泪并不可羞、不可耻这样的话。

尽管傅雷写得非常克制，但是字里行间爱子之情溢于言表。

一九五四年二月二日（除夕）

昨晚七时一刻至八时五十分电台广播你在市三弹的四曲 Chopin，外加 encore 的一支 Polonaise，效果甚好，就是低音部分模糊得很；琴声太扬，象我第一天晚上到小礼堂空屋子里去听的情形。以演奏而论，我觉得大体很好，一气呵成，精神饱满，细腻的地方非常细腻，tone colour 变化的确很多。我们听了都很高兴，很感动。好孩子，我真该夸奖你几句才好。回想五一年四月刚从昆明回沪的时期，你真是从低洼中到了半山腰了。希望你从此注意整个的修养，将来一定能攀登峰顶。从你的录音中清清楚楚感觉到你一切都成熟多了，尤其是我盼望了多少年的你的意志，终于抬头了。我真高兴，这一点我看得比什么都重。你能掌握整个的乐曲，就是对艺术加增深度，也就是你的艺术灵魂更坚强更广阔，也就是你整个的人格和心胸扩大了。孩子，我要重复 Bronstein 信中的一句话，就是我为了你而感到骄傲！

今天是除夕了，想到你在远方用功，努力，我心里说不尽的欢喜。别了，孩子，我在心中拥抱你！

评注

市三：上海原市立第三女子中学。傅聪去北京准备出国前，上海音协在此为他举办了告别音乐会。

一气呵成：一口气完成，这里指傅聪的演奏连贯、流畅、完整。

低洼（dīwā）：地势比四周低，这里是比喻的用法，此句指傅聪的钢琴演奏已经从1951年的低水平进步到中等水平了。

攀登（pāndēng）：抓住东西向上。这里是比喻的用法，指傅聪的钢琴演奏会到达最高层次。

Bronstein：即勃隆斯丹，当时是上海音乐学院钢琴系苏联籍教师，曾指导过傅聪的钢琴。

傅雷的音乐艺术修养很高，他曾经翻译过关于音乐家的小说《约翰·克利斯朵夫》，对西方音乐作过充分了解；同时因为傅聪有音乐天赋，他为培养儿子自己也不断地学习；也因为他是一位著名的翻译家，对中西方的语言都有很深的学养，所以他能把听音乐的感受充分地、细致地描写出来，与傅聪分享。看完《傅雷家书》整本书，对这一点会体会得更充分。而在培养儿子的过程中，傅雷认为"人格和胸襟"是放在第一位的，所以在家书中多次提到。中国的艺术领域，历来也是将"人格""胸襟"与艺术成就的高低放在一起论列的。

一九五四年四月七日

记得我从十三岁到十五岁，念过三年法文；老师教的方法既有问题，我也念得很不用功，成绩很糟（十分之九已忘了）。从十六岁到二十岁在大同改念英文，也没念好，只是比法文成绩好一些。二十岁出国时，对法文的知识只会比你的现在的俄文程度差。到了法国，半年之间，请私人教师与房东太太双管齐下补习法文，教师管读本与文法，房东太太管会话与发音，整天的改正，不用上课方式，而是随时在谈话中纠正。半年以后，我在法国的知识分子家庭中过生活，已经一切无问题。十个月以后开始能听几门不太难的功课。可见国外学语文，以随时随地应用的关系，比国内的进度不啻一与五六倍之比。这一点你在莫斯科遇到李德伦时也听他谈过。我特意跟你提，为的是要你别把俄文学习弄成"突击式"。一个半月之间念完文法，这是强记，决不能消化，而且过了一晌大半会忘了的。我认为目前主要是抓住俄文的要点，学得慢一些，但所学的必须牢记，这样才能基础扎实。贪多务得是没用的，反而影响钢琴业务，甚至使你身心困顿，一空下来即昏昏欲睡。——这问题希望你自己细细想一想，想通了，就得下决心更改方法，与俄文老师细细商量。一切学问没有速成的，尤其是语言。倘若你目前停止上新课，把已学的从头温一遍，我敢断言你会发觉有许多已经完全忘了。

评注 >>

　　双管齐下：原指两手拿着笔同时作画，比喻做一件事从两个方面同时进行或两种方法同时使用，这里指学习法文时，既跟老师学习课本和文法，也跟房东太太学习口语及语音。管，笔。

　　不啻（chì）：不只，不仅仅；如同。这里指在国外学习目的语的效果比在国内学习要好得多。

　　李德伦：中国指挥家，曾在莫斯科国立柴可夫斯基音乐学院研究生班学习指挥。

　　突击式：这里指用很短的时间集中学习俄语的方式。突击，本指作战时集中兵力、火力猛烈而迅速地攻击。

　　强记（qiǎngjì）：勉强死记，硬记。

　　一晌（shǎng）：短时间，一段时间。

　　贪多务得：贪求多并力求得到。贪，贪图。务，务求，力求。

　　身心困顿：身体和内心都劳累到不能支持。顿，停顿。

　　这里谈学外语的经验：即到目的语国家学习效果最为显著，要在"用"中学，语言学习没有速成的，这些观点至今仍然没有过时。

　　你出国去所遭遇的最大困难，大概和我二十六年前的情形差不多，就是对所在国的语言程度太浅。过去我再三再四强调你在京赶学理论，便是为了这个缘故。倘若你对理论有了一个基本概念，那末日后在国外念的时候，不至于语言的困难加上乐理的困难，使你对乐理格外觉得难学。换句话说：理论上先略有门径之后，在国外念起来可以比较方便些。可是你自始至终没有和我提过在京学习理论的情形，连是否已开始亦未提过。我只知道你初时因罗君患病而搁置，以后如何，虽经我屡次在信中问你，你也没复过一个字。——现在我再和你说一遍：我的意思最好把俄文学习的时间分出一部分，移作学习乐理之用。

　　提早出国，我很赞成。你以前觉得俄文程度太差，应多多准备后再走。其实象你这样学俄文，即使用最大的努力，再学一年也未必能说准备充分，——除非你在北京不与中国人来往，而整天生活在俄国人堆里。

评注 >>

　　略有门径：略微有了学习的方法。门径，门前的小路，比喻学习、工作的方法。

　　罗君：我国著名作曲家罗忠镕。

　　搁置（gēzhì）：放下，这里指乐理学习被放在一边没有继续进行。

屡次（lǚcì）：一次又一次，反复，但语气比"反复"柔和。

　　对傅聪出国前的准备工作——语言学习与乐理学习，傅雷条分缕析，强调乐理学习为当务之急。有这样的父亲作指导，确实会少走一些弯路吧。关于语言学习，再次强调语言环境的重要，这确实是行家之语。

　　自己责备自己而没有行动表现，我是最不赞成的。这是做人的基本作风，不仅对某人某事而已，我以前常和你说的，只有事实才能证明你的心意，只有行动才能表明你的心迹。待朋友不能如此马虎。生性并非"薄情"的人，在行动上做得跟"薄情"一样，是最冤枉的，犯不着的。正如一个并不调皮的人要调皮而结果反吃亏，一个道理。
　　一切做人的道理，你心里无不明白，吃亏的是没有事实表现；希望你从今以后，一辈子记住这一点。大小事都要对人家有交代！

评注 >>

　　薄情：不讲情义。
　　冤枉：不应该受到指责、不应该被加上罪名，但是受到了指责，被加上了罪名。这里指本不是"薄情"的人却因为行动上做得"薄情"而被认为是"薄情"，这是最不应该的。
　　吃亏：指遭受损失，意思是自己心里明白却不去做，就会让自己遭受损失，非常可惜。"吃亏"的程度比"可惜"要更高一些。
　　有交代：这里指跟人交往，无论是大事小事，都要及时回复，让事情落实。

　　这两段把"做人"落实到具体的小事件中来谈，即思想上认识到了就要有行动，做事情就要有交代。这对现代人来说也如此。

　　其次，你对时间的安排，学业的安排，轻重的看法，缓急的分别，还不能有清楚明确的认识与实践。这是我为你最操心的。因为你的生活将来要和我一样的忙，也许更忙。不能充分掌握时间与区别事情的缓急先后，你的一切都会打折扣。所以有关这些方面的问题，不但希望你多听听我的意见，更要自己多想想，想过以后立刻想办法实行，应改的应调整的都应当立刻改，立刻调整，不以任何理由耽搁。

评注 >>

缓急（huǎnjí）先后：缓慢与急迫，先与后。

打折扣：本指商品降价，这里指如果不能区分事情的轻重缓急，做到重要的、急迫的先做，不急的事后做，那么以后的生活就会没有规律、没有条理，事情就不能完全如计划的或者按应该做好的那样完成。

耽搁（dāngē）：拖延，耽误。

傅雷做事非常严谨，对儿子的关怀无微不至，所以特别指出时间安排、学习计划的重要，虽然有点旧式家长制作风，但是说得有道理。

一九五四年六月二十四日下午

亲爱的孩子：终于你的信到了！联络局没早告诉你出国的时期，固然可惜，但你迟早要离开我们，大家感情上也迟早要受一番考验；送君十里终须一别，人生不是都要靠隐忍来撑过去吗？你初到的那天，我心里很想要你二十以后再走，但始终守法和未雨绸缪的脾气把我的念头压下去了，在此等待期间，你应当把所有留京的琴谱整理一个彻底，用英文写两份目录，一份寄家里来存查。这种工作也可以帮助你消磨时间，省却烦恼。孩子，你此去前程远大，这几天更应当仔仔细细把过去种种作一个总结，未来种种作一个安排；在心理上精神上多作准备，多多锻炼意志，预备忍受四五年中的寂寞和感情的波动。这才是你目前应做的事。孩子，别烦恼。我前信把心里的话和你说了，精神上如释重负。一个人发泄是要求心理健康，不是使自己越来越苦闷。多听听贝多芬的第五，多念念克利斯朵夫里几段艰苦的事迹（第一册末了，第四册第九卷末了），可以增加你的勇气，使你更镇静。好孩子，安安静静的准备出国罢。一切零星小事都要想周到，别怕天热，贪懒，一切事情都要做得妥帖。行前必须把带去的衣服什物记在"小手册"上，把留京及寄沪的东西写一清账。想念我们的时候，看看照相簿。为什么写信如此简单呢？要是我，一定把到京时罗君来接及到团以后的情形描写一番，即使借此练练文字也是好的。

近来你很多地方象你妈妈，使我很高兴。但是办事认真一点，都望你象我。最要紧，不能怕烦！

评注 >>

联络局：这里指负责对外工作、联络各方的一个职能部门。

送君十里终须一别：送你十里之远，最终还是要分别。就是说无论我怎么留恋，无论我怎么想与你多待一会，但是最后还是要分手告别的。当然这是傅雷自我劝慰的话。

隐忍：将事情藏在内心，无论是否能接受。

撑（chēng）过去：维持下去，挺过去。

未雨绸缪（chóumóu）：趁着天没下雨，先修理房屋门窗；比喻事先做好准备，预防意外事情发生。

整理一个彻底：即彻底地整理，这是家信，所以写得口语化，语气比较随和。

如释重负：好像放下了一副重担子那样轻松，在这里作谓语。释，放下。负，负担。

贝多芬的第五：即贝多芬（Beethoven）的 C 小调第五交响曲，也叫《命运交响曲》。

贪懒：贪安逸，图省力。贪，欲求多，不知足。

妥帖：妥当，十分合适。

写一清账：写一个经过整理的详细账目，这里指写一个为出国做准备的各类物品清单。傅雷做事情非常仔细、认真，比如他与傅聪通信，每一封信都有编号，无论是去信还是回信，所以给孩子意见时才能说得这么细致。

傅雷手把手教孩子：要善于总结、整理；要善于提前列计划；甚至如何度过苦闷的方法都想到了。反复叮咛，细细嘱咐，耐心得显得啰嗦，可怜天下父母心！傅雷为人、工作非常严谨，这么细心、细致的父亲，世界上也是少有的。

一九五四年七月二十七日深夜

你车上的信写得很有趣，可见只要有实情、实事，不会写不好信。你说到李、杜的分别，的确如此。写实正如其他的宗派一样，有长处也有短处。短处就是雕琢太甚，缺少天然和灵动的韵致。但杜也有极浑成的诗，例如"风急天高猿啸哀，渚清沙白鸟飞回，无边落木萧萧下，不尽长江滚滚来……"那首，胸襟意境都与李白相仿佛。还有《梦李白》、《天末怀李白》几首，也是缠绵悱恻，至情至性，非常动人的。但比起苏李的离别诗来，似乎还缺少一些浑厚古朴。这是时代使然，无法可想的。汉魏人的胸怀比较更近原始，味道浓，苍茫一片，千古之下，犹令人缅想不已。杜甫有许多田园诗，虽然受渊明影响，但比较之下，似乎也"隔"（王国维语）了一层。回过来说：写实可学，浪漫底克不可学；故杜可学，李不可学；国人谈诗的尊杜的多于尊李的，也是这个缘故。而且究竟像太白那样的天纵之才不多，共鸣的人也少。所谓曲高和寡也。同时，积雪的高峰也令人有"琼楼玉宇，高处不胜寒"之感，平常人也不敢随便瞻仰。

词人中苏辛确是宋代两大家，也是我最喜欢的。苏的词颇有些咏田园的，那就比杜的田园诗洒脱自然了。此外，欧阳永叔的温厚蕴藉也极可喜，五代的冯延巳也极多佳句，但因人品关系，我不免对他有些成见。

评注

李杜：即李白和杜甫。

雕琢（diāozhuó）太甚：这里是比喻的用法，指文字、语言方面修饰得太过分了。雕琢，雕刻玉石，加工玉石，使其变得精美。杜甫作诗常常是"语不惊人死不休"，即非常注重语言的锤炼、雕琢，使其诗歌用语准确、凝练、传神。

天然和灵动的韵致：指诗歌具有自然、活泼的情致，不呆板，富于变化。这里是说杜诗讲求炼字、炼句，过于雕琢，就会失去自然、活泼的情致。

极浑成的诗：诗例为杜甫的七律《登高》，"风急天高猿啸哀，渚（zhǔ）清沙白鸟飞回。无边落木萧萧下，不尽长江滚滚来。万里悲秋常作客，百年多病独登台。艰难苦恨繁霜鬓（bìn），潦倒（liáodǎo）新停浊（zhuó）酒杯。"登高即重阳节历来就有的登高习俗。此诗前两联写登高所见：第一联为近景，第二联为远景，写出秋天的江边一派空阔寂寥的景象。后两联写登高所感：第三联从景转到所感，悲叹身世，点出"悲"的主题，同时是对前文景物的概括；第四联进一步描写自身的穷愁潦倒形象，诗歌戛然而止，但是悲秋之意萦绕不绝。此诗格律谨严，用字精当，写景如画，气势宏阔，沉郁悲凉，景中含情，情景交融。

胸襟（jīn）：胸怀、抱负。

意境：中国古典诗歌理论中的常用概念，是主观情思与客观物象交融的一种艺术境界，能让读者感受领悟，觉得意味无穷，又难以言说的境界，最大的特点就是情景交融，景中含情，情寓于景，给读者带来极大的审美愉悦。

相仿佛：差不多。

《梦李白》：共两首，是记梦诗。杜甫听到李白流放夜郎的消息，忧思不已，因以成梦，写出对故人吉凶生死的关切，以及对故人悲惨遭遇的同情，愁惨悲怆。其一："死别已吞声，生别常恻恻。江南瘴疠地，逐客无消息。故人入我梦，明我长相忆。恐非平生魂，路远不可测！魂来枫林青，魂返关塞黑。今君在罗网，何以有羽翼？落月满屋梁，犹疑照颜色。水深波浪阔，无使蛟龙得。"其二："浮云终日行，游子久不至。三夜频梦君，情亲见君意。告归常局促，苦道来不易。江湖多风波，舟楫恐失坠。出门搔白首，若负平生志。冠盖满京华，斯人独憔悴。孰云网恢恢，将老身反累。千秋万岁名，寂寞身后事。"

《天末怀李白》：这首诗是听到李白流放夜郎、途中遇赦到了湖南的消息，杜甫写诗怀念他，写得自然而又沉痛，"凉风起天末，君子意如何。鸿雁几时到，江湖秋水多。文章憎命达，魑魅喜人过。应共冤魂语，投诗赠汨罗。"

缠绵（chánmián）悱恻（fěicè）：这里指杜诗怀念李白的这几首诗写得千回百转，凄凉悲怆。

至情至性：感情、性情都很真，不做作。

苏李：即苏武与李陵。苏武为西汉大臣，曾奉命出使匈奴，被扣留，19 年后获释回汉。李陵为西汉将领，与匈奴作战，战败投降。两人的离别诗语言非常朴素，但是情感真挚，味长而意远。

浑厚古朴：这是中国古典诗论中常用的风格论概念，是中国诗人非常推崇，以致心追手摹的风格特点。浑厚指整首诗情景混融一体，诗意浓厚，情感深沉；古朴是指诗歌语言所呈现出的天然、朴质的特点。

汉魏：中国的历史朝代，汉朝（公元前 202—公元 220 年），享国 400 多年，当时诗歌的代表主要是汉乐府（汉代民间诗歌）和文人诗《古诗十九首》等，风格质朴；魏在这里是曹魏（220—266）的简称，此时五言诗创作空前活跃，但叙事抒情，也不追求细密的技巧；造句写景，也只求写得清楚明白，所以仍然是比较古朴的。

苍茫一片：这里是说汉魏诗那种意境空阔辽远、语言浑茫质朴的风格特点。

千古之下：久远的年代之后。千古，千年，形容久远的时间。

缅（miǎn）想不已：遥想不已，即隔着久远的时间，仍然怀念、想念。

田园诗：中国古典诗歌的一个流派，以陶渊明为代表，主要描写田园生活，表达对田园生活的热爱，语言平淡自然，朴实清新。

渊明：陶渊明（约 365—427），字元亮，晚年更名潜，浔阳柴桑（今江西九江）人，东晋末至刘宋初期的著名诗人、辞赋家、散文家，因其田园诗特别有名，被称为"田园诗之祖"。

"隔"（王国维语）了一层：这里指杜甫的田园诗还是不如陶渊明那么冲淡、朴素、自然、天真。隔，王国维（1877—1927）文学批评著作《人间词话》中的一个重要概念。王国维提倡"不隔"，即创作应该描写真感情，真景物，写得真切，这才是"不隔"。从这个角度说，太多的语言修饰、雕琢就容易造成与描写对象的"隔"，即写得不自然，不真切；当然炼字、炼句到一定程度，能非常精当地表现描写对象，让读者感觉不到字词的雕琢，这也是"不隔"的。

浪漫底克：即 romantic 的音译，这里指李白这种浪漫派的诗歌。

故杜可学，李不可学：这也是宋代以来中国诗学史上的一般观点，即杜甫是可以学习的（对象），李白则很难学习。

天纵（zòng）之才：上天所赋予的才能。即这种才能是天生的，很难学习。

曲高和寡（hèguǎ）：曲调太高深，能跟着唱的人就少。和，应和。寡，少。这里是说李白那样的天纵之才，能懂他、学习他的人很少。

琼（qióng）楼玉宇，高处不胜寒：苏轼《水调歌头·明月几时有》中的一句，意思是（如果我去了）那美玉砌成的楼台——月宫，（怕）经受不住那高处的寒意。这里指学李白诗歌的人少，因为他太优秀，普通人要学也学不了。琼楼，美玉砌成的楼台。

不胜，经受不住，承受不住。

瞻仰（zhānyǎng）：怀着崇高的敬意看。

苏辛：苏轼和辛弃疾是宋词豪放派的代表，但是也有区别，即"东坡之词旷，稼轩之词豪"，意思是说东坡之词好，在于超旷的胸襟，辛弃疾的词好，在于豪放的气度。辛弃疾（1140—1207），字幼安，号稼轩，山东济南人，南宋著名将领、词人，其词题材广泛，内容丰富，风格多样，以豪放为主，沉雄豪迈，恢宏苍茫，词境阔大。

欧阳永叔：即欧阳修（1007—1072），字永叔，号醉翁，吉州庐陵（今江西吉安）人。北宋著名政治家、文学家，北宋初期的文坛领袖，其词多写恋情游宴、伤春怨别，深婉清丽。

温厚蕴藉（yùnjiè）：温和宽厚，含蓄而不显露。蕴藉，含而不露。

冯延巳（903—960）：字正中，广陵（今江苏扬州）人。南唐时代宰相，唐五代词中的一位大家，其词多写闲情逸致，但深美闳约，悲伤而自持，直接影响了北宋词的创作。

人品：人的品性道德，比如诚信、忠厚、正直等就是比较好的品性。

成见：对人或事物所抱的固定不变的看法，这里指对冯延巳的不好的看法。关于冯延巳的评价，历来有两种，一说他谄媚君主，阴险狡诈；一说他志向远大，宽厚仁恕。

成为一名真正的艺术家，修养是多方面的；艺术各个门类之间也是相通的，对不同艺术作品的体味、深入了解都是在增加艺术家的感悟能力，所以傅雷一直提倡艺术家要"通"，他也在文学、美术、音乐等艺术方面对子女进行过多方面的指导、培养。此则主要讨论中国古典诗词，从写实与浪漫的分别谈起，谈到不同作家的风格特点，这都需要对不同作家的作品反复品读才能有所感触，就像钢琴家对钢琴曲作品需要反复读谱、体会一样，没有这样的工夫，是无法精妙地传达出作曲家的神韵的。

……在外倘有任何精神苦闷，也切勿隐瞒，别怕受埋怨。一个人有个大二十几岁的人代出主意，决不会坏事。你务必信任我，也不要怕我说话太严，我平时对老朋友讲话也无顾忌，那是你素知的。并且有些心理波动或是郁闷，写了出来等于有了发泄，自己可痛快些，或许还可免做许多傻事。孩子，我真恨不得天天在你旁边，做个监护的好天使，随时勉励你，安慰你，劝告你，帮你铺平将来的路，准备将来的学业和人格……

评注 >>

切勿隐瞒（yǐnmán）：一定不要不告诉我们。切勿，一定不要。隐瞒，掩盖真相，不让人知道。

埋怨（mányuàn）：因为事情不如意而对造成结果的人或事物表示不满。

顾忌（gùjì）：担心对人或对事情不利而有顾虑。

素（sù）知：一向就知道，一直就知道。素，一向，向来。

勉励（miǎnlì）：劝人努力，鼓励。

人生的苦闷，向人诉说，或者写出来，都是一种发泄，确实如此。傅雷对儿子的关爱之心，溢于言表，当然也有他自己的人生感悟在里面，他也有过苦闷，做过傻事，所以他觉得自己作为过来人，完全可以作为儿子的指导者；这种对儿子的赤诚，也是少有的，有时甚至显得有些专制，大概因为爱得太深，不自觉就要担负起一切责任。

一九五四年七月二十八日夜

上星期我替敏讲《长恨歌》与《琵琶行》，觉得大有妙处。白居易对音节与情绪的关系悟得很深。凡是转到伤感的地方，必定改用仄声韵。《琵琶行》中"大弦嘈嘈""小弦切切"一段，好比 staccato，像琵琶的声音极切；而"此时无声胜有声"的几句，等于一个长的 pause。"银瓶……水浆迸"两句，又是突然的 attack，声势雄壮。至于《长恨歌》，那气息的超脱，写情的不落凡俗，处处不脱帝皇的 nobleness，更是千古奇笔。看的时候可以有几种不同的方法：一是分出段落看叙事的起伏转折；二是看情绪的忽悲忽喜，忽而沉潜，忽而飘逸；三是体会全诗音节与韵的变化。再从总的方面看，把悲剧送到仙界上去，更显得那段罗曼史的奇丽清新，而仍富于人间味（如太真对道士说的一番话）。还有白居易写动作的手腕也是了不起："侍儿扶起娇无力"，"君王掩面救不得"，"九华帐里梦魂惊"几段，都是何等生动！"九重城阙烟尘生，千乘万骑西南行"，写帝王逃难自有帝王气概。"翠华摇摇行复止"，又是多鲜明的图画！最后还有一点妙处：全诗写得如此婉转细腻，却仍不失其雍容华贵，没有半点纤巧之病！（细腻与纤巧大不同。）明明是悲剧，而写得不过分的哭哭啼啼，多么中庸有度，这是浪漫底克兼有古典美的绝妙典型。

评注 >>

敏：傅聪的弟弟傅敏。

《长恨歌》：白居易的一首长篇叙事诗，借助历史和神话传说，用精练的语言，优美的形象，叙事、写景与抒情结合的方法，叙述了唐玄宗（李隆基）与杨贵妃（杨玉环）的爱情悲剧。诗歌的主题是"长恨"，即永无尽期的遗恨，读来千回百转，哀婉动人。

《琵琶行》：白居易另一首著名的长篇叙事诗，当时白居易被贬为江州（今江西九江）司马，在浔阳江头送客，偶遇弹琵琶的长安倡女，以此为题材而创作了此诗。诗歌详细描写了琵琶女高超的弹奏技艺和她的不幸经历，结合诗人被贬的身世，抒发了"同是天涯沦落人"的感情，叙述跌宕起伏，语言美而不浮，意到笔随，情文俱美。尤其是琵琶演奏的描写，比喻贴切，化虚为实，呈现出鲜明的音乐形象，历来为人称赏。

白居易（772—846）：字乐天，号香山居士，唐代现实主义诗人之一，诗歌题材广泛，形式多样，语言优美，平易通俗。

仄声韵：中国古典诗歌讲求声韵和谐，将用字的声调分为平声、仄声，平声包括阴平、阳平，即普通话的第一声、第二声；仄声包括上声、去声、入声等。诗、词、曲、赋的句末或联末用同韵的字相押，称为押韵；仄声韵，即押韵的韵脚字是仄声，如《琵琶行》"弦弦掩抑声声思，似诉平生不得志。低眉信手续续弹，说尽心中无限事"中的"志""事"；再如"曲终收拨当心画，四弦一声如裂帛。东船西舫悄无言，唯见江心秋月白"的"帛""白"等。

大弦嘈嘈、小弦切切：大弦，琵琶上最粗的弦。嘈嘈，声音沉重抑扬。小弦，琵琶上最细的弦。切切，形容声音急切细碎。

"此时无声胜有声"的几句：指"间关莺语花底滑，幽咽泉流冰下难。冰泉冷涩弦凝绝，凝绝不通声暂歇。别有幽愁暗恨生，此时无声胜有声"这几句，形容琵琶幽咽哽塞，凝绝不通，如一个长的 pause，很好地表达了无可抑制的悲情，这就是"无声胜有声"。傅雷的音乐修养使其对诗歌音节与情绪的关系理解得非常细腻。

气息的超脱：这里指《长恨歌》描写的人物、爱情故事虽然确有其事，但是整首诗的情韵、声气、味道超尘脱俗。

不落凡俗：不落俗套，有独创风格。不落，不掉入，不因袭。

叙事的起伏转折：这里指如何欣赏《长恨歌》的叙事技巧，即看它如何突起，如何低伏，又是如何转折的。

侍儿扶起娇无力：写杨贵妃的柔弱之美。杨贵妃在温泉洗浴之后，侍女搀扶她，她就像刚出水的芙蓉花那样娇柔鲜嫩。

君王掩面救不得：写马嵬兵变，护驾的军队要皇帝赐死杨贵妃，一个"掩面"，写出唐玄宗无力援救的仓皇、不舍，但又无可奈何。

九华帐里梦魂惊：写临邛道士带着唐玄宗来到仙界寻找杨贵妃，杨贵妃听到侍女的通报，从帐中惊醒，一个"惊"，写出多少说不出的情感。九华帐，绣饰华美的帐子。九华，重重花饰的图案，这里形容帐的精美。

九重城阙烟尘生，千乘万骑西南行：写帝王的逃难，九重宫殿霎时尘土飞扬，君王带着千万人马向西南逃亡。阙，意为古代宫殿门前两边的楼，泛指宫殿或帝王的住所。九重城阙，九重门的京城，此指长安。烟尘生，指发生战事。天宝十五年（756）六月，安禄山破潼关，逼近长安，唐玄宗带着杨贵妃等向西南方向逃走，当时随行护卫并不多，"千乘万骑"是夸大之词，诗人借此写出帝王即使逃难也有气概的形象，照应前文说的此诗所具有的"帝王的 nobleness"。骑,一人一马为一骑。

翠华摇摇行复止:写护从军队军心动乱,走走停停。唐玄宗向西逃奔至距长安百余里的马嵬驿(今陕西兴平),扈从禁卫军发难,不再前行,请求诛杀杨国忠、杨玉环兄妹以平民怨。唐玄宗为保自身,只得照办。翠华,用翠鸟羽毛装饰的旗帜,皇帝仪仗队用。"行复止"三个字,将军队的兵变写得非常形象、具体。

婉转(wǎnzhuǎn)细腻(nì):指写得含蓄温和,曲折回环,细致入微。

雍容(yōngróng)华贵:文雅从容,庄重大方。

纤巧(xiānqiǎo):细巧,精致小巧。

中庸(yōng)有度:不偏不倚,持中,有节制,适度。这里是说《长恨歌》写帝王妃子的爱情,尺度拿捏得很好,具有很高的艺术价值。

这一则主要谈白居易的两首诗,谈到声音对情感的表达作用;也谈到如何欣赏整首诗歌:比如叙事诗的叙事特点,叙事中的情绪变化,音节与情感的变化等;还谈到语言如何准确地传达感情、描写画面,欣赏都极精微。傅雷对文学作品精细地分析,是为了增加傅聪的艺术感受力,因为艺术都是相通的,这样可使傅聪对音乐的体会更加深刻、细腻。

一九五四年八月十六日晚

你素来有两个习惯:一是到别人家里,进了屋子,脱了大衣,却留着丝围巾;二是常常把手插在上衣口袋里,或是裤袋里。这两件都不合西洋的礼貌。围巾必须和大衣一同脱在衣帽间,不穿大衣时,也要除去围巾。手插在上衣袋里比插在裤袋里更无礼貌,切忌切忌!何况还要使衣服走样,你所来往的圈子特别是有教育的圈子,一举一动务须特别留意。对客气的人,或是师长,或是老年人,说话时手要垂直,人要立直。你这种规矩成了习惯,一辈子都有好处。

在饭桌上,两手不拿刀叉时,也要平放在桌面上,不能放在桌下,搁在自己腿上或膝盖上。你只要留心别的有教养的青年就可知道。刀叉尤其不要掉在盘下,叮叮当当的!

出台行礼或谢幕,面部表情要温和,切勿像过去那样太严肃。这与群众情绪大有关系,应及时注意。只要不急,心里放平静些,表情自然会和缓。

总而言之,你要学习的不仅仅在音乐,还要在举动、态度、礼貌各方面吸收别人的长处。这些,我在留学的时代是极注意的;否则,我对你们也不会从小就管这管那,在各种 manner 方面跟你们烦了。但望你不要嫌我繁琐,而要想到一切都是要使你更完满、更受人欢喜!

评注 »

切忌切忌：务必避免，千万不要。

繁琐（suǒ）：麻烦，打扰。

此信主要谈生活细节、社交礼仪。傅聪是钢琴演奏家，同时傅雷也一直认为傅聪代表中国人的形象，加上傅雷本人的生活也非常严谨，所以他才会如此细心地指导。不论是社交中的服装还是肢体语言、面部表情，傅雷都不放过，谁说一个艺术家不是严格训练出来的呢？艺术家之所以成为艺术家，他本身就是一个艺术品，所以他的一言一行也要表现美。尤其是傅雷注重的"手要垂直，人要立直"，这种"直"也是傅雷"人格"培养的一种外化。

一九五五年十二月二十七日午

协奏曲钢琴部分录音并不如你所说，连轻响都听不清；乐队部分很不好，好似蒙了一层，音不真，不清。钢琴 loud passage 也不够分明。据懂技术的周朝桢先生说：这是录音关系，正式片也无法改进的了。

以音乐而论，我觉得你的协奏曲非常含蓄，绝无罗宾斯丹那种感伤情调，你的情感都是内在的。第一乐章的技巧不尽完整，结尾部分似乎很显明的有些毛病。第二乐章细腻之极，touch 是 delicate 之极。最后一章非常 brilliant。摇篮曲比给奖音乐会上的好得多，mood 也不同，更安静。幻想曲全部改变了：开头的引子，好极，沉着，庄严，贝多芬气息很重。中间那段 slow 的 singing part，以前你弹得很 tragic 的，很 sad 的，现在是一种惆怅的情调。整个曲子像一座巍峨的建筑，给人以厚重、扎实、条理分明、波涛汹涌而意志很热的感觉。

李先生说你的协奏曲，左手把 rhythm 控制得稳极，rubato 很多，但不是书上的，也不是人家教的，全是你心中流出来的。她说从国外回来的人常说现在弹萧邦都没有 rubato 了，她觉得是不可能的；听了你的演奏，才证实她的怀疑并不错。问题不是没有 rubato，而是怎样的一种 rubato。

评注 »

协奏曲：即 concerto，现代的协奏曲指一种器乐题材，器乐合奏曲。

周朝桢（zhēn）：傅雷的好友。

罗宾斯丹：有两位有名的罗宾斯丹，一位是 Arthur Rubinstein（1887—1982），出生于波兰的犹太裔美国钢琴演奏家；另一位是 Anton Rubinstein（1829—1894），俄罗斯犹太裔音乐家，作曲家、钢琴家，《傅雷家书》中另一处明确指出这位音乐家弹琴时身如岩石（见 1955 年 3 月 15 日信）。此处没有注明是哪位。

幻想曲：即 fantasia，一种即兴的器乐作品，作曲者可以随自己的幻想自由创作，这类乐曲自由奔放，并富浪漫色彩。

巍峨（wēié）：一般形容山或建筑物高大而雄伟，这里用巍峨的建筑打比方，形象地描写出傅聪演奏的曲子给人的厚重、扎实、条理分明、波涛汹涌、意志很热的感觉。

李先生：即李翠贞，原上海音乐学院钢琴系教授。

萧邦：即前文多次出现的 Chopin，现译肖邦（1810—1849），19 世纪波兰作曲家、钢琴家，欧洲浪漫主义音乐的代表人物。

傅雷对傅聪演奏的曲子作细致的分析，就如前文对文学作品的分析。文学作品的阅读有好几个层次，一是感觉到好，二是感觉到好还能说出好在哪里；读谱也一样。但傅聪作为钢琴演奏家，读谱还有第三个层次，即他能通过自己把乐曲的好在琴上传达出来。傅雷对傅聪演奏的分析，又是作为听众对演奏者的反馈，这种交流，不就是古人所说的"如切如磋，如琢如磨"吗？可见他们父子真是朋友。

而李先生的评价，则是从"外人"角度对傅聪的反馈，排除情感因素，显得更客观，同时也见傅雷对儿子不只是简单的鼓励，而是深入了解后的评价。

玛祖卡，我听了四遍以后才开始捉摸到一些，但还不是每支都能体会。我至此为止是能欣赏了 *Op.* 59，*No.* 1；*Op.* 68，*No.* 4；*Op.* 41，*No.* 2；*Op.* 33，*No.* 1。*Op.* 68，*No.* 4 的开头像是几句极凄怨的哀叹。*Op.* 41，*No.* 2 中间一段，几次感情欲上不上，几次悲痛冒上来又压下去，到最后才大恸之下，痛哭出声。第一支最长的 *Op.* 56，*No.* 3，因为前后变化多，还来不及抓握。阿敏却极喜欢，恩德也是的。她说这种曲子如何能学？我认为不懂什么叫作"tone colour"的人，一辈子也休想懂得一丝半毫，无怪几个小朋友听了无动于衷。colour sense 也是天生的。孩子，你真怪，不知你哪儿来的这点悟性！斯拉夫民族的灵魂，居然你天生是具备的。斯克里亚宾的 *prélude* 既弹得好，玛祖卡当然不会不好。恩德说，这是因为中国民族性的博大，无所不包，所以什么别的民族的东西都能体会得深刻。Notre-Temps *No.* 2 好似太拖拖拉拉，节奏感不够。我们又找出罗宾斯丹的片子来听了，觉得他大部分都是节奏强，你大部分是诗意浓；他的音色变化不及你的多。

评注

玛祖卡：即 Mazurka，波兰的两种民间舞曲——玛祖卡和玛祖列克流传到法国后的通称。

凄怨（qīyuàn）的哀叹（āitàn）：悲伤而含怨恨的叹息。这是形象描述傅聪演奏的马祖卡给人的感受。

大恸（tòng）：极其悲痛。

恩德：即牛恩德，傅聪出国前的琴友，后被傅雷夫妇认作干女儿。

悟性（wùxìng）：对事物理解、分析、感悟的能力，这里指傅聪的悟性很好。

斯拉夫民族：Slavdom，古代日耳曼人（Germani）东部民族与维内德（古斯拉夫）人联合进行大规模迁徙后自己使用的名称，波兰、捷克、斯洛伐克、俄罗斯、乌克兰、塞尔维亚、克罗地亚等国家的人都是斯拉夫民族。

斯克里亚宾：Alexander Nikolayevitch Scriabin，俄国作曲家、钢琴家。

"听了四遍"后才开始捉摸到一些，不仅表明傅雷的认真，也表明他的求实。傅雷不仅听傅聪的演奏，也听其他演奏家的演奏，可以看出傅雷欣赏视野的广阔，不局限。所有这些，都是为了培养一个艺术家，这里既有父母对儿子的爱，更有对艺术的尊重和热忱。

一九五六年一月二十二日晚

亲爱的孩子：今日星期，花了六小时给你弄了一些关于萧邦与特皮西的材料，关于 tempo rubato 的部分，你早已心领神会，不过看了这些文字更多一些引证罢了。他的 piano method，似乎与你小时候从 Paci 那儿学的一套很像，恐怕是李斯特从 Chopin 那儿学来，传给学生，再传到 Paci 的。是否与你有帮助，不得而知。

前天早上听了电台放的 Rubinstein 弹的 *E Min. Concerto*（当然是些灌音），觉得你的批评一点不错。他的 rubato 很不自然；第三乐章的两段（比较慢的，出现过两次，每次都有三四句，后又转到 minor 的），更糟不可言。转 minor 的二小句也牵强生硬。第二乐章全无 singing。第一乐章纯是炫耀技巧。听了他的，才知道你弹的尽管 simple，music 却是非常丰富的。孩子，你真行！怪不得斯曼齐安卡前年冬天在克拉可夫就说："想不到这支 *Concerto* 会有这许多 music！"

今天寄你的文字中，提到萧邦的音乐有"非人世的"气息，想必你早体会到；所以太沉着，不行；太轻灵而客观也不行。我觉得这一点近于李白，李白尽管飘飘欲仙，却不是特皮西那一派纯粹造型与讲气氛的。

评注 >>

特皮西：即 Achille-Claude Debussy（1862—1918），现译德彪西，法国作曲家、音乐评论家。

心领神会：深刻地领会。不需要别人说就已经明白。
　　Paci：即 Mario Paci，梅百器（1878—1946），意大利钢琴家、作曲家李斯特的再传弟子，曾任上海工部局公共乐队（上海交响乐队前身）的杰出指挥。傅聪少时曾在他门下学琴三年。
　　李斯特：即 Franz Liszt（1811—1886），匈牙利著名作曲家、钢琴家。
　　灌（guàn）音：录音。
　　炫耀（xuànyào）：夸耀。
　　斯曼齐安卡：波兰著名钢琴家，也是傅聪在波兰的老师杰维茨基教授的学生。
　　克拉可夫：波兰南部的一个城市，当时那里有克拉可夫音乐院。
　　非人世的：不是人间的。傅聪当时演奏的肖邦乐曲非常成功，受到很多赞美，有的称赞他作为一个中国人弹出了真正的肖邦，"非人世"即傅聪对肖邦作品的理解。傅雷在信中继续以李白诗歌为例来描述这种特点，进一步阐述这种特点，这需要对肖邦音乐和李白诗歌有深度品鉴才能体会得出来。

　　各门艺术相通，学艺术的人最好要视野广博，学问渊通；就是学音乐，也不只是学一家，而是要学多家，所以傅雷会将不同音乐家的资料收集好寄给傅聪，同时也谈到音乐演奏风格的传承。"花六小时"准备资料，这只是傅雷培养儿子的多少辛劳中的一点。
　　父子切磋评艺，体会音乐作品。肖邦是傅聪当时最关注的作曲家，所以傅雷再次用李白的诗歌来作类比，以明其作品特点。傅雷信奉艺术是相通的，所以注重培养儿子的多种艺术敏感性，即多方面比较、感觉、评论，增加对各种艺术的感受，并能把这种感受表达出来。而对任何艺术作品的理解，都需要长时期的慢慢咀嚼才能消化、吸收，这都是艺术家自我涵养的过程。

一九六〇年十一月十三日
　　亲爱的孩子，十月二十二日寄你和弥拉的信各一封，想你瑞典回来都看到了吧？——前天（十一月十一日）寄出法译《毛主席诗词》一册、英译关汉卿（元人）《剧作选》一册、曹禺《日出》一册、冯沅君《中国古典文学小史》一册（四册共一包，都是给弥拉的）；又陈老莲《花鸟草虫册》一，计十幅，黄宾虹墨笔山水册页五张（摄影），笺谱两套共二十张，我和妈妈放大照片二张（友人摄），共作一包：以上均挂号平寄，由苏联转，预计十二月十日前后可到伦敦。——陈老莲《花鸟草虫册》还是五八年印的，在现有木刻水印中技术最好，作品也选的最精；其中可挑六张，连同封套及打字说明，送弥拉的爸爸，表示我们的一些心意。余四张可留存，将来装饰你的新居。黄氏作品均系原来尺寸，由专门摄影的友人代制，花了不少功夫。其他笺谱有些也可配小玻璃框悬挂。因国内纸张奇紧，印数极少，得之不易，千万勿随便送人；只有真爱真懂艺术的人才可酌送一二（指笺谱）。木刻水印在一切复制技术中最接近原作，工本浩大，望珍视之。西人送礼，尤其是艺术品，以少为贵，故弥拉爸爸送六张陈老莲已绰乎有余。——这不是小气，而是合乎国外惯例，同时也顾到我们供应不易。

《敦煌壁画选》（木刻水印的一种、非石印洋纸的一种）你身边是否还有？我尚留着三集俱全的一套，你要的话可寄你。不过那是绝版了三五年的东西（木刻印数有限制，后来版子坏了，不能再印），更加名贵，你必须特别爱惜才好。（要否望来信！）

评注 》》

弥拉：傅聪的妻子，美国小提琴家耶胡迪·梅纽因（1916—1999）的女儿。

关汉卿（约1234—1300）：元代杰出的戏曲作家。

曹禺（1910—1996）：原名万家宝，杰出的现代话剧剧作家，《日出》是他的代表作之一。

冯沅君（1900—1974）：原名冯恭兰，改名淑兰，沅君为其笔名，现代著名作家，中国古典文学史专家。

陈老莲（约1599—1652）：陈洪绶，字章侯，号老莲，明代著名书画家、诗人。

黄宾虹（1865—1955）：初名懋质，字朴存，号宾虹，中国近现代国画家，擅画山水。

笺谱（jiānpǔ）：印有图画等的华美笺纸归类整理编成的册子。笺，古代对精美加工纸的统称。

木刻水印：中国特有的传统复制工艺，一种彩色套印技术，专门用来复制水墨画、彩墨画和绢画等手迹艺术品。印刷的成品能保持原作的风格，达到乱真的效果，所以珍贵。

酌（zhuó）送：考虑后再赠送。

工本浩大：制作的成本特别大。工本，制作物品所用的成本。浩大，此处指花费的数量巨大。

绰（chuò）乎有余：很宽绰，有多余的。这里指送6张陈老莲的画给弥拉爸爸已经是很多的了。

石印洋纸：用石印印刷法从国外进口的纸。石印是一种平版印刷的方法。洋纸，从国外进口的纸。

敦煌（dūnhuáng）壁画：中国敦煌石窟内壁的绘画艺术作品。敦煌，甘肃省内一个县级市，以敦煌石窟、敦煌壁画闻名天下。

邮寄的物品——说明名称、数量，甚至制作方法、邮寄方式，并且送给谁，送多少，都一一交代明确，真是细致、严谨得不得了，这绝不是一天养成的生活习惯，可见其为人、做事的风格。而其间涉及的人情世故，也是一门学问，《红楼梦》曾指出"世事洞明皆学问，人情练达即文章"，傅雷也是手把手教傅聪。所寄物品不是文学就是绘画，既是艺术家精神生活的营养，也是艺术家生活环境营造的需要。

《音乐与音乐家》月刊八月号，有美作曲家 Copland 的一篇论列美洲音乐的创作问题，我觉得他根本未接触到关键。他绝未提到美洲人是英、法、德、荷、意、西几种民族的混合；混合的民族要产生新文化，尤其是新音乐，必须一个很长的时期，决非如 Copland 所说单从 jazz 的节奏或印第安人的音乐中就能打出路来。民族乐派的建立，本地风光的表达，有赖于整个民族精神的形成。欧洲的意、西、法、英、德、荷……许多民族，也是从七世纪起由更多的更早的民族杂凑混合起来的。他们都不是经过极长的时期（融和与合流的时期），才各自形成独特的精神面貌，而后再经过相当长的时期在各种艺术上开花结果吗？

同一杂志三月号登一篇 John Pritchard 的介绍（你也曾与 Pritchard 合作过），有下面一小段值得你注意：——

…Famous conductor Fritz Busch once asked John Pritchard："How long is it since you looked at Renaissance painting?" To Pritchard's astonished "why?", Busch replied："Because it will improve your conducting by looking upon great things—do not become narrow."

你在伦敦别错过 looking upon great things 的机会，博物馆和公园对你同样重要。

评注

Copland：科普兰（1900—1990），美国作曲家。

有赖（lài）于：依靠。于，介词，引出依靠的对象。

打出路来：这里指创造出新的音乐。

John Pritchard：约翰·普里查德（1921—1989），英国指挥家，曾经做过弗里茨·布施（1890—1951）的助理指挥。

英文段的翻译：著名指挥家弗里茨·布施有次问约翰·普里查德，"你离上次看文艺复兴时代的绘画有多久了？"普里查德很吃惊："为什么问这个？"布施答道："因为看了伟大作品，可以使你的指挥得到进步——而不至于眼光浅窄。"（金圣华译，笔者稍作改动）

这一节主要从科普兰的文章谈起，指出民族音乐形成不是一朝一夕的，而是一个漫长的过程；另外，引征布施的话，说明参观博物馆与音乐家的艺术有极大关系，会开阔艺术家的眼界，这也是傅雷一直强调的，借此再次提醒傅聪。这些观点就是放到现在也一点不过时。

一九六一年三月二十八日晨（译自英文）

亲爱的弥拉：我会再劝聪在琐屑小事上控制脾气，他在这方面太象我了，我屡屡提醒他别受我的坏习惯影响。父母的缺点与坏脾气应该不断的作为孩子的戒鉴，不然的话，人的性格就没有改善的指望了。你妈妈却是最和蔼可亲，平易近人的女性（幸好你属于她那一类型），受到所有亲朋戚友的赞美，她温柔婉约，对聪的为人影响极大。多年来要不是经常有妈妈在当中任劳任怨，小心翼翼，耐心调停，我与聪可能不会象今日一般和睦相处，因为我们俩人都脾气急躁，尤其对小事情更没有耐性。简言之，我们在气质上太相似了，一般来说，这是艺术家或诗人的气质，可是在诗人画家的妻子眼中看来，这种气质却一点诗情画意都没有！我只能劝你在聪发脾气的时候别太当真，就算他有时暴跳如雷也请你尽量克制，把他当作一个顽皮的孩子，我相信他很快会后悔，并为自己蛮不讲理而惭愧。我明白，要你保持冷静，很不容易，你还这么年轻！但是，这是平息风浪，避免波及的唯一方式，要不然，你自己的情绪也会因此变坏，那就糟了——这是家庭关系的致命伤！希望你在这一点上能原谅聪，正如妈妈一向原谅我一般，因为我可以向你担保，对小事情脾气暴躁，可说是聪性格中唯一的严重缺点。

另一方面，我们认为有一点很重要，就是聪在未来，应该把演奏次数减少，我在二月二十一日一信（E-No. 11T2）中，已经对你提过。一个人为了工作神经过度紧张，时常会发起脾气来。评论中屡次提到聪在演奏第一项节目时，表现得很紧张。为了音乐，下一季他应该减少合约。把这问题好好的讨论一下，不仅是为他在公众场所的演出水平，也更是为你俩的幸福。假如成功与金钱不能为你们带来快乐，那么为什么要为这许多巡回演出而疲于奔命呢？假如演出太多不能给你家庭带来安宁，那么就酌情减少，倘若逾越分寸，世上就绝没有放纵无度而不自食其果的事！一切要合乎中庸之道，音乐亦不例外。这就是我一再劝聪应该时常去参观画廊的原因，欣赏造型艺术是维系一个人身心平衡的最佳方式。

评注 >>

琐屑（suǒxiè）：细小的、琐碎的。

屡屡（lǚlǚ）：常常。

戒鉴（jièjiàn）：警戒、借鉴。此处指以父母的缺点和坏脾气作为教训，保持警戒，不要再有那种缺点、坏脾气。

和蔼（ǎi）可亲：态度、性情温和，容易亲近。蔼，和气，态度好。

平易近人：态度和蔼，使人感到亲切，容易接近。

温柔婉约（wǎnyuē）：性情温和柔软，和顺谦恭。

任劳任怨（rènláo-rènyuàn）：做事能够经受劳苦和别人的抱怨。任，担当，经受。

小心翼翼（yì）：言行举动十分小心谨慎，一点不敢疏忽的样子。

调停：劝说双方，解除双方之间的矛盾，使其和平相处。

和睦（mù）相处：彼此友好地、和谐地相处。和睦，彼此友爱，没有争吵。

脾气急躁（píqì jízào）：性子急，碰到不称心的事情易于激动，没耐心。

暴跳如雷：跳着脚喊叫，像打雷一样；形容又急又怒、大发脾气的样子。

蛮（mán）不讲理：态度粗暴，不讲道理。蛮，粗野，不通情理。

惭愧（cánkuì）：因为自己有缺点、做错了事或未能尽到责任而感到不安或羞耻。

平息风浪：这里指让傅聪的坏脾气带来的风波停止。平息，一般指风势、纷乱等消失、停止。风浪是比喻的说法，这里指傅聪的暴躁脾气。

波及：（被）影响到。

疲于奔命：忙于奔走应付，弄得非常疲乏。这里指傅聪的演出安排过多则会使他非常疲乏。

逾越（yúyuè）分寸：此处指如果傅聪外出演奏安排得过多，那么这个安排就没有分寸，也就是安排得不恰当。逾越，跨越，超越。分寸，说话或做事的适当标准或限度。

放纵无度：放任纵容，不加约束，没有限度。

自食其果：自己吃到自己种的果实，比喻做了坏事，由自己承担其后果，通常指自己害了自己。

中庸（zhōngyōng）之道：不偏不倚，中正平和，折中调和的处世态度。

造型艺术：一种艺术形态，指以一定物质材料和手段所创造的可视、静态的空间形象，由此反映社会生活与表现艺术家的思想情感。主要包括绘画、雕塑、摄影艺术、书法艺术、版画、工艺美术、篆刻、艺术设计等。

维系（wéixì）：维持，牵绊，使不涣散。

身心平衡：生理和心理上都很健康的一种状态，即不管在什么时候，都能达到身体与精神的高度和谐与统一，保持一种高能量的状态来面对学习、工作及生活。

这封信是傅雷写给儿媳弥拉的，主要谈傅聪的性格缺点，没有为傅聪辩护，而是从自己身上寻找原因，同时也提出了与傅聪相处的解决方案，即"不要太当真""保持冷静"，说得非常诚恳，容易为对方接受；另外，关于傅聪演出的安排也提出了自己的建议："尽量减少合约"，这既是为了家庭幸福，也是为了音乐，为了艺术。艺术家不能成为赚钱的机器，而是要不断地丰富自己，这都说得合情合理。对傅聪家庭生活中出现的矛盾，傅雷冷静、理性地分析，同时也设身处地地为对方着想，这样的长辈，弥拉才愿意向他倾吐烦恼吧。

一九六二年四月三十日

　　最近买到一本法文旧书，专论写作艺术。其中谈到"自然"（natural），引用罗马文豪西塞罗的一句名言：It is an art to look like without art. 作者认为写得自然不是无意识的天赋，而要靠后天的学习，甚至可以说自然是努力的结果（The natural is result of efforts），要靠苦功磨练出来。此话固然不错，但我觉得首先要能体会到"自然"的境界，然后才能往这个境界迈进。要爱好自然，与个人的气质、教育、年龄，都有关系。一方面是勉强不来，不能操之过急；一方面也不能不逐渐作有意识的培养。也许浸淫中国古典文学的人比较容易欣赏自然之美，因为自然就是朴素、淡雅、天真；而我们的古典文学就是具备这些特点的。

评注 >>

　　西塞罗：即 Cicero（公元前 106—公元前 43），古罗马著名政治家、哲人、演说家，因为其演说和文学作品水平很高，被认为是古罗马最好的演说家和最好的散文作家之一。
　　磨练（móliàn）：在艰苦困难的环境中经受锻炼。也作"磨炼"。
　　勉强不来：这里指"自然"这种境界如果不是顺其自然，而是硬生生地去追求，是达不到的。
　　操之过急：处理事情、解决问题过于急躁。
　　浸淫（jìnyín）：浸润，濡湿，这里指长期接触、研习中国古典文学，就像泡在这种文学之中一样。
　　朴素：质朴，简朴，不华丽，不雕饰。
　　淡雅：素净雅致；素淡典雅。

　　这封信谈写作艺术，西塞罗认为写得"自然"是后天花功夫才能达到的；傅雷进一步讨论：首先需要作者能体会到"自然"的境界，才可能希望达到这种境界，并且能否体认到这种"自然"的境界，与个人气质、教育、年龄有关系。那么，"自然"是什么样的境界？傅雷指出是"朴素""淡雅""天真"，中国古典文学就具有这种特点，所以对从小就学习中国古典文学的傅聪来讲，是比较容易体会"自然"境界的。傅雷的信，就这样层层推进，最终导出"自然"境界的特点，因为傅雷认为"认识"到这种特点是达到这种境界的第一步。

一九六六年一月四日

聪，亲爱的孩子，为了急于要你知道收到你们俩来信的快乐，也为了要你去瑞典以前看到此信，故赶紧写此短札。昨天中午一连接到你、弥拉和你岳母的信，还有一包照片，好像你们特意约齐有心给我们大大快慰一下似的，更难得的是同一邮班送上门！你的信使我们非常感动，我们有你这样的儿子也不算白活一世，更不算过去的播种白费气力。我们的话，原来你并没当作耳边风，而是在适当的时间都能一一记起，跟你眼前的经验和感想作参证。凌霄一天天长大，你从他身上得到的教育只会一天天加多；人便是这样：活到老，学到老，学到老，学不了！可是你我都不会接下去想：学不了，不学了！相反，我们都是天生的求知欲强于一切。即如种月季，我也决不甘心以玩好为限，而是当做一门科学来研究；养病期间就做这方面的考据。

评注 >>

短札（zhá）：简短的书信。札，本指古代书写用的小木片，引申指书信。
凌霄（língxiāo）：傅聪与弥拉所生的孩子，傅雷的孙子。
考据：做学问的一种方法，根据资料来考核、证实和说明。

收到傅聪一家人的信，傅雷夫妇喜不自禁，高兴坏了，"难得的是同一邮班送上门"，感激他们是"约齐有心给我们大大快慰一下"；也感到非常欣慰，"有你这样的儿子也不算白活一世，更不算过去的播种白费气力"，这种话不是随便说的，越是到了晚年，又是在特殊时期，傅聪的信更成了傅雷抵抗孤独的一种力量，儿子已经成长为他真正的朋友。但是傅雷在高兴之余总是不忘学习，傅聪从孩子身上得到教育，傅雷也是，他把一切都当成学习。

提到莫扎特，不禁想起你在李阿姨（蕙芳）处学到最后阶段时弹的 Romance 和 Fantasy，谱子是我抄的，用中国式装裱；后来弹给百器听（第一次去见他），他说这是 artist 弹的，不是小学生弹的。这些事，这些话，在我还恍如昨日，大概你也记得很清楚，是不是？

评注 >>

莫扎特：即 Wolfgang Amadeus Mozart（1756—1791），奥地利作曲家。
李阿姨（蕙芳）：傅聪师从梅百器之前的钢琴老师。
装裱（zhuāngbiǎo）：装饰书画类、碑帖等的一门特殊技艺。

恍（huǎng）如昨日：记忆清晰，好像就在昨天。

与儿子一起做过的事，记得清清楚楚，父母对子女的爱和思念就这样表现出来。字里行间，也可见傅雷为儿子的才华而由衷地高兴、快慰。

关于裴辽士和李斯特，很有感想，只是今天眼睛脑子都已不大行，不写了。我每次听裴辽士，总感到他比特皮西更男性，更雄强，更健康，应当是创作我们中国音乐的好范本。据罗曼·罗兰的看法，法国史上真正的天才（罗曼·罗兰在此对天才另有一个定义，大约是指天生的像潮水般涌出来的才能，而非后天刻苦用功来的。）作曲家只有皮才和他两个人。

评注 >>

裴辽士：即 Hector Berlioz（1803—1869），现译柏辽兹，法国作曲家。
罗曼·罗兰：即 Romain Rolland（1866—1944），法国思想家、文学家。
皮才：即 Georges Bizet（1838—1875），现译比才，法国作曲家。

傅雷对傅聪的培养，不只是父亲对儿子的培养，更是将傅聪作为艺术家来培养，并且是作为中国的艺术家来培养的，所以他对傅聪无微不至，同时又无比严格，最终也是为了中国的艺术，比如"裴辽士……是创作我们中国音乐的好范本"，《傅雷家书》中这样的例子还很多。

……你们俩描写凌霄的行动笑貌，好玩极了。你小时也很少哭，一哭即停，嘴唇抖动未已，已经抑制下来；大概凌霄就象你。你说的对：天真纯洁的儿童反映父母的成分总是优点居多；教育主要在于留神他以后的发展，只要他有我们的缺点露出苗头来，就该想法防止。他躺在你琴底下的情景，真像小克利斯朵夫，你以前曾以克利斯朵夫自居，如今又出了一个小克利斯朵夫了，可是他比你幸运，因为有着一个更开明更慈爱的父亲！（你信上说他 completely transferred, dreaming, 应该说 transported；"transferred"一词只用于物，不用于人。我提醒你，免得平日说话时犯错误。）三月中你将在琴上指挥，我们听了和你一样 excited。望事前多作思想准备，万勿紧张！

评注 >>

抑制（yìzhì）：约束，控制，压制。

从小孙子凌霄又写到儿子身上，接着又谈到做父亲的问题，傅雷真是时时刻刻都绷着教育好孩子的弦。指出傅聪信中的用词不当，可见傅雷的严谨确实不一般，当然也与他作为翻译家对文字的敏感有关。

全文评析 >>

傅雷与傅聪，是中国社会少有的一对父子，他们的信让我们看到一位钢琴家是如何培养出来的，也看到一位博学、严谨的父亲是如何教育孩子的。不管读者是否赞成傅雷的教子方法，但是读完此书，相信读者的内心都是不平静的，相信读者对这父子两人都是崇敬的。

回忆鲁迅先生（节选）

萧 红

萧红（1911—1942），现代著名作家。祖籍山东，生于黑龙江省呼兰县，乳名荣华，学名张秀环，由外祖父改为张廼莹，萧红为笔名。幼年丧母，在爱她的祖父去世后，为争取读书权利、反对父母安排的婚约而与家庭冲突，最终逃离家庭，开始奔波、流浪。穷困、苦痛伴随了她短暂的一生。代表作《生死场》以她的家乡为背景，写了苦难下挣扎的人们的生活。她用一种当时人感到陌生的语言描写她熟悉的生活，笔意粗重，充满疼痛。《呼兰河传》则是对故乡生活的回忆，对呼兰河的民风民俗作了生动描绘，笔调明朗，充满回忆的温馨。鲁迅曾给《生死场》作序，并把萧红介绍给茅盾等左翼作家。1934年11月，萧红来到上海，经常到鲁迅家做客，这篇文章是萧红与鲁迅近距离接触的回忆，既是鲁迅研究的重要资料，同时也用朴素、率真的笔触写出了鲁迅生活化的一面，平易近人的一面。这里的鲁迅明朗、欢快，有时还有点小孩子气，同时也刻画了他的急性子、硬性子，但是他爱着一切——工作、家人、朋友，直到最后一刻。这篇文章的点点滴滴，都跳跃着一个生动的灵魂。

以下《回忆鲁迅先生》原文节选自萧红著，章海宁主编《萧红全集》（散文卷），北京燕山出版社，2014年出版。

  鲁迅先生的笑声是明朗的，是从心里的欢喜。若有人说了什么可笑的话，鲁迅先生笑得连烟卷都拿不住了，常常是笑得咳嗽起来。
  鲁迅先生走路很轻捷，尤其使人记得清楚的，是他刚抓起帽子来往头上一扣，同时左腿就伸出去了，仿佛不顾一切的走去。

评注 >>

  开篇写笑，"先声夺人"，突出心底的开心、明朗。随后写"轻捷"，刚抓起帽子戴在头上，腿就已经伸出去了，同时写出鲁迅先生的急性子。细节非常能反映人物性格特点。"刚""一""就"几个虚词和"不顾一切"将动作的麻利，行动的迅速、果决很好地刻画出来。

---

① 文中诸多"的"的用法与现代汉语很不一致（但为保持原书的特点，没有改），即状语与动词间应为"地"，请读者留意。

鲁迅先生不大注意人的衣裳，他说：

"谁穿什么衣裳我看不见的……"

鲁迅先生生病，刚好了一点，窗子开着，他坐在躺椅上，抽着烟，那天我穿着新奇的火红的上衣，很宽的袖子。

鲁迅先生说："这天气闷热起来，这就是梅雨天。"他把他装在象牙烟嘴上的香烟，又用手装得紧一点，往下又说了别的。

许先生忙着家务跑来跑去，也没有对我的衣裳加以鉴赏。

于是我说："周先生，我的衣裳漂亮不漂亮？"

鲁迅先生从上往下看了一眼："不大漂亮。"

过了一会又加着说："你的裙子配得颜色不对，并不是红上衣不好看，各种颜色都是好看的，红上衣要配红裙子，不然就是黑裙子，咖啡色的就不行了；这两种颜色放在一起很浑浊……你没看到外国人在街上走的吗？绝没有下边穿一件绿裙子，上边穿一件紫上衣，也没有穿一件红裙子而后穿一件白上衣的……"

鲁迅先生就在躺椅上看着我："你这裙子是咖啡色的，还带格子，颜色浑浊得很，所以把红衣裳也弄得不漂亮了。"

"……人瘦不要穿黑衣裳，人胖不要穿白衣裳；脚长的女人一定要穿黑鞋子，脚短就一定要穿白鞋子；方格子的衣裳胖人不能穿，但比横格子的还好；横格子的，胖人穿上，就把胖子更往两边裂着，更横宽了，胖子要穿竖条子的，竖的把人显得长，横的把人显的宽……"

那天鲁迅先生很有兴致，把我一双短统靴子也略略批评一下，说我的短靴是军人穿的，因为靴子的前后都有一条线织的拉手，这拉手据鲁迅先生说是放在裤子下边的……

我说："周先生，为什么那靴子我穿了多久了而不告诉我，怎么现在才想起来呢？现在我不是不穿了吗？我穿的这不是另外的鞋吗？"

"你不穿我才说的，你穿的时候，我一说你该不穿了。"

评注

这一段话可以看成着装指南。鲁迅具有极高的美术修养，对美术理论、版画创作都有研究，但那是学术研究，这里讲的是生活中的美学，讲得通俗明白，平易好懂。他说不注意人的衣裳，但是当萧红让他评价时，他"从上往下看了一眼"便说出一大番道理，有点像父亲给女儿着装的指点，温厚和蔼。另外指出萧红的靴子不好，不是她穿着的时候说，而是不穿的时候说，可见他又有多么细心和体贴。

那天下午要赴一个宴会去，我要许先生给我找一点布条或绸条束一束头发。许先生拿了来米色的绿色的还有桃红色的。经我和许先生共同选定的是米色的。为着取笑，把那桃红色的，许先生举起来放在我的头发上，并且许先生很开心的说着：

"好看吧！多漂亮！"

我也非常得意，很规矩又顽皮的在等着鲁迅先生往这边看我们。

鲁迅先生这一看，他就生气了，他的眼皮往下一放向着我们这边看着：

"不要那样装她……"

许先生有点窘了。

我也安静下来。

鲁迅先生在北平教书时，从不发脾气，但常常好用这种眼光看人，许先生常跟我讲，她在女师大读书时，周先生在课堂上，一生气就用眼睛往下一掠，看着她们，这种眼光鲁迅先生在记范爱农先生的文字曾自己述说过，而谁曾接触过这种眼光的人就会感到一个旷代的全智者的催逼。

评注 >>

窘（jiǒng）：为难、不知道该怎么做的样子。

眼睛往下一掠（lüè）：眼光向下轻轻扫过。掠，轻轻擦过或拂过。

范爱农：鲁迅先生的同乡，也在日本留过学。

旷（kuàng）代：空前绝代，当代无人比得上。

绿色或者红色这种鲜艳的颜色做头绳适合小孩子，不适合成年人，否则有些轻佻、俗气。鲁迅不能容忍这种拙劣的打扮，所以生气了，不知道"我们"是在捉弄他。一方面是"我们"确实淘气，另一方面也是鲁迅重视美，更有对萧红的关心——参加宴会就要有参加宴会的样子。鲁迅生气时"眼皮往下一放"，这种经典的表情很具有威慑力，使"许先生有点窘了""我也安静下来"。鲁迅虽然不生气，但是目光所及之处让人感到"催逼"，刻画出他不怒自威的特点。

我开始问："周先生怎么也晓得女人穿衣裳的这些事情呢？"

"看过书的，关于美学的。"

"什么时候看的……"

"大概是在日本读书的时候……"

"买的书吗？"

"不一定是买的，也许是从什么地方抓到就看的……"
"看了有趣味吗?!"
"随便看看……"
"周先生看这书做什么？"
"……"没有回答，好像很难以答。
许先生在旁说："周先生什么书都看的。"

评注

指出鲁迅的审美眼光和批评不是随口说说，而是有根据的。"从什么地方抓到就看的"正是鲁迅的声气，"抓到就看"很符合他的个性和工作特点，做事急，动作迅速，也可见对书痴爱，读书广博。"周先生看这书做什么？"萧红大概认为鲁迅只有严肃的工作，这种书大概不是他的阅读范围，故发此问，并刨根问底，有点小孩子的稚气。鲁迅没有回答，确实很难回答，不是一句两句话可以说得清楚的。

在鲁迅先生家里做客人，刚开始是从法租界来到虹口，搭电车也要差不多一个钟头的工夫，所以那时候来的次数比较少，还记得有一次谈到半夜了，一过十二点电车就没有的，但那天不知讲了些什么，讲到一个段落就看看旁边小长桌上的圆钟，十一点半了，十一点四十五分了，电车没有了。

"反正已十二点，电车也没有，那么再坐一会。"许先生如此劝着。

鲁迅先生好像听了所讲的什么引起了幻想，安顿的举着象牙烟嘴在沉思着。

一点钟以后，送我（还有别的朋友）出来的是许先生，外边下着濛濛的小雨，弄堂里灯光全然灭掉了，鲁迅先生嘱咐许先生一定让坐小汽车回去，并且一定嘱咐许先生付钱。

以后也住到北四川路来，就每夜饭后必到大陆新村来了，刮风的天，下雨的天，几乎没有间断的时候。

评注

法租界：当时法国人通过不平等条约在上海拥有的一块具有行政和法律自治权的居住地，大概在现在的卢湾、徐汇两区内，东部也有延伸至黄浦区的。1943年移交给汪精卫政权。

鲁迅平日生活的一个侧面——与朋友或者青年们的交流，鲁迅不惜时间与他们相处。送"我"回家，一定要打车，一定要许先生先付钱，一是安全起见，二是考虑到年轻人的经济状况不够好。鲁迅心细如发，考虑问题周到，同时也可见对人的关心、爱护。

鲁迅先生很喜欢北方饭。还喜欢吃油炸的东西，喜欢吃硬的东西，就是后来生病的时候，也不大吃牛奶。鸡汤端到旁边用调羹舀了一二下就算了事。

有一天约好我去包饺子吃，那还是住在法租界，所以带了外国酸菜和用绞肉机绞成的牛肉，就和许先生站在客厅后边的方桌边包起来。海婴公子围着闹得起劲，一会把按成圆饼的面拿去了，他说做了一只船来，送在我们的眼前，我们不看他，转身他又做了一只小鸡。许先生和我都不去看他，对他竭力避免加以赞美，若一赞美起来，怕他更做得起劲。

评注 >>

调羹（tiáogēng）：方言，勺子或汤匙。

这里写海婴公子的调皮捣蛋，当然也是孩子正常的游戏，但从另一个侧面可见家人对他并不严厉，而是让他自由发展。鲁迅写过："无情未必真豪杰，怜子如何不丈夫"，即无情之人不见得就是真正的英雄、大丈夫，爱孩子也未必就不是英雄；爱子之情溢于言表，同时表明他的观点：爱孩子是正常的感情，没有什么可羞耻的，也不妨碍你成为大丈夫。孩子的天真活泼即是家长的爱浇灌出来的，侧面写鲁迅先生的怜子之爱。

客厅后没到黄昏就先黑了，背上感到些微的寒凉，知道衣裳不够了，但为着忙，没有加衣裳去。等把饺子包完了看看那数目并不多，这才知道许先生和我们谈话谈得太多，误了工作。许先生怎样离开家的，怎样到天津读书的，在女师大读书时怎样做了家庭教师，她去考家庭教师的那一段描写，非常有趣，只取一名，可是考了好几十名，她之能够当选算是难的了。指望对于学费有点补足，冬天来了，北平又冷，那家离学校又远，每月除了车子钱之外，若伤风感冒还得自己拿出买阿司匹林的钱来，每月薪金十元要从西城跑到东城……

饺子煮好，一上楼梯，就听到楼上明朗的鲁迅先生的笑声冲下楼梯来，原来有几个朋友在楼上也正谈得热闹。那一天吃得是很好的。

评注 >>

阿司匹林：即 aspirin，解热镇痛药。

"冲"下楼来,可见笑声之爽朗,笑声之大,又可见谈得有多么高兴。写出鲁迅高兴忘情的一面。

　　以后我们又做过韭菜合子,又做过合叶饼,我一提议,鲁迅先生必然赞成,而我做的又不好,可是鲁迅还是在饭桌上举着筷子问许先生:"我再吃几个吗?"

评注 >>

　　韭(jiǔ)菜合子:中国北方地区的一种传统小吃,因馅料以韭菜、鸡蛋、粉条、豆腐为主,所以叫韭菜合子。

　　这个细节非常妙,极富生活情味,写出鲁迅爱吃、好吃,但是又怕吃多了不好,像个小孩子一样问自己的妻子可不可以。

　　因为鲁迅先生的胃不大好,每饭后必吃"脾自美"胃药丸一二粒。
　　有一天下午鲁迅先生正在校对着瞿秋白的《海上述林》,我一走进卧室去,从那圆转椅上鲁迅先生转过来了,向着我,还微微站起了一点。
　　"好久不见,好久不见。"一边说着一边向我点头。
　　刚刚我不是来过了吗?怎么会好久不见?就是上午我来的那次周先生忘记了,可是我也每天来呀……怎么都忘记了吗?
　　周先生转身坐在躺椅上才自己笑起来,他是在开着玩笑。

评注 >>

　　瞿秋白(1899—1935):中国共产党早期的主要领导人之一,革命家、理论家和宣传家,在文化艺术领域造诣很高,才华横溢。鲁迅与瞿秋白关系密切,并曾以"人生得一知己足矣,斯世当以同怀视之"赠之。1935年6月18日,瞿秋白被国民党杀害。挚友的遇难,让鲁迅极为悲痛,于是他在接下来的一年——也是鲁迅生命的最后一年里,花费了大量时间用以编印瞿秋白的遗著《海上述林》。其实这一年,鲁迅疾病缠身,但仍将编印亡友的著作作为头等要事。

　　写鲁迅先生的玩笑。一方面可见鲁迅逗萧红开心,像父亲逗孩子一样,另一方面可见鲁迅日常生活中的可爱、可亲。

梅雨季，很少有晴天，一天的上午刚一放晴，我高兴极了，就到鲁迅先生家去了，跑得上楼还喘着，鲁迅先生说："来啦！"我说："来啦！"
　　我喘着连茶也喝不下。
　　鲁迅先生就问我：
　　"有什么事吗？"
　　我说："天晴啦，太阳出来啦。"
　　许先生和鲁迅先生都笑着，一种对于冲破忧郁心境的展然的会心的笑。
　　海婴一看到我非拉我到院子里和他一道玩不可，拉我的头发或拉我的衣裳。
　　为什么他不拉别人呢？据周先生说："他看你梳着辫子，和他差不多，别人在他眼里都是大人，就看你小。"
　　许先生问着海婴："你为什么喜欢她呢？不喜欢别人？"
　　"她有小辫子。"说着就来拉我的头发。

评注 >>

　　这里不仅写出萧红的青春活泼，也写了鲁迅一家把她如家人一般看待，无论是对话还是笑容，满是怜爱和欣喜。

　　……（节略）
　　青年人写信，写得太草率，鲁迅先生是深恶痛绝之的。
　　"字不一定要写得好，但必须得使人一看了就认识，年青人现在都太忙了……他自己赶快胡乱写完了事，别人看了三遍五遍看不明白，这费了多少工夫，他不管。反正这费了功夫不是他的。这存心是不太好的。"
　　但他还是展读着每封由不同角落里投来的青年的信。眼睛不济时，便戴起眼镜来看，常常看到夜里很深的时光。

评注 >>

　　草率（shuài）：（做事）不认真，粗率，简略。
　　深恶痛绝（shēnwù-tòngjué）：深深地厌恶，非常痛恨。
　　眼睛不济（jì）：眼睛不好。不济，不好，不顶用。

　　鲁迅先生的大部分时间花在读青年的信上。尽管有的字写得草率，他觉得不好，但他仍然读，仍然看，显出对青年的无限关心、关爱和宽容。

……（节略）

鲁迅先生不游公园，住在上海十年，兆丰公园没有进过。虹口公园这么近也没有进过。春天一到了，我常告诉周先生，我说公园里的土松软了，公园里的风多么柔和，周先生答应选个晴好的天气，选个礼拜日，海婴休假日，好一道去，坐一乘小汽车一直开到兆丰公园，也算是短途旅行，但这只是想着而未有做到，并且把公园给下了定义。鲁迅先生说："公园的样子我知道的……一进门分做两条路，一条通左边，一条通右边，沿着路种着点柳树什么树的，树下摆着几张长椅子，再远一点有个水池子。"

我是去过兆丰公园的，也去过虹口公园或是法国公园的，仿佛这个定义适用在任何国度的公园设计者。

评注 >>

不逛公园也许是公园于鲁迅看来大致差不多，没有什么新奇；另外是因为没有时间。逛公园虽然是很好的放松，特别是春天，但是鲁迅十年来一次也没有去逛过，他的时间花在其他方面了，而不是花在自己身上。

鲁迅先生不戴手套，不围围巾，冬天穿着黑石蓝的棉布袍子，头上戴着灰色毡帽，脚穿黑帆布胶皮底鞋。

胶皮底鞋夏天特别热，冬天又凉又湿，鲁迅先生的身体不算好，大家都提议把这鞋子换掉。鲁迅先生不肯，他说胶皮底鞋子走路方便。

"周先生一天走多少路呢？也不就一转弯到××书店走一趟吗？"

鲁迅先生笑而不答。

"周先生不是很好伤风吗？不围巾子，风一吹不就伤风了吗？"

鲁迅先生这些个都不习惯，他说：

"从小就没戴过手套围巾，戴不惯。"

评注 >>

毡（zhān）帽：用毡制作的帽子，便宜实惠，一般老百姓常戴。

鲁迅着装非常简单、朴素，只考虑简洁、方便。

鲁迅先生一推开门从家里出来时，两只手露在外边，很宽的袖口冲着风就向前走，腋下夹着个黑绸子印花的包袱，里边包着书或者是信，到老靶子路书店去了。

评注 >>

推门出去的细节又是很典型的，大概只有鲁迅才会有这样的动作。"冲着风就向前走"很有象征意义：鲁迅敢于迎战一切，那是因为他要把光明、美好留给后代。

那包袱每天出去必带出去，回来必带回来。出去时带着给青年们的信，回来又从书店带来新的信和青年请鲁迅先生看的稿子。

鲁迅先生抱着印花包袱从外边回来，还提着一把伞，一进门客厅里早坐着客人，把伞挂在衣架上就陪客人谈起话来。谈了很久了，伞上的水滴顺着伞杆在地板上已经聚了一堆水。

评注 >>

鲁迅日常工作一瞥：为青年贡献自己的时间、精力。

鲁迅先生上楼去拿香烟，抱着印花包袱，而那把伞也没有忘记，顺手也带到楼上去。

鲁迅先生的记忆力非常之强，他的东西从不随便散置在任何地方。

评注 >>

印花包袱（bāofu）：印有图案或花纹的布或布包。

随便散置（sànzhì）：随意乱放。散置，分散乱放。

鲁迅不仅记忆力强，而且生活习惯很好，做事严谨。

鲁迅先生很喜欢北方口味。许先生想请一个北方厨子，鲁迅先生以为开销太大，请不得的，男佣人，至少要十五元钱的工钱。

所以买米买炭都是许先生下手，我问许先生为什么用两个女佣人都是年老的，都是六七十岁的？许先生说她们做惯了，海婴的保姆，海婴几个月时就在这里。

正说着那矮胖胖的保姆走下楼梯来了，和我们打了个迎面。

"先生，没吃茶吗？"她赶快拿了杯子去倒茶，那刚刚下楼时气喘的声音还在喉管里咕噜咕噜的，她确实年老了。

评注 >>

下手：动手。

鲁迅不会因为自己的口腹之欲而请厨子，一是经济原因，二是他不想辞掉家里的老佣人——尽管行动都已经不便，但是仍然不辞退：辞退了她们再到哪儿找工作？所以其实是赡养着老佣人。鲁迅对普通底层人民一直是同情、关爱的。

　　来了客人，许先生没有不下厨房的，菜食很丰富，鱼，肉……都是用大碗装着，起码四五碗，多则七八碗。可是平常就只三碗菜：一碗素炒豌豆苗，一碗笋炒咸菜，再一碗黄花鱼。
　　这菜简单到极点。

评注 >>

鲁迅对人大方，对己简单到极点。

　　鲁迅先生的原稿，在拉都路一家炸油条的那里用着包油条，我得到了一张，是译《死魂灵》的原稿，写信告诉了鲁迅先生，鲁迅先生不以为希奇。许先生倒很生气。
　　鲁迅先生出书的校样，都用来揩桌，或做什么的。请客人在家里吃饭，吃到半道，鲁迅先生回身去拿来校样给大家分着，客人接到手里一看，这怎么可以？鲁迅先生说：
　　"擦一擦，拿着鸡吃，手是腻的。"
　　到洗澡间去，那边也摆着校样纸。

评注 >>

揩（kāi）桌：擦桌子。
《死魂灵》：俄国作家果戈理的小说，鲁迅曾翻译过。

鲁迅对自己的原稿、书稿校样不当一回事，从不携名自重；同时也可见家里生活的简朴。

　　……（节略）
　　夜里去看电影，施高塔路的汽车房只有一辆车，鲁迅先生一定不坐，一定让我们坐。许先生，周建人夫人……海婴，周建人先生的三位女公子。我们上车了。
　　鲁迅先生和周建人先生，还有别的一二位朋友在后边。
　　看完了电影出来，又只叫到一部汽车，鲁迅先生又一定不肯坐，让周建人先生的全家坐着先走了。

鲁迅先生旁边走着海婴，过了苏州河的大桥去等电车去了。等了二三十分钟电车还没有来，鲁迅先生依着沿苏州河的铁栏杆坐在桥边的石围上了，并且拿出香烟来，装上烟嘴，悠然的吸着烟。

海婴不安的来回的乱跑，鲁迅先生还招呼他和自己并排的坐下。

鲁迅先生坐在那儿和一个乡下的安静老人一样。

评注 >>

坐车这件小事可见：鲁迅首先想到的是孩子、女性；兄弟两家一起，先考虑兄弟。既有传统的谦让礼仪，又有现代的文明思想，共同点是，不把自己放在第一位。

鲁迅先生吃的是清茶，其余不吃别的饮料。咖啡、可可、牛奶、汽水之类，家里都不预备。

鲁迅先生陪客人到夜深，必同客人一道吃些点心，那饼干就是从铺子里买来的，装在饼干盒子里，到夜深许先生拿着碟子取出来，摆在鲁迅先生的书桌上，吃完了，许先生打开立柜再取一碟。还有向日葵子差不多每来客人必不可少。鲁迅先生一边抽着烟，一边剥着瓜子吃，吃完了一碟鲁迅先生必请许先生再拿一碟来。

鲁迅先生备有两种纸烟，一种价钱贵的，一种便宜的。便宜的是绿听子的，我不认识那是什么牌子，只记得烟头上带着黄纸的嘴，每五十支的价钱大概是四角到五角，是鲁迅先生自己平日用的。另一种是白听子的，是前门烟，用来招待客人的，白听烟放在鲁迅先生书桌的抽屉里。来客人鲁迅先生下楼，把它带到楼下去，客人走了，又带回楼上来照样放在抽屉里。而绿听子的永远放在书桌上，是鲁迅先生随时吸着的。

评注 >>

绿听子：方言，绿色的筒子、罐子，一般用铁皮做成。

再次展现鲁迅日常生活的简朴，待客热情周到，好的留给客人，具有中国传统的待客之道，自己的日常生活需要则很简单。

鲁迅先生的休息，不听留声机，不出去散步，也不倒在床上睡觉，鲁迅先生自己说：

"坐在椅子上翻一翻书就是休息了。"

鲁迅先生从下午两三点钟起就陪客人，陪到五点钟，陪到六点钟，客人若在家吃饭，吃完饭又必要在一起喝茶，或者刚刚吃完茶走了，或者还没走又来了客人，于是又陪下去，陪到八点钟，十点钟，常常陪到十二点钟。从下午三点钟起，陪到夜里十二点，这么长的时间，鲁迅先生都是坐在藤躺椅上，不断的吸着烟。

　　客人一走，已经是下半夜了，本来已经是睡觉的时候了，可是鲁迅先生正要开始工作。

　　在工作之前，他稍微阖一阖眼睛，燃起一支烟来，躺在床边上，这一支烟还没有吸完，许先生差不多就在床里边睡着了。（许先生为什么睡得这样快？因为第二天早晨六七点钟就要来管理家务。）海婴这时也在三楼和保姆一道睡着了。

　　全楼都寂静下去，窗外也是一点声音没有了，鲁迅先生站起来，坐到书桌边，在那绿色的台灯下开始写文章了。

　　许先生说鸡鸣的时候，鲁迅先生还是坐着，街上的汽车嘟嘟地叫起来了，鲁迅先生还是坐着。

　　有时许先生醒了，看着玻璃窗白萨萨的了，灯光也不显得怎样亮了，鲁迅先生的背影不像夜里那样黑大。

　　鲁迅先生的背影是灰黑色的，仍旧坐在那里。

　　人家都起来了，鲁迅先生才睡下。

　　海婴从三楼下来了，背着书包，保姆送他到学校去，经过鲁迅先生的门前，保姆总是吩咐他说：

　　"轻一点走，轻一点走。"

　　鲁迅先生刚一睡下，太阳就高起来了。太阳照着隔院子的人家，明亮亮的，照着鲁迅先生花园的夹竹桃，明亮亮的。

　　鲁迅先生的书桌整整齐齐的，写好的文章压在书下边，毛笔在烧瓷的小龟背上站着。

　　一双拖鞋停在床下，鲁迅先生在枕头上边睡着了。

评注 >>

　　阖一阖（hé）：闭一闭。

　　白萨萨（sà）：白白的，表明天已经开始亮了。

　　烧瓷的小龟背：形状像小乌龟背的金属工艺品，这里是一个笔架。烧瓷，瓷器制作的一种工艺，在铜质胎体上涂敷釉料，经烧结、彩绘、镀金、磨光而制成。

　　鲁迅一生著作等身，研究范围非常广泛，创作也很多，可是他却把大好的时间花在了陪客人上面，他认为这很重要：因为他把青年的成长看得比什么都重要。他自己的写作也没有耽误，夜深人静则是他自己的工作时间。这里写鲁迅的生活、工作习惯，同时也刻画了他一腔热血为青年、为社会的形象。

鲁迅背影的描写、书桌的描写，像电影特写镜头，给人深刻的印象。这幅画面没有声音，只有鲁迅坐着的背影，夜晚安静、安宁更加烘托出鲁迅的专注。"刚一睡下，太阳就高起来了"，"一……就"，表明鲁迅工作了一整晚。大多数是许先生诉说的口气，满怀敬意，也有心疼。毛笔在小龟背上"站"着，鞋子"停"在床下，两个动词均运用拟人手法，表明鲁迅先生做完工作，并认真收拾好一切，安静地睡了。文字细细说来，似乎全是客观描写，但是饱含感情。

……（节略）

鬼到底是有的是没有的？传说上有人见过，还跟鬼说过话，还有人被鬼在后边追赶过，吊死鬼一见了人就贴在墙上。但没有一个人捉住一个鬼给大家看看。

鲁迅先生讲了他看见过鬼的故事给大家听：

"是在绍兴……"鲁迅先生说，"三十年前……"

那时鲁迅先生从日本读书回来，在一个师范学堂里也不知是什么学堂里教书，晚上没有事时，鲁迅先生总是到朋友家去谈天。这朋友住的离学堂几里路，几里路不算远，但必得经过一片坟地。谈天有的时候就谈得晚了，十一二点钟才回学堂的事也常有，有一天鲁迅先生就回去得很晚，天空有很大的月亮。

鲁迅先生向着归路走得很起劲时，往远处一看，远远有一个白影。

鲁迅先生不相信鬼的，在日本留学时是学的医，常常把死人抬来解剖的，鲁迅先生解剖过二十几个，不但不怕鬼，对死人也不怕，所以对于坟地也就根本不怕。仍旧是向前走的。

走了不几步，那远处的白影没有了，再看突然又有了。并且时小时大，时高时低，正和鬼一样。鬼不就是变换无常的吗？

鲁迅先生有点踌躇了，到底向前走呢？还是回过头来走？本来回学堂不止这一条路，这不过是最近的一条就是了。

鲁迅先生仍是向前走，到底要看一看鬼是什么样，虽然那时候也怕了。

鲁迅先生那时从日本回来不久，所以还穿着硬底皮鞋。鲁迅先生决心要给那鬼一个致命的打击，等走到那白影的旁边时，那白影缩小了，蹲下了，一声不响的靠住了一个坟堆。

鲁迅先生就用了他的硬皮鞋踢出去。

那白影噢的一声叫起来，随着就站起来，鲁迅先生定眼看去，他却是个人。

鲁迅先生说在他踢的时候，他是很害怕的，好像若一下不把那东西踢死，自己反而会遭殃的，所以用了全力踢出去。

原来是个盗墓子的人在坟场上半夜作着工作。

鲁迅先生说到这里就笑了起来。

"鬼也是怕踢的，踢他一脚就立刻变成人了。"

我想，倘若是鬼常常让鲁迅先生踢踢倒是好的，因为给了他一个做人的机会。

评注 >>>

踌躇（chóuchú）：犹豫，拿不定主意。
遭殃（zāoyāng）：遭受灾祸。

鲁迅讲踢鬼的故事不是写鲁迅胆子大，而是如实记叙他遇见"鬼"的真实心理，其实他也害怕的，只是整个故事也反映出他实事求是、想探究竟、不迷信、不盲从传说的个性。"鬼"一踢就变成了"人"，这个说法当然是隐喻，就是希望有些不好的人能通过一些思想的影响变成真正的"人"。

    从福建菜馆叫的菜，有一碗鱼做的丸子。
    海婴一吃就说不新鲜，许先生不信，别的人也都不信。因为那丸子有的新鲜，有的不新鲜，别人吃到嘴里的恰好都是没有改味的。
    许先生又给海婴一个，海婴一吃，又不是好的，他又嚷嚷着。别人都不注意，鲁迅先生把海婴碟里的拿来尝尝，果然是不新鲜的。鲁迅先生说：
    "他说不新鲜，一定也有他的道理，不加以查看就抹杀是不对的。"
    ……
    以后我想起这件事来，私下和许先生谈过，许先生说："周先生的做人，真是我们学不了的。哪怕一点点小事。"

评注 >>>

改味：变味。这里指食物变质。

    一件小事，也可见鲁迅做人处事实事求是，不做主观臆想，不从众，先调查，再议论。这里所写都没有高调赞颂，但是细微小事给人的感动和教训更加深刻。这就是生活中的鲁迅，日常的鲁迅，他的一言一行并非刻意，而是一种习惯，让人信服，心生敬意。

    鲁迅先生包一个纸包也要包得整整齐齐，常常把要寄出的书，鲁迅先生从许先生手里拿过来自己包，许先生本来包得多么好，而鲁迅先生还要亲自动手。
    鲁迅先生把书包好了，用细绳捆上，那包方方正正的，连一个角也不准歪一点或扁一点，而后拿着剪刀，把捆书的那绳头都剪得整整齐齐。
    就是包这书的纸都不是新的，都是从街上买东西回来留下来的。许先生上街回来把买来的东西一打开随手就把包东西的牛皮纸折起来，随手把小细绳圈了一个圈。若小细绳上有一个疙瘩，也要随手把它解开的。准备着随时用随时方便。

又是细节描写。包书一定是认真的，包的一定是方正好看的，连绳头也要剪得整整齐齐，但是包书的纸不是新的。这是鲁迅审美观的体现，同时也是对收书人的尊重，更是他一贯的严谨细致作风的表现。

……（节略）

鲁迅先生的卧室，一张铁架大床，床顶上遮着许先生亲手做的白布刺花的围子，顺着床的一边折着两床被子，都是很厚的，是花洋布的被面。挨着门口的床头的方面站着抽屉柜。一进门的左手摆着八仙桌，桌子的两旁藤椅各一，立柜站在和方桌一排的墙角，立柜本是挂衣裳的，衣裳却很少，都让糖盒子，饼干桶子，瓜子罐给塞满了。有一次××老板的太太来拿版权的图章花，鲁迅先生就从立柜下边大抽屉里取出的。沿着墙角望窗子那边走，有一张装饰台，桌子上有一个方形的满浮着绿草的玻璃养鱼池，里边游着的不是金鱼而是灰色的扁肚子的小鱼。除了鱼池之外另有一只圆的表，其余那上边满装着书。铁架床靠窗子的那头的书柜里书柜外都是书。最后是鲁迅先生的写字台，那上边也都是书。

鲁迅先生家里，从楼上到楼下，没有一个沙发，鲁迅先生工作时坐的椅子是硬的，休息时的藤椅是硬的，到楼下陪客人时坐的椅子又是硬的。

评注 >>

鲁迅的卧室布置：简单的家具，浮满绿草养着灰色小鱼的鱼缸，本来装衣裳的柜子只有少量的衣物，很多小吃，因为这是为招待客人准备的，其他地方全是书，安静、朴素，也有生活气息，可见主人的喜好。所有坐具、卧具都是硬的，可见人物性格特点。

鲁迅先生的写字台面向着窗子，上海弄堂房子的窗子差不多满一面墙那么大，鲁迅先生把它关起来，因为鲁迅先生工作起来有一个习惯，怕吹风，他说，风一吹，纸就动，时时防备着纸跑，文章就写不好。所以屋子热得和蒸笼似的，请鲁迅先生到楼下去，他又不肯，鲁迅先生的习惯是不换地方。有时太阳照进来，许先生劝他把书桌移开一点都不肯。只有满身流汗。

鲁迅先生的写字桌，铺了一张蓝格子的油漆布，四角都用图钉按着。桌子上有小砚台一方，墨一块，毛笔站在笔架上，笔架是烧瓷的，在我看来不很细致，是一个龟，龟背上带着好几个洞，笔就插在那洞里。鲁迅先生多半是用毛笔的，钢笔也不是没有，是放在抽屉里。桌上有一个方大的白瓷的烟灰盒，还有一个茶杯，杯子上戴着盖。

评注 >>

鲁迅居所布置简单，写字桌也简单，所用物品也都很简单、朴素，甚至简陋。

鲁迅先生的习惯与别人不同，写文章用的材料和来信都压在桌子上，把桌子都压得满满的，几乎只有写字的地方可以伸开手，其余桌子的一半被书或纸张占有着。

评注 >>

可以明白鲁迅为什么不愿意换地方了，因为书多，又到处是材料、信件，换地方就像搬一次家。

左手边的桌角上有一个带绿灯罩的台灯，那灯泡是横着装的，在上海那是极普通的台灯。

冬天在楼上吃饭，鲁迅先生自己拉着电线把台灯的机关从棚顶的灯头上拔下，而后装上灯泡子。等饭吃过了，许先生再把电线装起来，鲁迅先生的台灯就是这样做成的，拖着一根长长的电线在棚顶上。

鲁迅先生的文章，多半是从这台灯下写的。因为鲁迅先生的工作时间，多半是下半夜一两点起，天将明了休息。

卧室就是如此，墙上挂着海婴公子一个月婴孩的油画像。

……（节略）

评注 >>

一个普通的台灯竟然是多用途的。他对生活要求简单，而工作却投入、忘我，让人想起他自己写的"我吃的是草，挤出来的是奶、血。"

厨房是家庭最热闹的一部分。整个三层楼都是静静的，喊娘姨的声音没有，在楼梯上跑来跑去的声音没有。鲁迅先生家里五六间房子只住着五个人，三位是先生的全家，余下的二位是年老的女佣人。

来了客人都是许先生亲自倒茶，即或是麻烦到娘姨时，也是许先生下楼去吩咐，绝没有站到楼梯口就大声呼唤的时候。所以整个房子都在静悄悄之中。

只有厨房比较热闹了一点，自来水花花的流着，洋瓷盆在水门汀的水池子上每拖一下磨着嚓嚓的响，洗米的声音也是嚓嚓的。鲁迅先生很喜欢吃竹笋的，在菜板上切着笋片笋丝时，刀刃每划下去都是很响的。其他比起别人家的厨房来却冷清极了，所以洗米声和切笋声都分开来听得样样清清晰晰。

客厅的一边摆着并排的两个书架，书架是带玻璃橱的，里边有朵斯托益夫斯基的全集和别的外国作家的全集，大半都是日文译本。地板上没有地毯，但擦得非常干净。

评注 >>

洋瓷盆：搪瓷盆。因为搪瓷是欧洲最早研制的，所以搪瓷又称为洋瓷。

水门汀（tīng）：水泥。

朵斯托益夫斯基：现译陀思妥耶夫斯基，俄国作家，写过《穷人》《罪与罚》《白痴》《卡拉马佐夫兄弟》等作品。

鲁迅居住的地方白天很安静，厨房的热闹，也是安静中的热闹。因为是鲁迅的休息时间，一家人包括老娘姨都非常注意，不要太响。侧面写家人、佣人对鲁迅的爱和关心，包含体贴，更是尊敬：先生工作太劳累，让他好好休息。书柜的书也可见鲁迅文艺上的广博兴趣，他也曾把很多外国作品翻译成中文。

　　海婴公子的玩具橱也站在客厅里，里边是些毛猴子，橡皮人，火车汽车之类，里边装得满满的，别人是数不清的，只有海婴自己伸手到里边找些什么就有什么。过新年时在街上买的兔子灯，纸毛上已经落了灰尘了，仍摆在玩具橱顶上。

　　客厅只有一个灯头，大概五十烛光。客厅的后门对着上楼的楼梯，前门一打开有一个一方丈大小的花园，花园里没有什么花看，只有一株很高的七八尺高的小树，大概那树是柳桃，一到了春天，喜欢生长蚜虫，忙得许先生拿着喷蚊虫的机器，一边陪着谈话，一边喷着杀虫药水。沿了墙根，种了一排玉米，许先生说："这玉米长不大的，这土是没有养料的，海婴一定要种。"

　　春天，海婴在花园里掘着泥沙，培植着各种玩艺。

　　三楼则特别静了，向着太阳开着两扇玻璃门，门外有一个水门汀的突出的小廊子，春天很温暖的抚摸着门口长垂着的帘子，有时帘子被风打得很高，飘扬的饱满得和大鱼泡似的。那时候隔院的绿树照进玻璃门扇里来了。

　　海婴坐在地板上装着小工程师在修着一座楼房，他那楼房是用椅子横倒了架起来修的，而后遮起一张被单来算作屋瓦，全个房子在他自己拍着手的赞誉声中完成了。

　　这间屋感到些空旷和寂寞，既不像女工住的屋子，又不像儿童室。海婴的眠床靠着屋子的一边放着，那大圆顶帐子日里也不打起来，长拖拖的好像从棚顶一直垂到地板上，那床是非常讲究的，属于刻花的木器一类的。许先生讲过，租这房子时，从前一个房客转留下来的。海婴和他的保姆，就睡在五六尺宽的大床上。

冬天烧过的火炉，三月里还冷冰冰的在地板上站着。

海婴不大在三楼上玩的，除了到学校去，就是在院子里踏脚踏车，他非常欢喜跑跳，所以厨房，客厅，二楼，他是无处不跑的。

三楼整天在高处空着，三楼的后楼住着另一个老女工，一天很少上楼来，所以楼梯擦过之后，一天到晚干净的溜明。

评注 >>

玩具橱（chú）：装玩具的家具，一般前面有门。

五十烛光：五十瓦。烛光，发光强度的非正式计量单位，一般所说的电灯泡的烛光数实际上是瓦特数。

掘（jué）着泥沙：挖着泥沙。掘一般指在很小范围内挖土，动作幅度不大。

小廊（láng）子：小走廊，这里指三楼的小阳台。

装着：扮演。

空旷（kuàng）：空荡荡的，指里面没有什么东西。

溜（liū）明：非常明亮。

写整个家庭环境，主要写调皮可爱的海婴，先写他的卧室，他的床，与女佣共用；再写他的活动，搭房子，喜欢跑跳，看上去有些游离主题。但是可见鲁迅对孩子满怀关爱，另外也给孩子充分自由，所以才任其淘气、探索、玩耍。有一个慈爱、开明的父亲，所以有一个可爱生动的孩子。

一九三六年三月里鲁迅先生病了，靠在二楼的躺椅上，心脏跳动得比平日厉害，脸色略微灰了一点。

许先生正相反的，脸色是红的，眼睛显得大了，讲话的声音是平静的，态度并没有比平日慌张。在楼下，一走进客厅来许先生就告诉说：

"周先生病了，气喘……喘得厉害，在楼上靠在躺椅上。"

鲁迅先生呼喘的声音，不用走到他的旁边，一进了卧室就听得到的。鼻子和胡须在扇着，胸部一起一落。眼睛闭着，差不多永久不离开手的纸烟，也放弃了。躺藤椅后边靠着枕头，鲁迅先生的头有些向后，两只手空闲的垂着。眉头仍和平日一样没有聚皱，脸上是平静的，舒展的，似乎并没有任何痛苦加在身上。

"来了吧？"鲁迅先生睁一睁眼睛，"不小心，着了凉……呼吸困难……到藏书的房子去翻一翻书……那房子因为没有人住，特别凉……回来就……"

许先生看周先生说话吃力，赶紧接着说周先生是怎样气喘的。

医生看过了，吃了药，但喘并未停。下午医生又来过，刚刚走。

卧室在黄昏里边一点一点的暗下去，外边起了一点小风，隔院的树被风摇着发响。别人家的窗子有的被风打着发出自动关开的响声，家家的流水道都是花拉花拉的响着水声，一定是晚餐之后洗着杯盘的剩水。晚餐后该散步的散步去了，该会朋友的会友去了，弄堂里来去的稀疏不断地走着人，而娘姨们还没有解掉围裙呢，就依着后门彼此搭讪起来。小孩子们三五一伙前门后门的跑着，弄堂外汽车穿来穿去。

鲁迅先生坐在躺椅上，沉静的，不动的阖着眼睛，略微灰了的脸色被炉里的火光染红了一点。纸烟听子蹲在书桌上，盖着盖子，茶杯也蹲在桌子上。

评注 >>

搭讪（shàn）：找话说，聊天。

屋子外面是日常的生活，一点一滴地发生，生活永远继续。那是上海的普通日常，一幅岁月静好的画面。屋内是病中的鲁迅，沉静、不动、不响。两相对比，意味深长，也让人黯然。

许先生轻轻的在楼梯上走着，许先生一到楼下去，二楼就只剩了鲁迅先生一个人坐在椅子上，呼喘把鲁迅先生的胸部有规律性的抬得高高的。

鲁迅先生必得休息的，须藤老医生是这样说的。

可是鲁迅先生从此不但没有休息，并且脑子里所想的更多了，要做的事情都像非立刻就做不可，校《海上述林》的校样，印珂尔惠支的画，翻译《死魂灵》下部；刚好了，这些就都一起开始了，还计算着出三十年集（即《鲁迅全集》）。

鲁迅先生感到自己的身体不好，就更没有时间注意身体，所以要多作，赶快做。当时大家不解其中的意思，都以为鲁迅先生不加以休息不以为然，后来读了鲁迅先生《死》的那篇文章才了然了。

鲁迅先生知道自己的健康不成了，工作的时间没有几年了，死了是不要紧的，只要留给人类更多，鲁迅先生就是这样。

不久书桌上德文字典和日文字典都摆起来了，果戈里的《死魂灵》，又开始翻译了。

评注 >>

珂尔惠支（kēěrhuìzhī）：现译珂勒惠支，德国版画家、雕塑家，她的作品主要表现人民的悲惨命运和英勇反抗的精神。鲁迅是把珂勒惠支的版画介绍到中国来的第一人。

果戈里：俄国作家。代表作有《死魂灵》《钦差大臣》。

病中的鲁迅非常安静、平静，病痛的折磨没有让他倒下，反倒促使他更加抓紧时间地工作。

鲁迅在生命的最后三年多，在大陆新村9号先后完成了《伪自由书》《准风月谈》《花边文学》《且介亭杂文集》《且介亭杂文二集》《且介亭杂文末编》等6册半杂文集以及历史小说《故事新编》中5篇（共8篇）的创作，翻译了《俄罗斯的童话》《死魂灵》等4部外国文学著作，编辑出版了《死魂灵百图》《木刻纪程》《引玉集》《凯绥·珂勒惠支版画选集》《苏联版画集》等中外版画，为瞿秋白编印了遗著《海上述林》上下卷，还编辑了《译文》等刊物。

鲁迅先生的身体不大好，容易伤风，伤风之后，照常要陪客人，回信，校稿子。所以伤风之后总要拖下去一个月或半个月的。

瞿秋白的《海上述林》校样，一九三五年冬，一九三六年的春天，鲁迅先生不断的校着，几十万字的校样，要看三遍，而印刷所送校样来总是十页八页的，并不是统统一道的送来，所以鲁迅先生不断的被这校样催索着，鲁迅先生竟说：

"看吧，一边陪着你们谈话，一边看校样的，眼睛可以看，耳朵可以听……"

有时客人来了，一边说着笑话，一边鲁迅先生放下了笔。有的时候也说："就剩几个字了……请坐一坐……"

一九三五年冬天许先生说：

"周先生的身体是不如从前了。"

有一次鲁迅先生到饭馆里去请客，来的时候兴致很好，还记得那次吃了一只烤鸭子，整个的鸭子用大钢叉子叉上来时，大家看着这鸭子烤的又油又亮的，鲁迅先生也笑了。

菜刚上满了，鲁迅先生就到竹躺椅上吸一支烟，并且阖一阖眼睛。一吃完了饭，有的喝多了酒的，大家都乱闹了起来，彼此抢着苹果，彼此讽刺着玩，说着一些刺人可笑的话。而鲁迅先生这时候，坐在躺椅上，阖着眼睛，很庄严的在沉默着，让拿在手上纸烟的烟丝，慢慢的上升着。

别人以为鲁迅先生也是喝多了酒吧！

许先生说，并不的。

"周先生的身体是不如从前了，吃过了饭总要阖一阖眼稍微休息一下，从前一向没有这习惯。"

周先生从椅子上站起来了，大概说他喝多了酒的话让他听到了。

"我不多喝酒的。小的时候，母亲常提到父亲喝了酒，脾气怎样坏，母亲说，长大了不要喝酒，不要像父亲那样子……所以我不多喝的……从来没喝醉过……"

鲁迅先生休息好了，换了一支烟，站起来也去拿苹果吃，可是苹果没有了。鲁迅先生说：

"我争不过你们了，苹果让你们抢没了。"

有人抢到手的还在保存着的苹果，奉献出来，鲁迅先生没有吃，只在吸烟。

评注 >>

鲁迅爱和大伙在一起，很随和，别人和他在一起也很放松，该干什么干什么。但是不喝酒一事，可见他是多么克己、多么自制，特意提出是因为母亲说过喝酒不好，当然也是他认同母亲，同情母亲，中国传统文化的孝道在他身上也是烙印很深的。

鲁迅对中国传统文化本身也有深入研究，他就是从传统中走出来的，然后连接了新文化。

……（节略）

鲁迅先生吃饭，是在楼上单开一桌，那仅仅是一个方木盘，许先生每餐亲手端到楼上去，那黑油漆的方木盘中摆着三、四样小菜，每样都用小吃碟盛着，那小吃碟直径不过二寸，一碟豌豆苗或菠菜或苋菜，把黄花鱼或者鸡之类也放在小碟里端上楼去。若是鸡，那鸡也是全鸡身上最好的一块地方拣下来的肉；若是鱼，也是鱼身上最好一部分，许先生才把它拣下放在小碟里。

许先生用筷子来回的翻着楼下的饭桌上菜碗里的东西，菜拣嫩的，不要茎，只要叶，鱼肉之类，拣烧得软的，没有骨头没有刺的。

心里存着无限的期望，无限的要求，用了比祈祷更虔诚的目光，许先生看着她自己手里选得精精致致的菜盘子，而后脚板触着楼梯上了楼。

希望鲁迅先生多吃一口，多动一动筷，多喝一口鸡汤。鸡汤和牛奶是医生所嘱的，一定要多吃一些的。

把饭送上去，有时许先生陪在旁边，有时走下楼又做些别的事，半个钟头之后，到楼上去取这盘子。这盘子装得满满的，有时竟照原样一动也没有动又端下来了，这时候许先生的眉头微微的皱了一点。旁边若有什么朋友，许先生就说："周先生的热度高，什么也吃不落，连茶也不愿意吃，人很苦，人很吃力。"

有一天许先生用着波浪式的专门切面包的刀切着一个面包，是在客厅后边方桌上切的，许先生一边切着一边对我说：

"劝周先生多吃些东西，周先生说，人好了再保养，现在勉强吃也是没有用的。"

许先生接着似乎问着我：

"这也是对的？"

而后把牛奶面包送上楼去了。一碗烧好的鸡汤，从方盘里许先生把它端出来了，就摆在客厅后的方桌上。许先生上楼去了，那碗热的鸡汤在方桌上自己悠然的冒着热气。

许先生由楼上回来还说呢：

"周先生平常就不喜欢吃汤之类，在病里，更勉强不下了。"

那已经送上去的一碗牛奶又带下来了。

许先生似乎安慰着自己似的。

"周先生人强，喜欢吃硬的，油炸的，就是吃饭也喜欢吃硬饭……"

许先生楼上楼下的跑，呼吸有些不平静，坐在她旁边，似乎可以听到她心脏的跳动。

评注 >>

虔诚（qiánchéng）：恭敬而有诚意的态度。

吃不落：吃不下。

继续写病中的鲁迅，写许广平对他无限的照顾和关爱，写许广平眼中的鲁迅：倔强、刚强，但是虚弱得厉害，让人万分心疼，又无可奈何。

……（节略）

因此许先生对自己忽略了，每天上下楼跑着，所穿的衣裳都是旧的，次数洗得太多，纽扣都洗脱了，也磨破了，都是几年前的旧衣裳，春天时许先生穿了一个紫红宁绸袍子，那料子是海婴在婴孩时候别人送给海婴做被子的礼物。做被子，许先生说很可惜，就拣起来做一件袍子。正说着，海婴来了，许先生使眼神，且不要提到，若提到海婴又要麻烦起来了，一定要说是他的，他就要要。

许先生冬天穿一双大棉鞋，是她自己做的。一直到二三月早晚冷时还穿着。

有一次我和许先生在小花园里一道拍一张照片，许先生说她的纽扣掉了，还拉着我站在她前边遮着她。

许先生买东西也总是到便宜的店铺去买，再不然，到减价的地方去买。

处处俭省，把俭省下来的钱，都印了书和印了画。

评注

宁绸（níngchóu）：一种丝织品，蚕丝织成，有明显斜纹，绸面平挺，质地结实。因产于南京，故得此名。

检（jiǎn）：应为"拣"，拿来。

使眼神：在不方便说话的场合通过眼睛的动作向别人暗示自己的意思。

就要要："就要"，连词；第二个"要"，动词。

许广平——一个处处俭省的妻子，生活上的俭省是为了印书印画，她是鲁迅生活上、工作上的最大支持者。写许广平也是间接写鲁迅，我们由此可以想象鲁迅关心什么，关注什么。

鲁迅为新美术运动所作的贡献，是不惜一切的。在他逝世前十天，他已是重病缠身，还是奋不顾身，带病去参观指导他一手栽培、用心血浇灌起来的全国木刻流动展览会。对于中国木刻、版画，鲁迅自己一直收藏，曾多次公开展览自己珍藏的原版木刻，对其功用和艺术价值都有非常深刻的讨论。也竭力收集外国进步的版画艺术，并且认为这么珍贵的作品不能一人私藏，所以常常自费出版版画。

……（节略）

海婴每晚临睡时必向爸爸妈妈说："明朝会！"

有一天他站在上三楼去的楼梯口上喊着：

"爸爸，明朝会！"

鲁迅先生那时正病得沉重，喉咙里边似乎有痰，那回答的声音很小，海婴没有听到，于是他又喊：

"爸爸，明朝会！"他等一等，听不到回答的声音，他就大声的连串的喊起来：

"爸爸，明朝会，爸爸，明朝会，……爸爸，明朝会……"

他的保姆在前边往楼上拖他，说是爸爸睡了，不要喊了。可是他怎么能够听呢，仍旧喊。

这时鲁迅先生说"明朝会"，还没有说出来喉咙里边就像有东西在那里堵塞着，声音无论如何放不大。到后来，鲁迅先生挣扎着把头抬起来才很大声的说出：

"明朝会，明朝会。"

说完了就咳嗽起来。

许先生被惊动得从楼下跑来了，不住的训斥着海婴。

海婴一边笑着一边上楼去了，嘴里唠叨着：

"爸爸是个聋人哪！"

鲁迅先生没有听到海婴的话，还在那里咳嗽着。

评注 ▶▶

训斥（xùnchì）：严厉地指责，这里指许广平批评儿子不懂事。

本段描写病中的鲁迅与孩子。要有多少爱才能包容孩子的天真和友谊，病中的鲁迅就有，他挣扎着回应孩子的呼唤，连命都可以不顾。

……（节略）

在病中，鲁迅先生不看报，不看书，只是安静的躺着。但有一张小画是鲁迅先生放在床边上不断看着的。

那张画，鲁迅先生未生病时，和许多画一道拿给大家看过的，小得和纸烟包里抽出来的那画片差不多。那上边画着一个穿大长裙子飞散着头发的女人在大风里边跑，在她旁边的地面上还有小小的红玫瑰花的花朵。

记得是一张苏联某画家着色的木刻。

鲁迅先生有很多画，为什么只选了这张放在枕边。

许先生告诉我的，她也不知道鲁迅先生为什么常常看这小画。

评注 ▶▶

鲁迅珍爱的木刻画：这是苏联版画家米哈伊尔·毕诃夫为十四世纪波斯著名抒情诗人哈斐支（今通译哈菲兹）的诗集所作的扉页插图。约两寸见方，是用黑、红和灰绿三种颜色套印的。画的左方是一位正在吟诵的诗人（应指诗人哈菲兹），右方就是散着头发在走路的女人和红玫瑰花丛。

有人来问他这样那样的，他说：

"你们自己学着做，若没有我呢！"

这一次鲁迅先生好了。

还有一样不同的，觉得做事要多做……

鲁迅先生以为自己好了，别人也以为鲁迅先生好了。

准备冬天要庆祝鲁迅先生工作三十年。

又过了三个月。

一九三六年十月十七日，鲁迅先生病又发了，又是气喘。

十七日，一夜未眠。

十八日，终日喘着。

十九日，夜的下半夜，人衰弱到极点了。天将发白时，鲁迅先生就像他平日一样，工作完了，他休息了。

一九三九年十月廿六日记于重庆

评注

写鲁迅逝世前后事迹，是简单到极点的记录，这不仅是因为萧红当时不在鲁迅身边，也是作者在强忍悲伤，无以成文字。

据《端木蕻良文集》（北京出版社，2009年），文后还有一段"后记"，是端木蕻良代写的。

全文评析

萧红曾被鲁迅称赞为"中国当代最有前途的女作家"，鲁迅可以说是萧红文学道路上重要的导师。萧红自从1934年11月抵达上海至1936年7月东渡日本，将近两年的时间里，是鲁迅家的常客。《回忆鲁迅先生》比任何其他回忆鲁迅的文章都来得亲切、温暖，因为作者与鲁迅近距离接触，耳濡目染，生活气息非常浓厚；这里的鲁迅倔强、刚强，无论是生活习惯还是对工作的态度；同时可敬可佩，一腔热血全部奉献给了社会；但是也随和、幽默、可亲、细心、体贴、柔软。文章没有特别的记事顺序，但是叙事细腻，穿插的景物描写极富诗意和韵味；尽管有些地方剪裁不够精当，结构也不是很完美，但是如今看来，非常感谢她事无巨细地记录，给了我们一个生动、全面的鲁迅。我们也可以在这篇文章中看到鲁迅对萧红的喜欢，鲁迅全家人对萧红的接纳和欢迎；同时也可以感受到萧红对鲁迅家无限的依恋，对鲁迅的尊敬以及无限的怀念和深情。

祖父的园子①

　　《祖父的园子》节选自萧红的《呼兰河传》，题目为笔者所加。作者用孩童的眼光，写了一个色彩斑斓、生意无限、天广地大、自由自在的花园；也写了一个活泼、顽皮、爱捣蛋的孩童，而这一切，是因为有个好脾气、有耐心、慈爱的祖父。这既是美丽的园子，也是自然的园子，又是充满爱的园子，所以才有一派万类霜天竞自由的风景。作者运用比喻、拟人、排比等修辞手法，把花园写得活泼泼的，一切都那么烂漫、自在、自由。多用短句，善用动词、口语，文字灵动，无拘无束。

　　以下原文节选自萧红著《呼兰河传》，辽宁人民出版社，2014年出版。

　　我家有一个大花园，这花园里蜂子、蝴蝶、蜻蜓、蚂蚱，样样都有。蝴蝶有白蝴蝶、黄蝴蝶。这种蝴蝶极小，不太好看。好看的是大红蝴蝶，满身带着金粉。

　　蜻蜓是金的，蚂蚱是绿的，蜂子则嗡嗡地飞着，满身绒毛，落到一朵花上，胖圆圆的就和一个小毛球似的不动了。

评注 >>

　　蜂子：口语，蜜蜂。

　　蚂蚱（màzha）：蝗虫的俗称。

　　花园里生机无限，有各式各样的昆虫，品类繁多，色彩斑斓，简直就是一个昆虫王国。蝴蝶就有好几种，白的、黄的、红的，红的还带着金粉，还有金蜻蜓、绿蚂蚱，昆虫世界这一片"姹紫嫣红"，让人赏心悦目。一个特写镜头对准蜜蜂，它"嗡嗡嗡"地叫，满身毛茸茸，胖圆圆的，像个小毛球，可见观察这些昆虫的孩子看得多仔细，又多么的小心翼翼，多么的欢喜。充分运用短句、口语，既符合孩子的特点，也显得活泼、欢快。

　　写花园首先写昆虫，也是儿童的视角，只有儿童才有闲心和劲头去琢磨这些大自然的小精灵，才会和它们做朋友。

　　花园里边明晃晃的，红的红，绿的绿，新鲜漂亮。

---

① 全文的段落划分以及个别字词，笔者稍有调整。

评注 >>

紧接上文,写从昆虫世界中回过神来的小朋友对花园的总体观感:明亮、鲜艳、新鲜、漂亮。这是一个充满阳光、满溢着温暖、无限美丽的地方。

  据说这花园,从前是一个果园。祖母喜欢吃果子就种了果园。祖母又喜欢养羊,羊就把果树给啃了。果树于是都死了。到我有记忆的时候,园子里就只有一棵樱桃树,一棵李子树,为因樱桃和李子都不大结果子,所以觉得它们是并不存在的。小的时候,只觉得园子里边就有一棵大榆树。
  这榆树在园子的西北角上,来了风,这榆树先啸,来了雨,大榆树先就冒烟了。太阳一出来,大榆树的叶子就发光了,它们闪烁得和沙滩上的蚌壳一样了。

评注 >>

祖母喜欢吃果子就种了果园:即祖母喜欢吃果子就种了果树,这里就成了果园。
啃(kěn):一点一点地咬下来。
榆(yú)树:常见于我国东北、西北等地的落叶乔木。
啸(xiào):本指人吹口哨似的声音,这里指榆树被大风刮得厉害时发出的声音。
蚌壳(bàngké):河蚌的外壳。蚌,一般生活在淡水里,有两扇硬壳保护其内部的软体组织,有的蚌养来产珍珠。

  这一段写花园的树,而树与祖母有关。祖母喜欢吃果子"就"种果树,又喜欢养羊,那"就"养羊,可见祖母在家里的地位。但是羊喜欢啃树叶,羊"就"把果树啃了,而果树又不怎么结果,所以说是果园,也是个没有果子的果园。写到祖母,相关的事物都是萧条的。
  在萧红的记忆里,祖母是非常厉害甚至有些狠辣的,曾经因为萧红的顽皮而用针刺她的手,所以萧红一直不喜欢她;在萧红家人的印象中,祖母也是有些神神叨叨的;当然祖母也是能干的,所以祖父落得自由自在、无事可干,性格又温和、随意,所以才会带着小萧红在花园里玩。
  但是花园里的榆树很神奇,在风雨之中,在阳光下,表现得多姿多彩,与自然相应和。

  祖父一天都在后园里边,我也跟着祖父在后园里边。祖父戴一个大草帽,我戴一个小草帽,祖父栽花,我就栽花;祖父拔草,我就拔草。当祖父下种,种小白菜的时候,我就跟在后边,把那下了种的土窝,用脚一个一个地溜平,哪里会溜得准,东一脚的,西一脚的瞎闹。有的把菜种不单没被土盖上,反而把菜籽踢飞了。

评注 >>

用脚一个一个地溜平：就是用脚扒土把种了种子的土窝填平，因为是用脚去扒土，又是小孩子，所以总是做得不好，甚至是帮了倒忙。

写在花园的活动——全是跟祖父学的，三个祖父做什么"我""就"做什么，似乎看到一个小小孩模仿大人的可爱模样；而祖父种菜，小孩也来帮忙，孩子的童真、可爱、顽皮写得活灵活现。"东一脚""西一脚""踢飞"正写出小孩帮忙干活却越帮越忙的情态。

小白菜长得非常之快，没有几天就冒了芽了。一转眼就可以拔下来吃了。

评注 >>

花园真是好地方，种下的菜"长得快"，"没几天""一转眼"这两个时间词一下子就把长好的白菜送到了读者面前。

祖父铲地，我也铲地；因为我太小，拿不动那锄头杆，祖父就把锄头杆拔下来，让我单拿着那个锄头的"头"来铲。其实哪里是铲，也不过爬在地上，用锄头乱勾一阵就是了。也认不得哪个是苗，哪个是草。往往韭菜当作野草一起地割掉，把狗尾草当作谷穗留着。

评注 >>

铲（chǎn）地：锄地，即除去杂草，把土壤翻新，以便让农作物快速生长。
乱勾：指拿着锄头胡乱地把土拨来拨去。
韭（jiǔ）菜：一种蔬菜，叶子扁长，供食用，老了会开白花。
狗尾草：旱地里常见的一种野草，结满籽的穗子毛茸茸，长得像狗的尾巴。
谷穗（suì）：谷子的果实部分。

接着写与祖父在花园里的活动，"我"仍然学祖父的模样，祖父做什么，"我""也"做什么；"也"不过是拿着锄头乱勾一气，"也"分不清苗和草，常常铲除了苗，留下了草。后两个"也"，写出小小孩的稚拙可爱，不过也只有喜欢孩子的人才觉得她可爱。在"我"眼里，一切都是好玩的。

等祖父发现我铲的那块满留着狗尾草的一片,他就问我:

"这是什么?"

我说:

"谷子。"

祖父大笑起来,笑得够了,把草摘下来问我:

"你每天吃的就是这个吗?"

我说:

"是的。"

我看着祖父还在笑,我就说:

"你不信,我到屋里拿来你看。"

我跑到屋里拿了鸟笼上的一头谷穗,远远地就抛给祖父了。说:

"这不是一样的吗?"

祖父慢慢地把我叫过去,讲给我听,说谷子是有芒针的,狗尾草则没有,只是毛嘟嘟的真像狗尾巴。

祖父虽然教我,我看了也并不细看,也不过马马虎虎承认下来就是了。

评注 >>

"我"把苗当草给锄了,留下一片狗尾巴草,祖父没有生气,而是"问我""大笑""笑够了"又问,"还在笑",祖父是多么温和,和蔼,慈爱!"远远地就抛给"祖父,可见"我"还不服气,一老一小,老的宽容,小的才会这么任性。

祖父仍然没有生气,而是"慢慢"叫"我"过去,"讲给我听",好有耐心的祖父!"看了也不细看""马马虎虎承认",活生生一个被宠坏的小孩子!当然是祖父的爱宠出来的。

一抬头看见了一个黄瓜长大了,跑过去摘下来,我又去吃黄瓜去了。

黄瓜也许没有吃完,又看见了一个大蜻蜓从旁飞过,于是丢了黄瓜又去追蜻蜓去了。蜻蜓飞得多么快,哪里会追得上。好在一开初也没有存心一定追上,所以站起来,跟了蜻蜓跑了几步就又去做别的去了。

采一个倭瓜花心,捉一个大绿豆青蚂蚱,把蚂蚱腿用线绑上,绑了一会儿,也许把蚂蚱腿就绑掉,线头上只拴着一只腿,而不见蚂蚱了。

评注 >>

倭(wō)瓜:南瓜。

写"我"在花园的玩耍。小孩子特别容易被新鲜事物吸引,祖父的教训哪里放在心里!看见黄瓜摘黄瓜,看见蜻蜓追蜻蜓,蜻蜓追不上又去做别的,采花、捉蚂蚱。三个"又",把小孩子兴趣变化之快写得很自然,也是小孩子的口吻,可见园子里好吃的、好玩的多着呢,让人一刻也不会闲着,这儿真是孩子的乐园。

写玩耍则多用动词,"看见""跑""摘""吃""丢""追""站""跟""跑""采""捉""绑",一个活泼淘气的孩子形象就呈现在读者面前了,"我"就像一个"花园之子",自然,野性,精怪。

> 玩腻了,又跑到祖父那里去乱闹一阵,祖父浇菜,我也抢过来浇,奇怪的就是并不往菜上浇,而是拿着水瓢,拼尽了力气,把水往天空里一扬,大喊着:"下雨了,下雨了。"

评注 >>

玩腻(nì):这里指一个人玩够了,玩得不耐烦了。

自己玩得厌倦了,就去捣蛋,说是帮祖父浇菜,却是自己拿着水瓢洒水玩下雨的游戏,"抢""并不往菜上浇""拼劲力气""往天空里一扬",这是一个任情任性、无拘无束的孩子,依仗着祖父的疼爱,放肆地在天地间奔腾。

> 太阳在园子里是特大的,天空是特别高的,太阳的光芒四射,亮得使人睁不开眼睛,亮得蚯蚓不敢钻出地面来,蝙蝠不敢从什么黑暗的地方飞出来。是凡在太阳下的,都是健康的、漂亮的,拍一拍连大树都会发响的,叫一叫就是站在对面的土墙都会回答似的。

评注 >>

蚯蚓(qiūyǐn):一种生活在阴暗潮湿的土壤之中,可改良土壤、保护环境的环节动物。

蝙蝠(biānfú):一种哺乳动物,头部和躯干像老鼠,四肢和尾部之间有皮质的膜,视力弱,一般夜间出来活动,捕食蚊子、蛾子等昆虫。

花园里,太阳特别大,好像太阳属于这个花园似的,这是孩子的视角,把自己喜欢的东西当作自己的,写出了在"我"的眼中,花园的大而明亮,且天空高远,一切都那么广阔,无边无际,自由自在。两个"不敢",写那些阴暗的角落的生物都不敢出来，是太阳的明亮斥退了黑暗，一切都是那么灿烂、明媚、健康、漂亮。拍一拍，树会发响；叫一叫，墙会答应，用拟人的手法，把花园的一切都写活了，与人成了亲密的伙伴。

  花开了，就像花睡醒了似的。鸟飞了，就像鸟上天了似的。虫子叫了，就像虫子在说话似的。一切都活了。都有无限的本领，要做什么，就做什么。要怎么样，就怎么样。都是自由的。倭瓜愿意爬上架就爬上架，愿意爬上房就爬上房。黄瓜愿意开一个谎花，就开一个谎花，愿意结一个黄瓜，就结一个黄瓜。若都不愿意，就是一个黄瓜也不结，一朵花也不开，也没有人问它。玉米愿意长多高就长多高，它若愿意长上天去，也没有人管。蝴蝶随意地飞，一会从墙头上飞来一对黄蝴蝶，一会又从墙头上飞走了一个白蝴蝶。它们是从谁家来的，又飞到谁家去？太阳也不知道这个。

评注 >>

  谎花：只开花不结果的花。这个名字非常有意思，好像花在骗人，撒谎。但是无论它怎么样，都顺其自然。写出这里的植物任意生长的状态。

  这一段运用拟人、比喻、排比的手法，写花园里的生物都有了生命，有了自由意志，任情任性，自由自在，一切都是自然，一切都是生意。前三句，花开就像花睡醒了；鸟飞就像飞上了天，形容它飞得高；虫子叫，就像虫子在说话，三个"就像"使得花园的一切都活了，而排比手法，又让人感觉万物都活了。后面写倭瓜、黄瓜、玉米，用了七个"愿意……就……"，排比而出，滔滔而下，容不下半点质疑，不容许丝毫干扰，写出了万物想要怎么样就怎么样，自由自在、任情任性的姿态，真是满园子的生机。而"蝴蝶"呢，"随意"地飞，飞来了，飞走了，从哪里来，又飞到哪里去，更是没人管，连"太阳也不知道"；真是神妙的联想——太阳照拂大地，是万物之母吧，它也不知道，还有谁会知道呢，那就任其自由地飞吧。

  只是天空蓝悠悠的，又高又远。
  可是白云一来了的时候，那大团的白云，好像撒了花的白银似的，从祖父的头上经过，好像要压到了祖父的草帽那么低。

评注 >>

  从太阳写到天空，蓝天悠悠，天高地远，无限开阔，儿童的世界无忧无虑，才会觉得天地阔大。而这样广阔湛蓝的天空，白云朵朵，像撒了花的白银，多么美丽！而朵朵白云，似乎又近得伸手可及，祖父似乎一抬头就碰到白云了，真是如童话一般。

我玩累了，就在房子底下找个阴凉的地方睡着了。不用枕头，不用席子，就把草帽遮在脸上就睡了。

评注 >>

玩累了，花园又成了"我"休息的地方，找个阴凉地，枕头、席子都不用，就睡了。这真是幕天席地，"我"就是天地之子，自然之子，所以在这里无限放松、自由自在。

树犹如此
——纪念亡友王国祥君（节选）

白先勇

白先勇（1937—），广西桂林人，台湾大学外文系毕业，美国艾奥瓦大学文学创作硕士，当代著名作家；在加州大学圣巴巴拉分校退休之后编写其父白崇禧将军传记，致力于昆曲推广，为中国传统文化的保存与传承不遗余力。因其独特的家庭背景、人生经历，以及跨越中西的文化体验，其小说有股萦绕不绝的故土、家国情怀，带着深深的思旧赋的沉郁哀感，文字在传统与现代之间流转，没有间隙。

《树犹如此》的题目取自《世说新语》"树犹如此，人何以堪"，为悼念其一生的好友王国祥君；尽管此文是王国祥君离世六年后所作，但是字里行间，仍然有着不可抑制的悲伤和刻骨铭心的伤痛，以及人世苍茫、生命无常的哀感。

以下《树犹如此》原文节选自白先勇散文集《树犹如此》，湖南文艺出版社，2018年出版。

我家后院西隅近篱笆处曾经种有一排三株意大利柏树（Italian Cypress）。这种意大利柏树原本生长于南欧地中海畔，与其他松柏皆不相类。树的主干笔直上伸，标高至六七十呎，但横枝并不恣意扩张，两人合抱，便把树身圈住了。于是擎天一柱，平地拔起，碧森森像座碑塔，孤峭屹立，甚有气势。南加州滨海一带的气候，温和似地中海，这类意大利柏树，随处可见。有的人家，深宅大院，柏树密植成行，远远望去，一片苍郁，如同一堵高耸云天的墙垣。

评注 >>

西隅（yú）：西边的一个角落。

篱笆（líba）：院子的围栏，一般用竹子、树枝、木片等编扎而成。

地中海畔（pàn）：地中海边（一带）。地中海，即 Mediterranean Sea，欧洲、非洲和亚洲大陆之间的一块海域。畔，边，旁边。

呎（chǐ）：即英尺，一呎为十二英寸。

恣（zì）意：任意，任性。

擎（qíng）天一柱：一根柱托住天。擎，托起。形容意大利柏树长得特别高大、挺立，有气势。

碧森森：形容碧绿而茂盛、幽深。

碑塔（bēitǎ）：碑，刻着文字或图画的石头，竖立起来，用作纪念或标记。塔，佛教寺庙中的建筑，有塔座、塔身、塔顶，逐层变小变尖，以此作比，形象地写出意大利柏树的形状，同时也写出柏树犹如碑石一样的坚韧、挺拔。

孤峭（gūqiào）屹立（yìlì）：突兀峭立，像山峰一样高耸而稳固地挺立。孤峭，突兀峭立。屹立，高耸挺立。写出柏树拔地而起，冲天直上的姿态。

深宅大院：指房屋很多、庭院宽阔的大宅子。

苍郁（cāngyù）：这里指意大利柏树连成一片那种苍翠茂盛的感觉。

高耸（sǒng）云天：高高地直立，直入云端。这里形容柏树高峻、挺拔。

墙垣（yuán）：墙壁。垣，墙。用"墙垣"而不用"墙壁"，一是这个词比较古雅，与前文用词在语体上保持一致，也能突出意大利柏树"碧森森"给人以繁密厚重如一堵墙似的感觉；二是用在句尾，平声读起来好听。

开篇扣题，写树，特别突出地写树的高大、挺拔、苍翠，满满的生命力。

    我是一九七三年春迁入"隐谷"（Hidden Valley）这栋住宅来的。这个地区叫"隐谷"，因为三面环山，林木幽深，地形又相当隐蔽，虽然位于市区，因为有山丘屏障，不易发觉。当初我按报上地址寻找这栋房子，弯弯曲曲，迷了几次路才发现，原来山坡后面，别有洞天，谷中隐隐约约，竟是一片住家。那日黄昏驱车沿着山坡驶进"隐谷"，迎面青山绿树，只觉得是个清幽所在，万没料到，谷中一住迄今，长达二十余年。

评注 >>

幽深：深而幽静。

隐蔽（yǐnbì）：形容词，因被别的东西遮住而不容易被发现。

有山丘屏障（píngzhàng）：有山丘作为屏障。屏障，像屏风那样用来遮挡、护卫某物的东西。

别有洞天：指洞中另有一个天地，形容风景奇特或艺术创作引人入胜。这里指这个山坡后面的地方很美，很不一般。

清幽：清静幽深。

一住迄（qì）今：一直住到现在。迄今，至今，到现在。岁月悠长，感叹竟然能在一个地方待这么久。

转入回忆，介绍自家所在地的地形、环境。清幽世界，一住二十多年，看似闲笔，但是闲笔见性情，写出时光匆忙而又绵长。

巴塞罗那道（Barcelona Drive）九百四十号在斜坡中段，是一幢很普通的平房。人跟住屋也得讲缘分，这栋房子，我第一眼便看中了，主要是为着屋前屋后的几棵大树。屋前一棵宝塔松，庞然矗立，颇有年份，屋后一对中国榆，摇曳生姿，有点垂柳的风味，两侧的灌木丛又将邻居完全隔离，整座房屋都有树荫庇护，我喜欢这种隐遮在树丛中的房屋，而且价钱刚刚合适，当天便放下了定洋。

评注 >>

缘分：佛教术语，指人与人之间、人与物之间无形的连接，是某种必然存在相遇的机会和可能。

庞然矗（chù）立：这里指宝塔松非常高大、高耸而立的样子。庞然，高大的样子。矗立，高耸地立着。

摇曳（yè）生姿：指中国榆的枝条随风轻轻摆动，轻盈柔媚，姿态美好的样子。摇曳，形容东西在风中轻轻摆动的样子。

庇（bì）护：庇佑，保护。这里形容整栋房屋都有树木遮拂，很美好。

隐遮（zhē）：隐藏遮盖，使不显露。

定洋：定金。这里指买房谈妥之后预付的一部分钱。

继续回忆，从周围环境转到住所房屋，犹如拍摄电影从广角镜头转入特写。人与屋有"缘分"，埋下伏笔，人与人之间更要讲缘分。虽说是佛教观念，但是人生到底谁能参透，谁能说清？着眼描写房屋周围的环境，仍然着眼于树：绿树环绕，浓荫蔽日，幽静美好，让人流连。

房子本身保养得还不错，不需修补。问题出在园子里的花草。屋主偏爱常春藤，前后院种满了这种藤葛，四处窜爬。常春藤的生命力强韧惊人，要拔掉煞费工夫，还有雏菊、罂粟、木槿，都不是我喜爱的花木，全部根除，工程浩大，绝非我一人所能胜任。幸亏那年暑假，我中学时代的挚友王国祥从东岸到圣巴巴拉（Santa Barbara）来帮我，两人合力把我"隐谷"这座家园重新改造，遍植我属意的花树，才奠下日后园子发展的基础。

评注 >>

四处窜爬：指常春藤四面八方地到处生长。窜，写出常春藤生长之猛，无处不到。

强韧(rèn)惊人：坚硬而有韧性得让人吃惊。
煞费(shàfèi)工夫：很费工夫。煞，极，很。
雏菊(chújú)：多年生草本植物，春天开花。
罂粟(yīngsù)：二年生草本植物。一般夏天开花，果实是提取鸦片的材料。
木槿(jǐn)：一种常见的灌木花丛，可以做花篱。
根除：连根铲除，彻底铲除。
挚(zhì)友：交情深厚的朋友。
遍植：遍地种植。
属意(zhǔyì)：留心，在意。

由房子引出人——王国祥君，娓娓叙来，自然流畅。

　　王国祥那时正在宾州州立大学做博士后研究，只有一个半月的假期，我们却足足做了三十天的园艺工作。每天早晨九时开工，一直到傍晚五六点钟才鸣金收兵，披荆斩棘，去芜存菁，消除了几卡车的废枝杂草，终于把花园理出一个轮廓来。我与国祥都是生手，不惯耕劳，一天下来，腰酸背痛。幸亏圣巴巴拉夏天凉爽，在和风煦日下胼手胝足，实在算不上辛苦。

评注 >>

鸣金收兵：用敲锣等方式发出信号撤兵回营，比喻战斗暂时结束。这里指收工，不过"鸣金收兵"大词小用，说来显得有趣。

披荆斩棘(pījīng-zhǎnjí)：拨开荆丛，砍掉荆棘，比喻开创事业或在前进道路上清除障碍，艰苦奋斗。这里既是实写，也形容不顾一切清理院子的情形。

去芜(wú)存菁(jīng)：除去杂质，保留精华。芜，杂草，杂质。菁，花，精华。

不惯耕劳：不习惯耕作、劳动。

和风煦(xù)日：温和的风，温暖的太阳。

胼手胝足(piánshǒu-zhīzú)：手和脚因长期劳动生了茧子，这里指辛勤劳动。胼、胝，手上脚上因为劳动或运动被摩擦变硬了的皮肤，一般称为茧子。

回忆与朋友在一起打理花园的时光，很美好，虽然打理花园的活累，但因为与朋友一起，也不算累。

圣巴巴拉附近产酒，有一家酒厂酿制一种杏子酒（Aprivert），清香甘洌，是果子酒中的极品，冰冻后，特别爽口。邻舍有李树一株，枝丫一半伸到我的园中，这棵李树真是异种，是牛血李，肉红汁多，味甜如蜜，而且果实特大。那年七月，一树累累，挂满了小红球，委实诱人。开始我与国祥还有点顾忌，到底是人家的果树，光天化日之下，采摘邻居的果子，不免心虚。后来发觉原来加州法律规定，长过了界的树木，便算是这一边的产物。有了法律根据，我们便架上长梯，国祥爬上树去，我在下面接应，一下工夫，我们便采满了一桶殷红光鲜的果实。收工后，夕阳西下，清风徐来，坐在园中草坪上，啜杏子酒，啖牛血李，一日的疲劳，很快也就消除了。

评注 >>

甘洌（gānliè）：甘甜清澄。洌，（水、酒等）清。

极品：本指最高的官位，此处指果子酒中的最高品级，是最好的果子酒。

有李树一株：有一棵李树。数量词用在名词后，古代汉语常用，此处表示李树不多，只有一棵；从音调上讲，"一株"置后，以平声收尾，更好听。

委实诱人：实在是吸引人。委实，确实，实在，但"委实"表示确切的程度更高。

顾忌（jì）：担心对人或对事情不利而有顾虑，这里指果实是邻居树上的，想摘又不敢摘的心理。

光天化日：大白天，即无论做什么大家都能看得清清楚楚的场合。光天，白天。化日，让万物生长的太阳。

殷（yān）红：深红，红中带黑。

啜（chuò）：喝。

啖（dàn）：吃，与上文"啜"相对应，但是显得吃得豪爽，喝得痛快。

与朋友一起喝冰冻的果子酒，吃新鲜的果子李，夕阳西下，清风徐来，景美，一切都很美。

圣巴巴拉有"太平洋的天堂"之称，这个城的山光水色的确有令人流连低回之处，但是我觉得这个小城的一个好处是海产丰富：石头蟹、硬背虾、海胆、鲍鱼，都属本地特产，尤其是石头蟹，壳坚、肉质细嫩鲜甜，还有一双巨螯，真是圣巴巴拉的美味。那个时候美国人还不很懂得吃带壳螃蟹，码头上的渔市场，生猛螃蟹，团脐一元一只，尖脐一只不过一元半。王国祥是浙江人，生平就好这一样东西，我们每次到码头渔市，总要携回四五只巨蟹，蒸着吃。蒸蟹第一讲究是火候，过半分便老了，少半分又不熟。王国祥蒸螃蟹全凭直觉，他注视着蟹壳渐渐转红叫一声"好！"，将螃蟹从锅中一把提起，十拿九稳，正好蒸熟。然后佐以姜丝米醋，再烫一壶绍兴酒，那便是我们的晚餐。那个暑假，我和王国祥起码饕掉数打石头蟹。那年我刚拿到终身教职，《台北人》出版没有多久。国祥自加大伯克利毕业后，到宾州州大去做博士后研究是他第一份工作，那时他对理论物理还充满了信心热忱，我们憧憬的人生前景，是金色的，未来命运的凶险，我们当时浑然未觉。

评注 >>

流连低回：留恋徘徊，舍不得离开。此处指圣巴巴拉的环境美得让人流连，不想离开。

巨螯（áo）：巨大的前爪。螯，螃蟹等节肢动物的第一对脚，形像钳子，能开合，用来取食或自卫。

团脐（qí）、尖脐：雌蟹肚子下面的甲是圆的，称团脐。雄蟹肚子下面的甲是尖的，称尖脐。所以团脐、尖脐分别代指雌蟹和雄蟹。

好（hào）这一样东西：好，喜欢，动词。指王国祥特别喜欢海鲜。

携（xié）回：带回，但比"带回"更具动作感。

火候（huǒhou）：菜肴烹调过程中，所用的火力大小和时间长短。

过半分便老：蒸的时间超过一点，螃蟹就蒸老了。老，此指食物的火候过了。

十拿九稳：很有把握，十分可靠。

饕（tāo）掉：吃掉。饕，大口吞食，贪吃，这里形容吃了很多。

憧憬（chōngjǐng）：这里指对未来的期待、向往。

浑然未觉：一点都没察觉。浑然，完全，全然。

和国祥一起吃海鲜，写得细致，历历在目。两个对未来充满希望的年轻人，希望都是金色的。点出"凶险"，虽然浑未察觉，但是已让读者揪心。

园子整顿停当，选择花木却颇费思量。百花中我独钟情茶花。茶花高贵，白茶雅洁，红茶秾丽，粉茶花俏生生、娇滴滴，自是惹人怜惜。即使不开花，一树碧亭亭，也是好看。茶花起源于中国，盛产于云贵高原，后经欧洲才传到美国来。茶花性喜温湿，宜酸性土，圣巴巴拉恰好属于美国的茶花带，因有海雾调节，这里的茶花长得分外丰蔚。我们遂决定，园中草木以茶花为主调，于是遍搜城中苗圃，最后才选中了三十多株各色品种的幼木。美国茶花的命名，有时也颇具匠心：白茶叫"天鹅湖"，粉茶花叫"娇娇女"，有一种红茶名为"艾森豪威尔将军"——这是十足的美国茶，我后院栽有一棵，后来果然长得伟岸嶔崎，巍巍然有大将之风。

评注 >>

颇费思量（sīliang）：很花心思，很费脑筋。颇，很，相当地。思量，考虑。

钟情：感情专注，只喜欢某个对象。

秾（nóng）丽：艳丽。

俏（qiào）生生、娇（jiāo）滴滴：俏得不得了，娇得不得了。俏，外形美好，漂亮。娇，柔嫩。俏生生、娇滴滴，是中国戏曲里常用来写青春美丽女子的词。

惹（rě）人怜惜：让人怜爱、爱惜。惹，人或事物等引起情感反应。

碧亭亭：形容茶树碧绿长青，高耸直立，很精神的样子。

丰蔚（wèi）：繁茂。

苗圃（pǔ）：培育树苗或植物幼苗的园地。

颇具匠心：花了一番心思。匠心，指能工巧匠的心思，这里指给茶花取名字花了很多心思，很有创意，取得很美。

天鹅湖：天鹅是一种美丽高贵的鸟，"天鹅湖"是天鹅生活的湖，想象湖中天鹅在水的画面，很美；也让人联想起柴可夫斯基的芭蕾舞曲《天鹅湖》，眼前出现芭蕾舞演员翩翩起舞的样子。无论哪一种，这个名词都让人觉得白茶花的美丽。

娇娇女：这个名字让人想见粉茶无比娇柔妩媚、可怜可爱的样子。

艾森豪威尔将军：二战时曾任欧洲盟军总司令，后晋升为五星上将，著名军事家；第34任美国总统，政治家。这里作为茶花名，可见此花的英豪之姿。

伟岸嶔崎（qīnqí）：高大挺拔，卓异非常。

巍巍（wēi）然：高大雄伟的样子。

没有接上文写"凶险"，而是荡开一笔，继续写与国祥一起种花。无比美的茶花，无比美的生活。

花种好了，最后的问题只剩下后院西隅的一块空地，屋主原来在此搭了一架秋千，架子撤走后便留空白一角。因为地区不大，不能容纳体积太广的树木，王国祥建议："这里还是种 Italian Cypress 吧。"这倒是好主意，意大利柏树占地不多，往空中发展，前途无量。我们买了三株幼苗，沿着篱笆，种了一排。刚种下去，才三四呎高，国祥预测："这三棵柏树长大，一定会超过你园中其他的树！"果真，三棵意大利柏树日后抽发得傲视群伦，成为我花园中的地标。

评注 >>

前途无量：指一个人的前途没有限量。这里指意大利柏树向高空生长，有广阔的发展空间；用形容人的词语来形容物，可见喜悦之情。

傲视群伦（àoshìqúnlún）：高傲地看待其他人。比较古雅的词语，形容意大利柏树将会长得特别高大，超过花园所有其他树木。

兜兜转转，由花再写到树，树与人（王国祥）也有了联结。国祥对树的生长充满无限希望，那么肯定，那么不可违拗。

十年树木，我园中的花木，欣欣向荣，逐渐成形。那期间，王国祥已数度转换工作，他去过加拿大，又转得州。他的博士后研究并不顺遂，理论物理是门高深学问，出路狭窄，美国学生视为畏途，念的人少，教职也相对有限，那几年美国大学预算紧缩，一职难求，只有几家名校的物理系才有理论物理的职位，很难挤进去，亚利桑那州立大学曾经有意聘请王国祥，但他却拒绝了。当年国祥在台大选择理论物理，多少也是受到李政道、杨振宁获得诺贝尔奖的鼓励。后来他进伯克利，曾跟随名师，当时伯克利物理系竟有六位诺贝尔奖得主的教授。名校名师，王国祥对自己的研究当然也就期许甚高。当他发觉他在理论物理方面的研究无法达成重大突破，不可能做一个顶尖的物理学家，他就断然放弃物理，转行到高科技去了。当然，他一生最高的理想未能实现，这一直是他的一个隐痛。后来他在洛杉矶休斯（Hughes）公司找到一份安定工作，研究人造卫星。波斯湾战争中，美国军队用的人造卫星就是休斯公司制造的。

评注 >>>

十年树木：使小树成材需要很长的时间，这里指花园的花木花了很长时间才逐渐成形。树，动词，种植、栽培。木，木材。十年，虚指，表示时间长，并不一定是指刚好十年。

欣欣向荣：形容园中花木生长得很茂盛，生机勃勃。欣欣，草木旺盛的样子。荣，茂盛。

得州：得克萨斯州的简称，即 State of Texas。

并不顺遂（shùnsuì）：并不顺利。顺遂，本指顺其自然生长，此处指事情合乎人愿，进展顺利。

视为畏途：看作是险恶可怕的路径，这里指美国学生认为学习理论物理非常难，是一条难走的事业道路。

亚利桑那州立大学：即 Arizona State University。

伯克利：即加州大学伯克利分校，University of California, Berkeley。

期许甚高：有很高的期望。

隐痛：藏在内心的不愿告诉人的痛苦。

紧承上段，简介国祥学习、工作的经历，写出"并不顺遂"、雄心未酬的境况。

> 那几年王国祥有假期常常来圣巴巴拉小住，他一到我家，头一件事便要到园中去察看我们当年种植的那些花木。他隔一阵子来，看到后院那三株意大利柏树，就不禁惊叹："哇，又长高了好多！"柏树每年升高十几呎，几年间，便标到了顶，成为六七十呎的巍峨大树。三棵中又以中间那棵最为茁壮，要高出两侧一大截，成了一个山字形。山谷中，湿度高，柏树出落得苍翠欲滴，夕照的霞光映在上面，金碧辉煌，很是醒目。三四月间，园中的茶花全部绽放，树上缀满了白天鹅，粉茶花更是娇艳光鲜，我的花园终于春意盎然起来。

评注 >>

标到了顶：长到最高了。标，本指树木的末梢，此处名词用作动词，指柏树一路畅通无阻地向上长。

巍峨（wēié）：雄伟高大。

茁壮（zhuózhuàng）：很强壮。

出落得苍翠欲滴：长得特别茂盛。"出落"一般形容人，这里写出柏树长得十分茂盛，令人喜爱的样子。苍翠，深绿色。苍翠欲滴，绿色植物青翠碧绿，饱含水分，仿佛要流出来一样，形容草木茂盛，充满生气。

金碧辉煌：柏树在夕阳的照耀下光彩夺目的样子。金碧，金黄色和碧绿色。辉煌，光辉灿烂。

缀满了白天鹅：开满了白茶花。不说"白茶花"而用"白天鹅"，更具有画面感，写出茶花超凡脱俗的美，像童话一样。

春意盎然（àngrán）：满院子都是春天的气象，生机勃勃。春意，春天的气象。盎然，丰满、浓厚的样子。

花园的花木，美得不得了，而这花园，是与国祥一起打理的，如今已见成果，赏心悦目。国祥来我家，头一件事就是去看那几株柏树，可见他和树的亲密。

163

> 一九八九年，岁属蛇年，那是个凶年，那年夏天……有一天，我突然发觉后院三棵意大利柏树中间那一株，叶尖露出点点焦黄来。起先我以为暑天干热，植物不耐旱，没料到才是几天工夫，一棵六七十呎的大树，如遭天火雷殛，骤然间通体枯焦而亡。那些针叶，一触便纷纷断落，如此孤标傲世、风华正茂的长青树，数日之间竟至完全坏死。奇怪的是，两侧的柏树却好端端的依旧青苍无恙，只是中间赫然竖起槁木一柱，实在令人触目惊心，我只好叫人来把枯树砍掉拖走。从此，我后院的西侧，便出现了一道缺口。柏树无故枯亡，使我郁郁不乐了好些时日，心中总感到不祥，似乎有什么奇祸即将降临一般。没有多久，王国祥便生病了。

评注 >>>

一九八九年，岁属蛇年，那是个凶年，那年夏天：郑重地记录时间，突出这一年与往年不同，让人刻骨铭心。"岁属蛇年"，这是中国的生肖纪年法；每一生肖对应一年，共有十二生肖，十二年便是一个轮回，这一年正好是蛇年。"凶年"，本指荒年，年成不好，这里引申为于人特别不好的一年。

遭天火雷殛（léijí）：遭到天火焚烧、雷电击中而死。中国人常将不可捉摸、不可控制的事物与"天"相联系，比如"天火""天命"。

骤然（zhòurán）：来得很突然，没有任何征兆，一下子就发生了，没给任何准备。

通体枯焦而亡：整株树干枯、焦枯而死。

孤标傲世：本指孤高自赏，傲然一世；文中指这棵柏树曾经长得非常高大，葱翠繁茂，超过了花园的其他花木，非常惹眼、突出。孤标，山或者树木之类特别突出的顶部。

风华正茂：正是青春焕发、风采动人和才华横溢的时候。文中指正是这棵树生长得最好的时候。

依旧青苍无恙（yàng）：仍然很苍翠，一点问题都没有。无恙，没有生病。

赫然（hèrán）竖起槁木（gǎomù）一柱（zhù）：一根枯死的树就那么醒目地竖在那里。形容那株枯木看起来让人触目惊心的样子。赫然，醒目，指令人吃惊的事情突然出现，让人惊慌、惊异。槁木，干枯的木头。数量词"一柱"用在名词后，仄声收尾，更加突出一节枯木让人惊心的样子。

触目惊心：眼睛一看到，内心就感到震惊。触目，目光所及的。惊，使动用法，使……惊。

郁郁（yù）不乐：心中充满愁苦，很不愉快的样子。郁郁：内心忧愁、苦闷的样子。

感到不祥：觉得不吉利，感到有不好的事要发生。由物及人，这是一种人之常情；另外中国人的天人合一观念作为集体文化积淀，使中国人常常会有天人感应、物人感应的联想，民间也有这种传说。

前文一直写花园的美，生活的美，此段急转直下，由"凶年"写到意大利柏树的突然焦亡，干枯叶落，形毁骨销，让人触目惊心，让人毫无准备、猝不及防。不祥的预感，竟然成真——国祥生病了。树与人竟联系得如此紧密！

  那年夏天，国祥一直咳嗽不止，他到美国二十多年，身体一向健康，连伤风感冒也属罕有。他去看医生检查，验血出来，发觉他的血红素竟比常人少了一半，一公升只有六克多。接着医生替他抽骨髓化验，结果出来后，国祥打电话给我："我的旧病又复发了，医生说，是'再生不良性贫血'。"国祥说话的时候，声音还很镇定，他一向临危不乱，有科学家的理性与冷静，可是我听到那个长长的奇怪病名，就不由得心中一寒，一连串可怕的记忆，又涌了回来。
  ……（节略）

评注 >>

  罕（hǎn）有：很少有。
  骨髓（suǐ）：人体内的造血组织。
  镇定（zhèndìng）：遇事沉着，不慌乱。
  临危不乱：面临危险，心情不慌乱，形容人在危急时刻能够从容面对。临，面临。危，危险。乱，慌乱。
  心中一寒：遇到某一些事情时心里突然感觉很害怕。寒，害怕。

  具体写国祥生病，确定是旧病复发，所以回忆起可怕的经历。节略部分写"我"天南地北地求医问药。

  回到美国后，我与王国祥商量，最后还是决定服用曙光医院吴正翔大夫开的那张药方，因为药性比较平和。石家庄医生的两大袋药粉我也扛了回来，但没有敢用。而国祥的病，却是一天比一天沉重了。头一年，他还支撑着去上班，但每天来回需开两小时车，终于体力不支，而把休斯的工作停掉。幸亏他买了残障保险，没有因病倾家荡产。第二年，由于服用太多激素，触发了糖尿病，又因长期缺血，影响到心脏，发生心律不整，逐渐行动也困难起来。

评注 >>

  曙光医院：当时上海的一家中医院。为了给国祥看病，"我"跑遍了所有可能治国祥的病的医院，从美国到我国台湾、上海、杭州、石家庄等地，找了尽可能找到的医生，作者说"当时如果有人告诉我喜马拉雅山顶上有神医，我也会攀爬上去乞求仙丹的"。

扛（káng）：用肩膀承载重物，此处说明药多。
支撑着：尽力维持着。
倾家荡产：丧失了全部家产。倾、荡，用尽。
激素：激素类药物，药效迅速明显，但同时副作用也很严重。

"我"从中国各地求医回美国，方子、药都带了回来，但是没有效果，国祥病情逐步恶化。

一九九二年一月，王国祥五十五岁生日，我看他那天精神还不错，便提议到"北海渔村"，去替他庆生。我们一路上还商谈着要点些什么菜，谈到吃我们的兴致又来了。"北海渔村"的停车场上到饭馆有一道二十多级的石阶，国祥扶着栏杆爬上去，爬到一半，便喘息起来，大概心脏负荷不了，很难受的样子。我赶忙过去扶着他，要他坐在石阶上休息一会儿，他歇了口气，站起来还想勉强往上爬。我知道，他不愿扫兴，我劝阻道："我们不要在这里吃饭了，回家去做寿面吃。"我没有料到，王国祥的病体已经虚弱到举步维艰了。回到家中，我们煮了两碗阳春面，度过王国祥最后的一个生日。星期天傍晚，我要回返圣巴巴拉，国祥送我到门口上车，我在车中反光镜里，瞥见他孤立在大门前的身影，他的头发本来就有少年白，两年多来，百病相缠，竟变得满头萧萧，在暮色中，分外触目。开上高速公路后，突然一阵无法抵挡的伤痛袭击过来，我将车子拉到公路一旁，伏在方向盘上，不禁失声大恸。我哀痛王国祥如此勇敢坚忍，如此努力抵抗病魔咄咄相逼，最后仍然被折磨得形销骨立。而我自己亦尽了所有力量，去回护他的病体，却眼看着他的生命一点一滴耗尽，终至一筹莫展。我一向相信人定胜天，常常逆数而行，然而人力毕竟不敌天命，人生大限，无人能破。

评注 >>>

北海渔村：一家广东餐馆，港味十足，"避风塘炒蟹"非常地道，他们常去。
喘息（chuǎnxī）：呼吸特别急促。
负荷不了：承担不了。
不愿扫兴：指国祥不愿意因为自己的身体而让"我"失去好兴致。
劝阻：这里指劝国祥不要再爬台阶去餐馆。劝阻，劝某人不要去做某事。
寿（shòu）面：过生日吃的面条，有祝福长寿的意思。
举步维艰：行走很困难，指国祥虚弱得不行。举步，抬脚，迈步。维，语气词，无实义。

  阳春面：中国的传统面食，就是光面、清汤面或清汤光面，汤清味鲜，清淡爽口。
  瞥（piē）见：一眼看见。瞥，很快地看。
  满头萧萧：满头白发，写出国祥在病痛折磨下的苍老，让人凄然。
  失声大恸（tòng）：因过度悲伤而不由自主地大哭。失声，不自主地发出声音。大恸，悲痛之极的大哭。
  咄咄（duōduō）相逼：形容病魔对国祥肆意地折磨。咄咄，气势汹汹。相逼，一方对另一方的逼迫。
  形销（xiāo）骨立：形体消瘦，只剩一副骨头，形容身体极为消瘦。销，消瘦。
  一筹（chóu）莫展：一点计策也施展不出来，形容一点办法也没有。筹，古代用以计数和计算的用具，引申为谋划、计策。展，施展。
  逆数（shù）而行：不顺着天数、命运而行。逆，不顺从。数，天数，命运。
  不敌天命：敌不过天命。天命，上天的意志，人在无可奈何的时候，会强烈感觉上天主宰着人的命运。
  人生大限：人的寿命或者死期。

  国祥生病，"我"想尽一切法子，可是国祥仍然一天天衰颓下去。写国祥的虚弱，客观地写，但是字字悲伤；无法控制的局面，将要失去国祥的痛苦，锥心裂肺。人力如此渺小，纵使竭尽全力，也无力回天；无可奈何，苍茫无主，亦足以让人悲不自胜。

  夏天暑假，我搬到埃尔蒙特王国祥家去住，因为随时会发生危险。八月十三日黄昏，我从超市买东西回来，发觉国祥呼吸困难，我赶忙打九一一叫了救护车来，用氧气筒急救，随即将他扛上救护车扬长鸣笛往医院驶去。在医院住了两天，星期五，国祥的精神似乎又好转了。他进出医院多次，这种情况已习以为常，我以为大概第二天，他就可以出院了。我在医院里陪了他一个下午，聊了些闲话，晚上八点钟，他对我说道："你先回去吃饭吧。"我把一份《世界日报》留给他看，说道："明天早上我来接你。"那是我们最后一次交谈。星期六一早，医院打电话来通知，王国祥昏迷不醒，送进了加护病房。我赶到医院，看见国祥身上已插满了管子。他的主治医生告诉我，不打算用电击刺激国祥的心脏了，我点头同意，使用电击，病人太受罪。国祥昏迷了两天，八月十七日星期一，我有预感恐怕他熬不过那一天。中午我到医院餐厅匆匆用了便餐，赶紧回到加护病房守着。显示器上，国祥的心脏愈跳愈弱，五点钟，值班医生进来准备，我一直看着显示器上国祥心脏的波动，五点二十分，他的心脏终于停止。我执着国祥的手，送他走完人生最后一程。霎时间，天人两分，死生契阔，在人间，我向王国祥告了永别。

评注

埃尔蒙特：El Monte，洛杉矶附近的一个地方。

习以为常：某种事情经常去做，也就觉得很平常了。习，长期做而逐渐适应、习惯。为，当作。这里指王国祥经常出入医院。

昏迷不醒：丧失意识，病得非常严重，情况很危险。

预感：事情未发生，就感觉出它的结果好坏。

熬（áo）不过那一天：没办法度过那一天了，生命已经快到尽头。

便餐：便饭，很简便的饭菜。

霎（shà）时间：极短时间，那一刻。

天人两分：指国祥离开人世，与"我"已经不在同一个世界。

死生契阔（qìkuò）：死是离，生是合，此处指因为国祥的死我们分开了，从此阴阳两隔。契，契合，在一起。阔，分离。出自《诗经·邶风·击鼓》："死生契阔，与子成说。执子之手，与子偕老。"意为无论生死离合我们都要在一起，这是我们当初早已说好的约定；我要与你双手相握，和你一起老去。但是文中指生死离别，即"我"与国祥已经永远地分开了。

缓缓叙述国祥最后的日子，那一天的细节仍然无比清晰，"我"看着机器上国祥的心跳，直到它停止跳动。一字一句，伤痛无比。

一九五四年，四十四年前的一个夏天，我与王国祥同时匆匆赶到学校去上暑假补习班，预备考大学。我们同级不同班，互相并不认识，那天恰巧两人都迟到，一同抢着上楼梯，跌跌撞撞，碰在一起，就那样，我们开始结识，来往相交，三十八年。王国祥天性善良，待人厚道，孝顺父母，忠于朋友。他完全不懂虚伪，直言直语，我曾笑他说谎舌头也会打结。但他讲究学问，却据理力争，有时不免得罪人，事业上受到阻碍。王国祥有科学天才，物理方面应该有所成就，可惜他大二生过那场大病，脑力受了影响。他在休斯研究人造卫星，很有心得，本来可以更上一层楼，可是天不假年，五十五岁，走得太早。我与王国祥相知数十载，彼此守望相助，患难与共，人生道上的风风雨雨，由于两人同心协力，总能抵御过去，可是最后与病魔死神一搏，我们全力以赴，却一败涂地。

评注

跌跌（diē）撞撞（zhuàng）：形容走路不稳。

天性：先天就有的品质、性情，也可以说本性。

说谎舌头也会打结：即说谎时舌头就不利索，不会说谎。
天不假年：老天爷不给他寿命，指国祥因病早逝。假，给予。
守望相助：相互厮守，相互对望，相互帮助，如亲人一般。
患难（huànnàn）与共：共同承担危险和困难。
同心协力：团结一心，共同努力。协，合。
抵御（dǐyù）：抵抗，抵挡。
全力以赴：把全部力量都用上去。赴，前往。
一败涂地：完全失败，败得很惨，不可收拾。形容天命不可战胜的凄然、无力感。

国祥离世，只剩下回忆。补叙两人相识的经过以及三十八年的陪伴，平平叙述，但是字字伤痛，无可奈何。

  我替王国祥料理完后事回转圣巴巴拉，夏天已过。那年圣巴巴拉大旱，市府限制用水，不准浇灌花草。几个月没有回家，屋前草坪早已枯死，一片焦黄。由于经常跑洛杉矶，园中缺乏照料，全体花木黯然失色，一棵棵茶花病恹恹，只剩得奄奄一息，我的家，成了废园一座。我把国祥的骨灰护送返台，安置在善导寺后，回到美国便着手重建家园。草木跟人一样，受了伤须得长期调养。我花了一两年工夫，费尽心血，才把那些茶花一一救活。退休后时间多了，我又开始到处搜集名茶，愈种愈多，而今园中，茶花成林。我把王国祥家那两缸桂花也搬了回来，因为长大成形，皮蛋缸已不堪负荷，我便把那两株桂花移植到园中一角，让它们入土为安。冬去春来，我园中六七十棵茶花竞相开花，娇红嫩白，热闹非凡。我与王国祥从前种的那些老茶，二十多年后，已经高攀屋檐，每株盛开起来，都有上百朵。春日负暄，我坐在园中靠椅上，品茗阅报，有百花相伴，暂且贪享人间瞬息繁华。美中不足的是，抬望眼，总看见园中西隅，剩下的那两棵意大利柏树中间，露出一块楞楞的空白来，缺口当中，映着湛湛青空，悠悠白云，那是一道女娲炼石也无法弥补的天裂。

——原载一九九九年一月二十四日至二十六日《联合报》

评注 >>

浇灌（jiāoguàn）：往地里送水，给作物浇水。
黯（àn）然失色：暗淡，失去了往日的光彩。黯然，暗淡的样子。
病恹恹（yān）：生病、没精打采的样子。
奄奄一息（yǎnyǎn-yīxī）：只剩下微弱的一口气，快要死了。奄奄，气息微弱的样子。一息，一口气。

废园一座：一座废园，又是数量词结尾，仄声结束，表达情感的颓废、凄凉。

费尽心血：挖空心思，想尽办法，形容做事情用心尽力。

皮蛋缸：一种比较大的种花的缸。

不堪负荷：这里指桂花树长大，皮蛋缸也承担不了了。

入土为安：中国丧葬文化的观念，即人死后埋入土中，死者得到安息，家属也觉得心安。"我"对这些草木，好像是对老朋友一样。

春日负暄（fùxuān）：春天天气和暖，在春阳下晒太阳。负暄，晒太阳，享受太阳的温暖。暄，温暖。

品茗（míng）：品尝茶的滋味，泛指喝茶。"品茗"比"喝茶"更文雅。

瞬息繁华：短暂的繁华。人生渺渺，繁华都是暂时的，如梦。

抬望眼：抬头望去，此词显得古雅、迂徐、淡然。

楞楞（léng）的空白：形容那一处空白非常显眼，让人情感不知所处。楞楞，凸显醒目，也可以指人发呆的状态。

湛湛（zhàn）青空：深碧、澄静的天空。湛湛，厚重的样子。

悠悠（yōu）白云：形容白云在天上轻灵飘动，悠闲自在。

女娲（wā）炼石也无法弥补的天裂：女娲，中国神话中的女神，相传远古时代，天塌地陷，世界陷入巨大灾难，女娲不忍生灵受灾，于是炼五色石补好天空。文中指情感的伤痛、痛楚即便是女娲那样的神也无法修补。这一句写出天空碧蓝，深邃无言，白云悠悠、岁月苍狗的渺茫之感，而情感的巨大空缺，这如梦似幻的自然，又如何能填补？以景结情，情景交融。人生中的有些伤痛，刻骨铭心，不可疗救。

回转笔锋，再写花园，写花木，与题目呼应。这美丽非凡的花园，是曾与王国祥一起开辟出来的，所以纵使也会享受片刻的繁华，伤痛却从未离开。"草木跟人一样"，写草木也是写人，只是花草树木，皆通人情，它们可以复苏，人却不能再来。

全文评析 >>>

这是一篇怀念亡友的文章，作者不动声色，慢慢写来，那回忆里生意淋漓、朝气蓬勃，有美酒美食，有清风斜阳，有姹紫嫣红，有金色的希望……这些写得越美，与后文映衬，越是让人感觉世间好物，总不坚牢。自国祥生病，又平实地叙述自己四处求医，以及在医院的陪伴，直至国祥离开；文字本有疗伤的功能，但是无法平复的伤痛，还是通过文字流露出来，所以写来不讲技巧，但至情至性，感人至深。

归有光《项脊轩志》中怀念亲人的文章也写到树："庭有枇杷树，吾妻死之年所手植，今已亭亭如盖矣。"只是归有光是睹物思人，而本文是人、物两亡。人与树竟然如此奇异地联系在一起，读了让人惊心动魄。树感知人的病而焦死枯槁，何况人呢——树犹如此，人何以堪！

小说篇

世说新语（节选）

刘义庆（403—444），字季伯，彭城人，宋武帝刘裕之侄，长沙景王刘道怜次子。自幼才华出众，聪明过人，13岁袭封南郡公，后过继给叔父临川王刘道规，袭封临川王。深得宋武帝、宋文帝器重，曾任尚书左仆射、荆州刺史、江州刺史等要职。生性简素、清淡，爱好文学，著有《幽明录》《世说新语》等。

《世说新语》是魏晋南北朝时期的"志人小说"，主要记载东汉后期至魏晋的一些名士的言行与轶事，反映当时士族的思想、生活和风气。据内容分为"德行""言语""政事""文学""方正"等36类，每类有若干则故事，全书共有1200多则，每则文字长短不一，有的数行，有的三言两语，但是其语言精练含蓄，隽永传神。涉及人物1500多个，作者善于抓取独特人物的独特之处，人物性格活灵活现，跃然纸上。

以下《世说新语》原文节选自徐震堮著《世说新语校笺》，中华书局，1984年出版。

荀巨伯远看友人疾，值胡贼攻郡，友人语巨伯曰："吾今死矣，子可去。"巨伯曰："远来相视，子令吾去，败义以求生，岂荀巨伯所行邪！"贼既至，谓巨伯曰："大军至，一郡尽空，汝何男子，而敢独止？"巨伯曰："友人有疾，不忍委之，宁以我身代友人命。"贼相谓曰："我辈无义之人，而入有义之国！"遂班军而还，一郡并获全。（《世说新语·德行》第一，9）

译文 >>

荀巨伯到很远的地方去探望生病的朋友，正好碰上外族强盗攻打郡城，朋友对巨伯说："我现在活不成了，您（快）走吧！"巨伯说："我远道来看您，您却叫我走，损害道义以求活命，这哪里是我荀巨伯干的事啊！"强盗进了（郡城），对巨伯说："大军到了，全城的人都跑光了，你是什么样的男子汉，竟敢一个人留下来？"巨伯说："朋友生病，我不忍心丢下他（不管），宁愿用我的命换朋友的命。"强盗（听了）互相议论说："我们这些不讲道义的人，却侵入有道义的国家！"于是就撤军回去了，全城也因此得以保全。

评注 >>

荀巨伯：汉桓帝时颍川人。

值：正逢，正碰上。

胡：古时把西方、北方各少数民族统称胡。
子：对对方的尊称，相当于"您"。
委：丢下，舍弃。
班军：班师，出征的军队撤军回去。

为了写荀巨伯的朋友之"义"，故事设置了一个绝境之境：外族人攻城，是救朋友而留下，还是为自己活命而逃跑？荀巨伯为了照顾朋友，连自己的性命也不顾，这就是"义"；"贼人"竟然也因为荀巨伯的"义"而放弃攻城——道义的力量感天动地。

庾公乘马有的卢，或语令卖去，庾云："卖之必有买者，即复害其主，宁可不安己而移于他人哉？昔孙叔敖杀两头蛇以为后人，古之美谈。效之，不亦达乎？"（《世说新语·德行》第一，31）

译文 >>

庾亮驾车的马中有一匹的卢马，有人告诉他（那是凶马），叫他把马卖掉。庾亮说："卖它，必定有买主，那就还要害那个买主，怎么可以因为对自己不利就转嫁给别人呢？从前孙叔敖打死两头蛇，以保护后来（可能会遇见它）的人，这件事是古时候人们乐于称道的。我学习他，不也是很通达的吗？"

评注 >>

庾公：庾亮，字元规，颍川鄢陵（今河南鄢陵）人，东晋明穆皇后长兄，渊雅有德量，任征西大将军、荆州刺史。

的卢（dílú）：凶马，据说它的主人会遇祸。伯乐《相马经》曰："马白额入口至齿者，名曰榆雁，一名的卢，奴乘客死，主乘弃市（被杀）。"

孙叔敖：姓氏不详，楚国期思（今河南信阳市淮滨县）人。因出色的治水、治国及军事才能受到楚庄王赏识，拜为楚国的令尹（宰相），辅助楚庄王，使楚国成为春秋五霸之一。

两头蛇：据说见到两头蛇的人就会死。贾谊《新书》记载孙叔敖小时候在路上撞见一条两头蛇，回家哭着告诉母亲这个不幸的事情，母亲问他蛇在哪里，孙叔敖说怕别人再看到它，就把蛇杀死埋了。母亲安慰他说他这样做很好，应该没事的。孙叔敖后来得到重用，做到了楚国的令尹，果然没有不幸的事情发生。

庾亮、孙叔敖，儒家之君子也。孙叔敖，《孟子·告子下》《荀子·非相》篇均有记载，《史记·循吏列传》中名列第一，可见司马迁对他的推崇。

郑玄家奴婢皆读书。尝使一婢，不称旨，将挞之，方自陈说，玄怒，使人曳著泥中。须臾，复有一婢来，问曰："胡为乎泥中？"答曰："薄言往愬，逢彼之怒。"
（《世说新语·文学》第四，3）

译文

郑玄家里的奴婢都读书。曾经使唤一个婢女，（事情）做得不称心，郑玄要打她，她还要分辩，郑玄生气了，叫人把她拉到泥里。不一会儿，又有一个婢女来了，问她："胡为乎泥中？"她回答说："薄言往愬，逢彼之怒。"

评注

郑玄（127—200）：字康成，东汉末年的儒家学者，创立郑学，成为汉代经学的集大成者；整理古籍，遍注儒家经典，郑笺《诗经》便是其中之一。

奴婢（núbì）：男女佣人、仆人，这里指女仆。

不称旨：指女仆（做的事）不合心意。

挞（tà）：用鞭子、棍子打。

方自陈说：（这个女仆）正要为自己辩解。

曳著（yèzhuó）泥中：拖到、拉到泥里。

须臾（xūyú）：不一会儿，指很短的时间。

复：又。

胡为乎泥中：《诗经·邶风·式微》中的诗句。此处指为什么在泥中？

薄言往愬，逢彼之怒：《诗经·邶风·柏舟》中的诗句。薄言，语助词。往，去。愬：sù，同"诉"，告诉。之，语助词，连接主语和谓语。此处指正要跟郑玄说事情，恰逢他生气。

大学者郑玄家的学术氛围浓厚，婢女在日常生活中也能出口成章，《诗经》中的句子随口即来，又无比贴合场景。一个问：你为什么在泥中呢？一个答：郑玄那老头子不知在哪里受了气，我正要去跟他说事，他把气都撒在我身上。用《诗经》之语一问一答，把难堪的事情说得如此风雅有趣，两个聪慧的女仆形象也跃然纸上。

潘岳妙有姿容，好神情。少时挟弹出洛阳道，妇人遇者，莫不连手共萦之。左太冲绝丑，亦复效岳游遨，于是群妪齐共乱唾之，委顿而返。（《世说新语·容止》第十四，7）

译文

潘岳有美好的容貌、优雅的神态风度。年轻时手拿弹弓走在洛阳大街上，遇到他的妇女都手拉手地一同围住他。左太冲（长得）非常难看，也学潘岳到处游逛，这时妇女们就都向他乱吐唾沫，（弄得他）垂头丧气地回去。

评注 >>

潘岳（247—300）：字安仁，西晋时期的文学家。他长得很美，据《语林》记载，他每次驾车出行，妇女向他扔果子，常常扔满一车。而另一个文学家张载长得很丑，每次驾车出行，小孩子向他扔瓦片碎石，也扔满车。

神情：神态、风度。

萦（yíng）：围绕。

左太冲：即左思，字太冲，西晋文学家，曾写了《三都赋》，非常有名，人们竞相传抄，一时让纸的价格涨了很多倍，这就是著名的"洛阳纸贵"的故事，但是左思长得很丑。

游遨（áo）：游逛，嬉游。

妪（yù）：妇女无论老少都可以称妪，"妪"与前文"妇人"同义。

唾（tuò）之：向他（左思）吐口水。

委顿：精神不振。

魏晋是个极爱美的时代，美男子很多，妇女们也很开放，所以洛阳道的妇女们围观当时的大帅哥潘岳，围唾左思，现在都可以想见那是何等奇妙的景象。据说卫玠也有着一副盛世容颜，他的舅舅王济本来已经很美了，但一站在他身边就觉得"珠玉在侧"，自觉形秽。有次卫玠去京都建康（南京），来看他的群众围得像堵墙似的，他本来身体病弱，受不了劳累，后来就病重死了，这就是"看杀卫玠"的故事。能有这样的故事流传，那是个什么样的时代！

汉成帝幸赵飞燕，飞燕谮班婕妤祝诅，于是考问，辞曰："妾闻死生有命，富贵在天。修善尚不蒙福，为邪欲以何望？若鬼神有知，不受邪佞之诉；若其无知，诉之何益？故不为也。"（《世说新语·贤媛》第十九，3）

译文 >>

汉成帝很宠爱赵飞燕，飞燕诬陷班婕妤祈求鬼神加祸于她，于是（有司）拷问班婕妤。（班婕妤的）供词说："我听说人的生死由命运来决定，富贵随天意去安排。做好事尚且不一定得福，起邪念又想得到什么呢？如果鬼神有知觉，就不会接受那种邪恶谄佞的祷告；如果鬼神没有知觉，向它祷告又有什么好处？所以我是不做这种事的。"

评注 >>

幸：十分宠爱。

赵飞燕：刚出生即被抛弃，三日不死才被收养，长大后曾在阳阿公主家，学歌舞，号为飞燕，后被召入宫，得到汉成帝宠幸而立为皇后。

谗（chán）：说别人的坏话。

班婕妤：雁门人，名字不详，出身功勋之家，西汉女作家，历史上著名的才女。集品德、才学、美貌于一身，曾经是汉成帝的宠妃，自赵飞燕姐妹入宫，班婕妤渐被冷落，所以自请侍奉皇太后以避祸。婕妤，宫中妃嫔的等级称号，汉武帝设立，最初为皇后以下的最高位，汉元帝时设昭仪，位于婕妤之上，婕妤自此成为第二等。

祝诅（zǔ）：祝告鬼神，使加祸于别人。

考问："考"通"拷"，拷问。

辞：供词。

死生有命，富贵在天：语出《论语·颜渊》。

邪佞（xiénìng）：奸邪，伪善。

宫闱深深，围绕皇帝的女子一生也是风波险恶。班婕妤、赵飞燕这两位著名女性的故事，让人似乎看得见赵飞燕得宠的飞扬之姿；而班婕妤的辩辞不卑不亢，冷静、有理，一个理性的女子形象就出现了，也正因为她看得清楚，所以在赵飞燕得宠之时主动选择远离这种争斗。据说成帝见过辩词后不仅没有惩罚班婕妤，还赏赐黄金百斤。

桓宣武平蜀，以李势妹为妾，甚有宠，常著斋后。主始不知，既闻，与数十婢拔白刃袭之。正值李梳头，发委藉地，肤色玉曜，不为动容，徐曰："国破家亡，无心至此，今日若能见杀，乃是本怀。"主惭而退。（《世说新语·贤媛》第十九，21）

译文 >>

桓温平定了蜀地，娶李势的妹妹为妾，很宠爱她，常把她安置在书斋后（住）。南康公主起初不知道，后来听说了，就带着几十个婢女提着刀（准备去）杀李氏。到了那里，正遇上李氏梳头，头发垂下来铺到地上，肤色像白玉一样光彩照人，且并没有（因为公主到来而）改变神情。她从容不迫地说："（我）国破家亡，并没有打算到这里来；今天如果能被杀，这倒是我的心愿。"公主很惭愧，就退出去了。

评注 >>

桓（huán）宣武：桓温（312—373），宣武是谥号（人死之后根据其生平事迹所拟定的或褒或贬的称号）；桓温是东晋政治家、军事家、书法家、权臣，娶晋明帝女儿南康长公主为妻。

　　李势妹：《妒记》《天平预览》为"李势女"。

　　发委藉地：（李氏）的头发垂下来，铺到地上。委，放下，垂下。写长发是为了突出李氏的美，古人认为长发飘飘的女性，若轻云蔽月、流风回雪，是很美的。

　　玉曜（yào）：曜，本指日光，泛指光芒。这里指李氏的皮肤白皙细腻，如白玉一样有光泽。

　　写出李氏的绝色之美，以及临危不惧、从容淡定的气度，而南康公主为美所动而惭愧退避，也让人印象深刻。据《妒记》，公主见到李氏如此美，说："天啦，这也太美了，我见了都喜欢，何况我家那个老不死的呢。"后来善待李氏。这样的"妒妇"也真是可爱。

　　桓车骑不好著新衣，浴后，妇故送新衣与。车骑大怒，催使持去。妇更持还，传语云："衣不经新，何由而故？"桓公大笑，著之。（《世说新语·贤媛》第十九，24）

译文 >>

　　车骑将军桓冲不喜欢穿新衣服。有次洗完澡，他妻子故意叫仆人送新衣服给他，桓冲大怒，让仆人赶紧把衣服拿回去。他妻子又叫人再送过去，并且传话说："衣服不经过新的，怎么能变成旧的呢？"桓冲听了大笑，就穿上了新衣。

评注 >>

　　桓车骑：桓冲（328—384），桓温之弟，曾任车骑将军，娶琅邪王恬的女儿王女宗为妻；后娶颍川庾蔑之女庾姚。

　　著（zhuó）：穿。

　　故送新衣：故意送新衣服。故，故意。

　　传语：传话。

　　何由而故：怎么能变成旧的？故，旧的。

　　桓冲怪癖得有点不讲道理，还发脾气使性子；桓冲妻子聪慧理智，坚持送新衣中透着关心，其一语道破关键，矛盾顿时解除。抓住一个场景，从矛盾冲突写起，以矛盾解除结束，寥寥数语，人物性格、个性，当时生活情态如在眼前，真是言简意赅，形神毕现。

王蓝田性急。尝食鸡子,以箸刺之,不得,便大怒,举以掷地。鸡子于地圆转未止,仍下地以屐齿蹍之,又不得。瞋甚,复于地取内口中,啮破即吐之。王右军闻而大笑曰:"使安期有此性,犹当无一豪可论,况蓝田邪?"(《世说新语·忿狷》第三十一,2)

译文 >>

蓝田侯王述性情急躁。有一次吃鸡蛋,用筷子去戳,没有戳进去,便大发脾气,拿起鸡蛋扔到了地上。鸡蛋在地上转个不停,他就下地用木屐齿去踩,又没有踩到。更加生气,又从地上捡起来放进口里,咬破就吐了。右军将军王羲之听说了,大笑,说:"假使安期有这种性格,尚且没有一点可取,何况是蓝田呢?"

评注 >>

王蓝田:王述(303—368),太原人,东晋太守王承的儿子,年少丧父,袭封蓝田侯,故称王蓝田。《中兴书》记载,王述清贵简正,很少推崇屈服于别人,他唯一的缺点是性急。

鸡子:鸡蛋。

箸(zhù):筷子。

掷(zhì)地:扔到地上。

屐(jī)齿:木板鞋下面的齿。屐,木板鞋,底部前后有两块突出的木头,就是齿。

蹍(niǎn):踩。

瞋(chēn)甚:非常生气。瞋,发怒,生气。

内:通"纳",放进。内口中,即放在嘴里。

啮(niè):咬。

安期:王述的父亲王承,字安期,清虚寡欲,为政宽恕,当时很有名望。

豪:即"毫"。王右军(王羲之)的话是说,即使是王蓝田的父亲王安期那样有名望的人,如果有这样的急性子,也当一无可取了,何况是不如其父的王蓝田呢?

写王蓝田性急,却选用筷子夹鸡蛋吃一事,真是急人遇上拙物事,共三句话,五十个字,连用动词"刺""举""掷""下""蹍""取""纳""啮""吐",密不透风,让人应接不暇;结果是"不得""又不得",同时穿插情感动词"大怒""瞋甚",整个过程犹如一出舞台动作剧,观者无不捧腹。《红楼梦》刘姥姥进大观园拿着重似"叉爬子"的象牙镶金箸吃鸽子蛋,也让大观园笑成一片。但是两个笑剧,都能将人物身份、地位、性格在吃蛋这件小事中展现无遗,作家们的好手笔着实令人佩服。

谢无奕性粗强，以事不相得，自往数王蓝田，肆言极骂。王正色面壁不敢动。半日，谢去，良久，转头问左右小吏曰："去未？"答云："已去。"然后复坐。时人叹其性急而能有所容。(《世说新语·忿狷》第三十一，5)

译文 >>

　　谢无奕性情粗暴蛮强。因为一件事处理得不合意，亲自前去数落王蓝田，肆意攻击谩骂。王蓝田表情严肃，（转身）面对着墙壁，不敢动。过了半天，谢无奕走了，又过了很久，王蓝田才回过头来问身旁的小当差说："走了没有？"回答说："已经走了。"这样才又坐回原处。当时的人赞赏他虽然性情急躁，可是能宽容别人。

评注 >>

　　谢无奕：谢奕（309—358），字无奕，东晋大臣，太常卿谢裒之子，太傅谢安长兄，车骑将军谢玄和东晋才女谢道韫之父。
　　粗强：粗暴蛮强；鲁莽暴躁，不讲理。
　　不相得：不投合，不融洽。
　　数（shǔ）：数落。
　　肆（sì）言极骂：肆意攻击，极力谩骂。肆意，任性，任意。
　　面壁：脸对着墙壁。
　　叹：叹赏，赞叹。

　　写谢无奕蛮横无理，只用了"自往数王蓝田""肆言极骂""半日""谢去"几个词，但是谢的形象已经展现在我们眼前了。而王蓝田的反应呢：正色面壁、不敢动、良久转头问小吏、复坐；真是沉得住气呀，王蓝田！别人骂得昏天黑地，他竟然能一言不发，还等对方走了很久才转身，怕谢无奕又回来撞个正着吗？这边谢无奕骂得唾沫横飞，王蓝田却纹丝不动，真是鲜明的对比。一个就是要骂，一个就是不理；一个粗豪蛮横无比，一个似乎胆小如鼠，但是这两人的表现都让人觉得好笑，谁叫那是个可以任情任性的时代呢！同时，与上一则的王蓝田比，这简直是两个人！性急与包容大度集于一身，也是神奇！

三国演义（节选）

罗贯中，号湖海散人，元末明初小说家，所写小说很多，以《三国志通俗演义》（简称《三国演义》）最为有名。

《三国演义》以陈寿《三国志》及裴松之注为基础，借鉴了民间流传的三国故事，整合加工创作而成，结构宏大，采用章回小说形式，分章叙事，分回标目，前后勾连，首尾相接，描写了自东汉末年至西晋初年近百年的历史风云，反映了三国时代各类社会斗争与矛盾冲突，塑造了一群叱咤风云的三国英雄人物——仁善之刘备、多智之诸葛亮、忠义之关羽、奸诈之曹操等，至今仍然活跃在中国人的语言文化之中。善于描写战争，除官渡之战、赤壁之战和彝陵之战三大战役之外，还穿插了大大小小上百次战争，但都各具特色，无一重复。本文节选的是"火烧赤壁"中的一部分，这一把火烧出了半个世纪的三国鼎立的历史，是全书中写得最精彩的一战；两国交战，三方参与，其中多重矛盾交叉，各方斗智斗谋，围绕那条波涛汹涌的长江，各方人物精彩登场。

以下《三国演义》原文节选自罗贯中著《三国演义》第四十九回，人民文学出版社，1973年出版。

七星坛诸葛祭风　三江口周瑜纵火

却说周瑜立于山顶，观望良久，忽然望后而倒，口吐鲜血，不省人事。左右救回帐中。诸将皆来动问，尽皆愕然相顾曰："江北百万之众，虎踞鲸吞。不争都督如此，倘曹兵一至，如之奈何？"慌忙差人申报吴侯，一面求医调治。

评注 >>

周瑜：字公瑾，此时任东吴都督，即东吴全军的军事统帅。

不省（xǐng）人事：人昏迷，失去知觉。当时周瑜在山顶观战，看到江北曹军战船密布，排列整齐，正不知该怎么攻打，突然看到曹军寨中被风吹倒的中央黄旗，他顿时想到计策，可是一个被风刮起的旗角从他脸上拂过，他猛然意识到这风并不是自己要的风——东南风，而是有利于曹操的西北风，所以他急火攻心，口吐鲜血，顿时昏迷。

救回帐中：救回营帐之中。帐，当时军队出兵在外用来住宿的帐篷，这里指周瑜的中军帐。

诸将皆来动问：各位将领都来问候。诸将，各位将领。动问，问候。

愕（è）然相顾：吃惊地相互望着。愕然，吃惊的样子。写出各位将领在大敌当前、主帅昏迷的情况下不知道如何是好的情态。

虎踞（jù）鲸（jīng）吞：像老虎和鲸鱼一样穷凶极恶地吞食与占据猎物，这里指百万曹兵在江北对岸安营扎寨，一心要吞并东吴，东吴形势危急。踞，盘踞。鲸吞，像鲸一样吞食。

不争：没有想到。

都督（dūdū）：周瑜，以官职代指其人。

倘曹兵一至，如之奈何：如果曹兵一到，那可怎么办呢？

差人申报吴侯：派人向吴侯汇报。吴侯，孙权，当时是江东诸侯。

两兵交战，都督竟然病倒昏迷，形势危急，开篇即很紧张，引起读者欲知后事的兴趣。

却说鲁肃见周瑜卧病，心中忧闷，来见孔明，言周瑜卒病之事。孔明曰："公以为何如？"肃曰："此乃曹操之福，江东之祸也。"孔明笑曰："公瑾之病，亮亦能医。"肃曰："诚如此，则国家万幸！"即请孔明同去看病。肃先入见周瑜。瑜以被蒙头而卧。肃曰："都督病势若何？"周瑜曰："心腹搅痛，时复昏迷。"肃曰："曾服何药饵？"瑜曰："心中呕逆，药不能下。"肃曰："适来去望孔明，言能医都督之病。现在帐外，烦来医治，何如？"瑜命请入，教左右扶起，坐于床上。孔明曰："连日不晤君颜，何期贵体不安！"瑜曰："'人有旦夕祸福'，岂能自保？"孔明笑曰："'天有不测风云'，人又岂能料乎？"瑜闻失色，乃作呻吟之声。孔明曰："都督心中似觉烦积否？"瑜曰："然。"孔明曰："必须用凉药以解之。"瑜曰："已服凉药，全然无效。"孔明曰："须先理其气；气若顺，则呼吸之间，自然痊可。"瑜料孔明必知其意，乃以言挑之曰："欲得顺气，当服何药？"孔明笑曰："亮有一方，便教都督气顺。"瑜曰："愿先生赐教。"孔明索纸笔，屏退左右，密书十六字曰：

欲破曹公，宜用火攻；万事俱备，只欠东风。

评注

鲁肃：东吴重要的战略家，是周瑜的好朋友。当时曹操大军南下，孙权部下多数主张投降，他和周瑜力主抗战，于是才有孙刘联盟。

孔明：诸葛亮，字孔明。刘备军团的军师。

卒病：突然发病。

瑜以被蒙头而卧：周瑜用被子蒙着头躺着。

搅痛：剧烈疼痛。

曾服何药饵（ěr）：曾吃过什么药吗？药饵，药物。

心中呕逆（ǒunì）：心里感觉气不顺而想呕吐。逆，气逆，气不顺。

烦来医治：烦请他（诸葛亮）来治疗。烦，敬辞，请人帮助时的礼貌用语。

教左右扶起：让身旁服侍的人扶起来。左右，身旁的人。

连日不晤君颜，何期贵体不安：几天没有见到你，哪里想到你身体不好！晤君颜，见您的面，即见周瑜。何期，哪里想到。贵体，您的身体，贵，敬辞。

天有不测风云：天上有无法预测的风云，比喻灾祸是无法预料的。但是诸葛亮的意思是说，天上确实有无法预测的风云，因为大自然瞬息万变；但是有些"风云"（比如周瑜要的冬天里的东风）也是可能会出现的，这也是不可预测的，也就是说人的能力强大，也可以做出预料不到的事。"天有不测风云"，俗语，与周瑜说的"人有旦夕祸福"是一对，诸葛亮借此暗示他能解决问题。

瑜闻失色：周瑜听到后脸色都变了。失色，因惊恐害怕而改变脸色，这里指周瑜因为诸葛亮猜中自己的病因，自己又不能解决，所以很痛苦。

似觉烦积否：是不是感觉心中烦闷、郁结呢？

自然痊（quán）可：自然而然就好了。痊，病好了。

瑜料孔明必知其意：周瑜料到孔明一定知道自己的心思了。两人对话，暗藏玄机；周瑜也聪明透顶，知道诸葛亮大概猜中了自己的心思，似乎也有了解决办法。

以言挑（tiǎo）之：用话来挑动诸葛亮（想知道他的解决办法）。挑，挑动。

索（suǒ）纸笔：要纸笔。索，索要。

屏退（bǐngtuì）左右：让身旁的人都退下，离开。屏退，使离开。

万事俱备，只欠东风：一切都准备好了，只差东风没有刮起来（不能火攻曹营）。后来比喻一切准备工作都做好了，只差最后一个重要条件。

紧承上文，写孔明探病。读者知道孔明有治病的方法，但是周瑜还不明白。两个聪明人的对话，暗藏玄机。

写毕，递与周瑜曰："此都督病源也。"瑜见了大惊，暗思："孔明真神人也！早已知我心事！只索以实情告之。"乃笑曰："先生已知我病源，将用何药治之？事在危急，望即赐教。"孔明曰："亮虽不才，曾遇异人，传授奇门遁甲天书，可以呼风唤雨。都督若要东南风时，可于南屏山建一台，名曰'七星坛'：高九尺，作三层，用一百二十人，手执旗幡围绕。亮于台上作法，借三日三夜东南大风，助都督用兵，何如？"瑜曰："休道三日三夜，只一夜大风，大事可成矣。只是事在目前，不可迟缓。"孔明曰："十一月二十日甲子祭风，至二十二日丙寅风息，如何？"瑜闻言大喜，矍然而起。便传令差五百精壮军士，往南屏山筑坛；拨一百二十人，执旗守坛，听候使令。

……（节略）

评注 >>

只索以实情告之：不得不把实情告诉诸葛亮。只索，只能，不得不。周瑜对孔明的才能又惊又怕，但是此时有求于孔明，只有实话实说。

奇门遁（dùn）甲天书：有关神秘术数的神奇的书。奇门遁甲，中国最古老的一门神秘文化。天书，神奇的书。

可以呼风唤雨：想要风就有风，想要雨就下雨，表示可以支配自然的巨大力量，有非凡的本领。

手执旗幡（fān）围绕：手拿旗子围着（七星坛）。

作法：施行法术。

十一月二十日甲子祭风：十一月二十日午夜凌晨时通过祭祀、祈祷得到风力之助。甲子，古代将一昼夜分为十二时辰，以十二地支命名，一个时辰相当于两小时，十二时辰与24小时有对应关系，子时为某日23点至次日凌晨1点。甲子时一般在甲日、己日才有。祭风，用祭祀、祈祷的方法得到风。

二十二日丙寅风息：二十二日凌晨3点至5点时风停止。

蹶（jué）然而起：急忙起来了。蹶然，急遽、急忙的样子。周瑜听到诸葛亮说可以借风，情绪大振，病也好了，一下子精神百倍。

筑坛：建筑祭祀的坛场。

拨一百二十人：调配一百二十人。拨，分拨，分出一部分发给；调配。

执旗守坛：拿着旗子守护祭坛。

听候使令：等候使唤。听候，等待（上级的决定）。使令，差遣，使唤。

这两段写出诸葛亮料事如神，本领非凡。诸葛亮之所以能治周瑜的病，是因为他也与周瑜一样，看出火攻是对付曹军最好的办法，只不过周瑜为没有东风而气噎神滞；但是诸葛亮能呼风唤雨，能将周瑜担心的"只欠东风"的东风呼唤出来，所以他自告奋勇说能治都督周瑜之病，真是神鬼莫测，周瑜远远不及，自然引出下文。

且说周瑜请程普、鲁肃一班军官，在帐中伺候，只等东南风起，便调兵出；一面关报孙权接应。黄盖已自准备火船二十只，船头密布大钉；船内装载芦苇干柴，灌以鱼油，上铺硫黄、焰硝引火之物，各用青布油单遮盖；船头上插青龙牙旗，船尾各系走舸：在帐下听候，只等周瑜号令。甘宁、阚泽窝盘蔡和、蔡中在水寨中，每日饮酒，不放一卒登岸；周围尽是东吴军马，把得水泄不通：只等帐上号令下来。周瑜正在帐中坐议，探子来报："吴侯船只离寨八十五里停泊，只等都督好音。"瑜即差鲁肃遍告各部下官兵将士："俱各收拾船只、军器、帆橹等物。号令一出，时刻休违。倘有违误，即按军法。"众兵将得令，一个个磨拳擦掌，准备厮杀。是日，看看近夜，天色清明，微风不动。瑜谓鲁肃曰："孔明之言谬矣。隆冬之时，怎得东南风乎？"肃曰："吾料孔明必不谬谈。"将近三更时分，忽听风声响，旗旛转动。瑜出帐看时，旗脚竟飘西北——霎时间东南风大起。

评注

程普：东吴大将，当时与周瑜分任左右都督，在东吴诸将中年纪最大，"江表之虎臣"中排在第一位。

关报孙权接应：报告孙权（让他准备好）接应。关报，报告。接应，这里指配合周瑜调兵遣将中的安排。

灌以鱼油：把鱼油倒在那些芦苇干柴上。这是状语后置句式。

硫（liú）黄、焰硝（yànxiāo）：引火的物质。硫黄，一种黄色的易燃品，可以做火药。焰硝，硝石，用来引火。

青布油单：青色或黑色的涂油的布。油单，涂油的布，可以防水，火攻时也易燃。

青龙牙旗：绣有青龙的大旗，旗杆上有象牙装饰，一般供主帅用。

走舸（gě）：轻快的小船。

甘宁：东吴大将，曾被孙权比为曹操手下的张辽，英勇善战，被称为"江表之虎臣"。

阚（kàn）泽：东吴的大儒、学者，大臣。

窝盘蔡和、蔡中：紧密陪伴蔡和、蔡中。窝盘，紧密陪伴，这里其实有监视的意思；蔡和、蔡中是曹操派过来的，他们假装来投降，其实是来打探军情，但是被周瑜识破，将计就计，让他们在甘宁手下做前部。

把得水泄不通：把守得水都流不出去。把，把守，看守。

吴侯船只离寨（zhài）八十五里停泊：孙权的船只在离驻军处八十五里的地方停着。寨，周瑜驻兵之地。照应前文所说的需要孙权接应。

好音：好消息。

帆橹（lǔ）：船帆、船橹。橹，比桨要长（cháng）和大的划船工具，安在船尾或船旁。

号令一出，时刻休违。倘有违误，即按军法：行军命令一发出来，千万不要耽误时辰，如果有违反延误军令的，一律按军法处理。行军打仗，遵守军令，纪律严明最重要。

磨拳擦掌：形容战斗前军士们精神振奋，跃跃欲试的样子。

谬（miù）：荒唐，不合情理。

隆（lóng）冬之时：冬天最寒冷的一段时间。

谬谈：误说，瞎说。

旗脚：旗尾。

此番布置，也可见周瑜治军严明以及作为军事将领的才能。对于诸葛亮的本领，周瑜刚开始还将信将疑。

瑜骇然曰："此人有夺天地造化之法、鬼神不测之术！若留此人，乃东吴祸根也。及早杀却，免生他日之忧。"急唤帐前护军校尉丁奉、徐盛二将："各带一百人。徐盛从江内去，丁奉从旱路去，都到南屏山七星坛前，休问长短，拿住诸葛亮便行斩首，将首级来请功。"二将领命。徐盛下船，一百刀斧手荡开棹桨；丁奉上马，一百弓弩手各跨征驹；往南屏山来。于路正迎着东南风起。后人有诗曰：

七星坛上卧龙登，一夜东风江水腾。
不是孔明施妙计，周郎安得逞才能？

评注

骇（hài）然：惊讶的样子。

此人有夺天地造化之法、鬼神不测之术：这个人有改变天地运转规律的方法，神仙鬼怪也猜测不到的手段。就是说诸葛亮才能卓绝，没有人能够相比，太厉害了。

东吴祸根：（诸葛亮将是）东吴祸事的根源。诸葛亮帮了周瑜的大忙（当然也帮了蜀国），但是周瑜第一反应是杀了这个人。虽然自古以来人臣各为其主，诸葛家兄弟就是如此，但周瑜的反应还是很激烈的。

休问长短：不要问情由，即什么都不要问。长短，情况、情由。

拿住诸葛亮便行斩首：捉住诸葛亮就杀了他。斩首，砍头。

将首级来请功：拿着诸葛亮的头来请求记功。首级，作战时斩下的人头。请功，请求上级给有功劳的人记功。

徐盛下船，一百刀斧手荡开棹（zhào）桨：徐盛上船后，一百个刽子手划桨开船。刀斧手，刽子手。

一百弓弩手各跨征驹（jū）：一百个弓箭手也各自跨上了战马。

于路：在（往南屏山七星坛的）路上。

七星坛上卧龙登：诸葛亮登上七星坛（作法祭风）。卧龙，诸葛亮的另一称号。

周郎安得逞才能：周瑜怎么能够展示他的才能？安得，怎么能。逞才能，纵情施展才能。

东风已起，周瑜被诸葛亮的才能惊倒，立即派兵追杀诸葛亮，没有丝毫犹豫，没有丝毫惺惺相惜，绝杀之意凌厉果决；追杀计划周密，水陆并进，刀斧手、弓弩手齐发，不杀诸葛亮不罢休。故事波澜再起。

丁奉马军先到，见坛上执旗将士，当风而立。丁奉下马提剑上坛，不见孔明，慌问守坛将士。答曰："恰才下坛去了。"丁奉忙下坛寻时，徐盛船已到。二人聚于江边。小卒报曰："昨晚一只快船停在前面滩口。适间却见孔明披发下船，那船望上水去了。"丁奉、徐盛便分水陆两路追袭。徐盛教拽起满帆，抢风而使。遥望前船不远，徐盛在船头上高声大叫："军师休去！都督有请！"只见孔明立于船尾大笑曰："上覆都督：好好用兵；诸葛亮暂回夏口，异日再容相见。"徐盛曰："请暂少住，有紧话说。"孔明曰："吾已料定都督不能容我，必来加害，预先教赵子龙来相接。——将军不必追赶。"徐盛见前船无篷，只顾赶去。看看至近，赵云拈弓搭箭，立于船尾大叫曰："吾乃常山赵子龙也！奉令特来接军师。你如何来追赶？本待一箭射死你来，显得两家失了和气。——教你知我手段！"言讫，箭到处，射断徐盛船上篷索。那篷堕落下水，其船便横。赵云却教自己船上拽起满帆，乘顺风而去。其船如飞，追之不及。岸上丁奉唤徐盛船近岸，言曰："诸葛亮神机妙算，人不可及。更兼赵云有万夫不当之勇，汝知他当阳长坂时否？吾等只索回报便了。"于是二人回见周瑜，言孔明预先约赵云迎接去了。周瑜大惊曰："此人如此多谋，使我晓夜不安矣！"鲁肃曰："且待破曹之后，却再图之。"

评注 >>>

小卒：小兵，普通士兵。

适间：刚才。

披发下船：披散着头发上船了（走了）。诸葛亮在坛上祭风，头发披散下来，而没有绾起头发就走，可见赶时间走得很急。

望上水去了：向上游去了。上水，上游。

徐盛教拽起满帆，抢风而使：徐盛让人扯起满帆，借助风力行使。满帆，拉起足够数量的帆，以达到最大速度；或拉足的帆，就是整个帆都能被风鼓起来，无论是哪种，都是要充分借助风力的意思。

上覆都督：向上级都督（周瑜）回复。

夏口：刘备驻军之地。

异日再容相见：日后容许再相见。异日，将来，日后。再容，再容许。

赵云拈弓搭箭：赵云一手握弓，一手将箭放在弦上，准备发射。

那篷堕（duò）落下水：徐盛的船篷坠落到江水中。堕落，坠落。

追之不及：追赶不到了。不及，来不及。

诸葛亮神机妙算：诸葛亮（有）惊人的机智，巧妙的计谋。形容善于估计复杂的变化情势，有预见性。

人不可及：一般人不能跟他比。不可及，不能达到，不能比，比不上。

更兼赵云有万夫不当之勇：更有赵云有一万个人都抵挡不了的勇敢。万夫不当之勇，形容非常勇敢。

当阳长坂：地名，在今湖北宜昌下属县市当阳市。当时曹操、刘备两军作战，刘备不敌而逃跑时，抛妻弃子，是赵云转身杀进曹军，救出了刘备的甘夫人和幼子，这在当时是非常困难的，所以赵云之勇世人皆知。

吾等只索回报便了：我们只能回去汇报就是了。便了，句尾词，表示决定或让步的语气，相当于"就是了"。

周瑜派兵追杀，情势紧急，结果诸葛亮早已做好准备，顺利逃脱，周瑜又输了。周瑜追杀得越急，诸葛亮逃得越顺利，越写出诸葛亮的超常智商，真是神人！

瑜从其言，唤集诸将听令。先教甘宁："带了蔡中并降卒沿南岸而走，只打北军旗号，直取乌林地面，正当曹操屯粮之所，深入军中，举火为号。只留下蔡和一人在帐下，我有用处。"第二唤太史慈分付："你可领三千兵，直奔黄州地界，断曹操合淝接应之兵，就逼曹兵，放火为号；只看红旗，便是吴侯接应兵到。"这两队兵最远，先发。第三唤吕蒙领三千兵去乌林接应甘宁，焚烧曹操寨栅，第四唤凌统领三千兵，直截彝陵界首，只看乌林火起，以兵应之。第五唤董袭领三千兵，直取汉阳，从汉川杀奔曹操寨中，看白旗接应。第六唤潘璋领三千兵，尽打白旗，往汉阳接应董袭。六队船只各自分路去了。却令黄盖安排火船，使小卒驰书约曹操，今夜来降。一面拨战船四只，随于黄盖船后接应。第一队领兵军官韩当，第二队领兵军官周泰，第三队领兵军官蒋钦，第四队领兵军官陈武：四队各引战船三百只，前面各摆列火船二十只。周瑜自与程普在大艨艟上督战，徐盛、丁奉为左右护卫，只留鲁肃共阚泽及众谋士守寨。程普见周瑜调军有法，甚相敬服。却说孙权差使命持兵符至，说已差陆逊为先锋，直抵蕲、黄地面进兵，吴侯自为后应。瑜又差人西山放火炮，南屏山举号旗。各各准备停当，只等黄昏举动。

……（节略）

评注 >>

瑜从其言：周瑜听从了鲁肃的建议。

直取乌林地面，正当曹操屯粮之所：直接攻取乌林，那是曹操囤积粮草的地方，也是曹军驻军所在。

举火为号：点火作为信号。

直奔黄州地界，断曹操合淝接应之兵，就逼曹兵：直接奔赴到黄州那里，截断曹操从合肥方向而来的接应军队，以此进逼曹兵。

放火为号：点火作为信号。

焚烧曹操寨栅（zhàizhà）：烧掉曹操的营寨。寨栅，四周有栅栏的寨子，这里指曹军营寨。

直截彝陵（yílíng）界首：径直在与彝陵交界处截断曹军退路。

使小卒驰（chí）书约曹操，今夜来降：派一个士兵迅速传信给曹操，今晚来投降。这是周瑜的计策，之前痛打黄盖，闹得世人皆知，所以此次让黄盖假装去向曹操投降。驰书，急速传信。

在大艨艟（méngchōng）上督战：在大战船上监督作战。艨艟，古代水军的主力船，航速快，专用以突击敌方船只。

蕲（qí）、黄地面：蕲春、黄州那一带。

周瑜调兵遣将，运筹帷幄，自有风度，程普称赞，可见确实不一般。

却说曹操在大寨中，与众将商议，只等黄盖消息。当日东南风起甚紧。程昱入告曹操曰："今日东南风起，宜预提防。"操笑曰："冬至一阳生，来复之时，安得无东南风？何足为怪！"军士忽报江东一只小船来到，说有黄盖密书。操急唤入。其人呈上书。书中诉说："周瑜关防得紧，因此无计脱身。今有鄱阳湖新运到粮，周瑜差盖巡哨，已有方便。好歹杀江东名将，献首来降。只在今晚二更，船上插青龙牙旗者，即粮船也。"操大喜，遂与众将来水寨中大船上，观望黄盖船到。

评注

只等黄盖消息：（曹操也做了充分的准备，）等着黄盖带来的军事情报。看来曹操真的相信黄盖是来投降的，可见周瑜的计策也很厉害——写曹操上当，就是写周瑜有智谋。

东南风起甚紧：东南风刮得很猛。这个"紧"字，《三国》《水浒》常用，一般形容风雪之大，很有表现力，后来《红楼梦》里不读书的王熙凤作诗，也以"一夜北风紧"开头。

程昱（yù）：曹操手下的谋士，多谋，善断大事。

宜预提防：应该提早防范。宜，适合。预，预先，事先。提防，防范，小心防备。

冬至一阳生，来复之时，安得无东南风？何足为怪：中国古代哲学家用阴阳概括宇宙间一切事物的矛盾对立面；在历法气候上，以"夏至"为阳的极点，阳到了极点即同时向阴转化，所以说"夏至一阴生"；以"冬至"为阴的极点，阴到了极点又开始向阳转化，所以说"冬至一阳生"，阴极又向阳的一方循环转化，就叫"来复"。曹操的意思是说，既然冬至阳气开始发生，怎么没有东南风呢，意思是这个时候刮点东南风也是正常的。可见曹操根本没有意识到大难临头，对黄盖是死死地相信。

密书：秘密信件，绝密书信。

周瑜关防得紧，因此无计脱身：周瑜防范得太严密了，所以我没有办法（尽早）

离开。关防得紧，防范得很紧。脱身，摆脱某件事情，这里指没有办法离开周瑜军营，早点来见曹操。这当然是黄盖骗曹操的话。

鄱（pó）阳湖：江西境内的一个大湖，当时是东吴地盘。

巡哨（xúnshào）：来往查看，巡逻。黄盖信中写到现在被派去巡逻粮船，会有机会来见曹操，到时候会杀一名东吴这边的有名将领作为见面礼来投降。

二更：晚上九点到十一点间。黄盖与曹操约定的见面时间。

黄盖的书信写得有鼻子有眼，曹操自深信不疑。

且说江东，天色向晚，周瑜唤出蔡和，令军士缚倒。和叫："无罪！"瑜曰："汝是何等人，敢来诈降！吾今缺少福物祭旗，愿借你首级。"和抵赖不过，大叫曰："汝家阚泽、甘宁亦曾与谋！"瑜曰："此乃吾之所使也。"蔡和悔之无及。瑜令捉至江边皂纛旗下，奠酒烧纸，一刀斩了蔡和，用血祭旗毕，便令开船。黄盖在第三只火船上，独披掩心，手提利刃，旗上大书"先锋黄盖"。盖乘一天顺风，望赤壁进发。是时东风大作，波浪汹涌。操在中军遥望隔江，看看月上，照耀江水，如万道金蛇，翻波戏浪。操迎风大笑，自以为得志。忽一军指说："江南隐隐一簇帆幔，使风而来。"操凭高望之。报称："皆插青龙牙旗。内中有大旗，上书先锋黄盖名字。"操笑曰："公覆来降，此天助我也！"来船渐近。程昱观望良久，谓操曰："来船必诈。且休教近寨。"操曰："何以知之？"程昱曰："粮在船中，船必稳重；今观来船，轻而且浮。更兼今夜东南风甚紧，倘有诈谋，何以当之？"操省悟，便问："谁去止之？"文聘曰："某在水上颇熟，愿请一往。"言毕，跳下小船，用手一指，十数只巡船，随文聘船出。聘立于船头，大叫："丞相钧旨：南船且休近寨，就江心抛住。"众军齐喝："快下了篷！"言未绝，弓弦响处，文聘被箭射中左臂，倒在船中。船上大乱，各自奔回。南船距操寨止隔二里水面。黄盖用刀一招，前船一齐发火。火趁风威，风助火势，船如箭发，烟焰涨天。二十只火船，撞入水寨，曹寨中船只一时尽着；又被铁环锁住，无处逃避。隔江炮响，四下火船齐到，但见三江面上，火逐风飞，一派通红，漫天彻地。

评注 >>

江东：指周瑜这边。

汝是何等人，敢来诈降！吾今缺少福物祭旗，愿借你首级：你是什么人，竟敢来假装投降，我现在正好缺少祭品来祭旗，希望借你的脑袋用用。诈降，假装投降。福物，祭品，祭完之后散给众人吃，叫"散福"，所以称祭品为"福物"。祭旗，古代出征打仗前的一种祭祀仪式，借此希望得到神灵保佑，大获全胜。

和抵赖（dǐlài）不过：蔡和极力撒谎。抵赖，用谎言狡辩否认所犯的过失或罪行，拒绝承认或认可。不过，动词词尾，表示程度极高。

此乃吾之所使也：这都是我支使的，也就是这一切都是我安排的，即故意让甘宁、阚泽与蔡和交结、谋划。再次写周瑜的谋略，破解了曹操的诡计，将计就计，终得成功。

皂纛（dào）旗：黑色的大旗。

独披掩心，手提利刃：只戴着护胸的铠甲（特写这种装束，为后文埋下伏笔），手里提着锋利的大刀。掩心，护胸铠甲。

操在中军遥望隔江：曹操在主将军营远远地看着对江江面。中军，这里指曹操所在的地方。

江南隐隐一簇帆幔（màn），使风而来：长江南岸隐隐约约有一队帆船，乘着风过来了。隐隐，形容距离遥远，还看得不太清楚。一簇，量词"簇"非常形象，写出远距离只能看到船帆聚集成簇的样子。帆幔，帆篷，借指帆船。

公覆（fù）来降，此天助我也：黄盖来投降，真是老天爷帮助我呀。黄盖，字公覆。曹操称黄盖之字，表示很尊敬，当时曹操还很高兴，因为他深信黄盖是来投奔自己的，会很有用。曹操此时仍然深信不疑。

来船必诈：来的船一定隐藏着不良用心。诈，欺骗。还是程昱细心，看出了不对头。

丞相钧（jūn）旨：南船且休近寨，就江心抛住：曹丞相有令，从江南来的船千万不要靠近水寨，就在江心停驻。丞相，曹操当时是东汉的丞相。钧旨，对上司命令的尊称。抛住，抛锚停下来。此刻曹操终于醒悟过来了。

言未绝：话还没有说完。说明黄盖那边早已做好一切准备，反应非常迅速，一下就把前来阻挡的文聘射倒了。

南船距操寨止隔二里水面：黄盖的船离曹操营寨在水面上只有两里地的距离。止隔，只相距。

漫天彻地：弥漫天空，充满地面，形容火势非常大。这几句写黄盖点火冲寨，风助火势，火乘风威，一下子点燃曹军营寨，大火熊熊，连天蔽日的情景。

　　曹操回观岸上营寨，几处烟火。黄盖跳在小船上，背后数人驾舟，冒烟突火，来寻曹操。操见势急，方欲跳上岸，忽张辽驾一小脚船，扶操下得船时，那只大船，已自着了。张辽与十数人保护曹操，飞奔岸口。黄盖望见穿绛红袍者下船，料是曹操，乃催船速进，手提利刃，高声大叫："曹贼休走！黄盖在此！"操叫苦连声。张辽拈弓搭箭，觑着黄盖较近，一箭射去。此时风声正大，黄盖在火光中，那里听得弓弦响？正中肩窝，翻身落水。正是：火厄盛时遭水厄，棒疮愈后患金疮。未知黄盖性命如何，且看下文分解。

评注 >>

曹操回观岸上营寨，几处烟火：曹操岸上的营寨也遭到攻击，可见周瑜布兵水陆并进的效果。

张辽：曹操手下的著名将领，英勇善战，屡立奇功。

小脚船：这里是指小船，行动很方便。可见张辽时时刻刻都关注着战事，早有预案，反应也非常迅速。

觑（qù）着黄盖较近：看到黄盖离得比较近了。觑：看，瞧。情急之下能作出最正确的判断，这是张辽才能做到的。

正中肩窝：正好射中了（黄盖的）肩窝。肩窝，肩膀凹下去的地方。照应前文"独披掩心"——因为黄盖的"掩心"只能护住前胸后背，没有护住肩膀，所以正好被箭射中肩窝。黄盖放火成功，乘胜追击曹操，直逼主帅，非常英勇。

火厄（è）盛时遭水厄，棒疮愈后患（huàn）金疮：火灾正盛时又遭遇水灾，棒伤刚好又被箭射伤，说明黄盖的遭遇很"不幸"。火厄，火灾。棒疮，被棍棒打后皮肤溃烂的疾病。金疮，被金属机械所伤后的伤口，箭头即金属所制。这是对黄盖遭遇的总结：为了骗取曹操信任，他与周瑜一起演了一出"苦肉计"，周瑜狠狠地打了黄盖五十脊杖，留下伤痕，现在又被张辽一箭射中而落水。

未知黄盖性命如何，且看下文分解：不知道黄盖是死是活，下一回来详细讲解。这是古代说书人的惯用手法，即每每到了关键时刻，就停下不讲，以吸引听众。章回小说也继承了这个特点。

全文评析 >>

本回写得奇谲连环，波澜起伏，好看。赤壁之战涉及三方：孙、刘、曹，孙刘既联合来对付曹操，又有各自的利益冲突。此回着重写了周瑜、诸葛亮共同合作上演的火攻曹操的大戏，但是也写了合作背后的刀光剑影；同时又写了孙吴与曹操各设奇计，互探军情，结果周瑜技高一筹，看出曹操的诡计，斩杀了奸细蔡和、蔡中；而曹操却到最关键的时刻还相信诈降的黄盖，不能不说周瑜与黄盖的"苦肉计"也出演得很成功。其中人物周瑜、诸葛亮、曹操是重笔细描，而其他将领，就是三言两语，也立见精神。

水浒传（节选）

施耐庵，元末明初人，生平事迹不详，一般认为是《水浒传》的作者，也有学者认为罗贯中也参与了合作。

《水浒传》是在历史资料及历代演说梁山英雄好汉故事的基础上加工创作而成的，最终成为一部具有不朽艺术价值的作品。《水浒传》主要写北宋末年，以宋江为首的一百零八条好汉在梁山泊聚义的故事，表现了"官逼民反"这一必然的历史规律，深刻反映了当时的政治状况和社会现实。以珠串似的结构，推出了史进、鲁智深、林冲、宋江、武松、李逵等英雄人物形象，个性生动鲜明；大量运用口语，贴合人物身份、性格，绘声绘色、惟妙惟肖，很有创造性。本回节选的部分写鲁智深，通过具有个性特征的语言、动作，写出一个本性纯善，爱打抱不平，性子急，做起事来不管不顾，粗豪、直率的人物形象。

以下《水浒传》原文节选自施耐庵、罗贯中著《水浒传》第六回，人民文学出版社，1997年出版。

九纹龙剪径赤松林　鲁智深火烧瓦罐寺

话说鲁智深走过数个山坡，见一座大松林，一条山路。随着那山路行去，走不得半里，抬头看时，却见一所败落寺院，被风吹得铃铎响。看那山门时，上有一面旧朱红牌额，内有四个金字，都昏了，写着"瓦罐之寺"。又行不得四五十步，过座石桥，再看时，一座古寺，已有年代。入得山门里，仔细看来，虽是大刹，好生崩损。但见：

钟楼倒塌，殿宇崩摧。山门尽长苍苔，经阁都生碧藓。释迦佛芦芽穿膝，浑如在雪岭之时；观世音荆棘缠身，却似守香山之日。诸天坏损，怀中鸟雀营巢；帝释欹斜，口内蜘蛛结网。方丈凄凉，廊房寂寞。没头罗汉，这法身也受灾殃；折臂金刚，有神通如何施展。香积厨中藏兔穴，龙华台上印狐踪。

评注 >>

话说：中国古代章回小说常用的开头语。

铃铎（duó）：挂在寺院建筑檐下的铃。

山门：寺院正面的楼门，即寺院的大门。

朱红牌额：朱红色的匾额，匾额即有题字的长方形木板，挂在门的上方，中国古建筑的一部分。

都昏了：都模糊了。形容寺院年久失修，破败的样子。

大刹（chà）：大寺庙。

崩损（bēngsǔn）：残破损坏。

经阁：藏经阁，寺院中讲经说法藏经的场所。

碧藓（xiǎn）：青苔。

释迦佛芦芽穿膝：芦苇的嫩芽穿过释迦牟尼佛祖佛像的膝盖。形容寺院的破败。

浑如：非常像。

雪岭：雪山。据说释迦牟尼佛祖在得道前曾在雪山修苦行，六年间日食一麻一米，乃至七日食一麻米。由于他跌坐苦修，深入禅定，须发卷乱犹如蓬蒿，被喜鹊认作草丛，甚至在头顶上做窝，地上芦苇也从其膝间盘绕而过。

香山：据传是观世音菩萨曾经修行的地方。

诸天：此处指佛教众神的佛像。

帝释欹（qī）斜：护法神也歪歪斜斜不正。帝释，帝释天，佛教护法神之一。

方丈：寺院里住持的卧室。印度僧人的居所一般都是一丈见方，所以佛教传到中国后，住持的卧室或客殿就叫作"方丈室"或"方丈"。住持，寺院当家师傅，住持佛法，代佛传法的人。

廓（kuò）房：宽阔、空荡荡的房间。

灾殃（zāiyāng）：灾难，祸殃。

香积厨：寺院里的厨房。

龙华台：修道讲经之台。

这一段抓住"破败"来写寺院，运用整齐的韵文反复描摹，层层铺排，写得非常形象。这种用韵文来描写对象的方式在中国古典章回小说中很常见。

鲁智深入得寺来，便投知客寮去。只见知客寮门前大门也没了，四围壁落全无。智深寻思道："这个大寺，如何败落的恁地？"直入方丈前看时，只见满地都是燕子粪，门上一把锁锁着，锁上尽是蜘蛛网。智深把禅杖就地下搠着，叫道："过往僧人来投斋。"叫了半日，没一个答应。回到香积厨下看时，锅也没了，灶头都塌损。智深把包裹解下，放在监斋使者面前，提了禅杖，到处寻去。寻到厨房后面一间小屋，见几个老和尚坐地，一个个面黄肌瘦。智深喝一声道："你们这和尚好没道理！由洒家叫唤，没一个应。"那和尚摇手道："不要高声。"智深道："俺是过往僧人，讨顿饭吃，有甚利害？"老和尚道："我们三日不曾有饭落肚，那里讨饭与你吃。"智深道："俺是五台山来的僧人，粥也胡乱请洒家吃半碗。"老和尚道："你是活佛去处来的僧,我们合当斋你。争奈我寺中僧众走散,并无一粒斋粮,老僧等端的饿了三日。"智深道:"胡说!这等一个大去处,不信没斋粮。"老和尚道:"我这里是个非细去处。只因是十方常住,被一个云游和尚引着一个道人来此住持,把常住有的没的都毁坏了。他两个无所不为,把众僧赶出去了。我几个老的走不动,只得在这里过,因此没饭吃。"智深道:"胡说!量他一个和尚,一个道人,做得甚事,却不去官府告他?"老和尚道:"师父你不知,这里衙门又远,便是官军也禁不的他。这和尚、道人好生了得,都是杀人放火的人,如今向方丈后面一个去处安身。"智深道:"这两个唤做甚么?"老和尚道:"那和尚姓崔,法号道成,绰号生铁佛;道人姓丘,排行小乙,绰号飞天夜叉。这两个那里似个出家人,只是绿林中强贼一般,把这出家影占身体。"

评注

知客寮(liáo):寺院接待宾客的地方。

壁落全无:窗户都没有了。

败落的恁(nèn)地:败落得这样。恁地,如此,这样。

一把锁锁着:前一个"锁"是名词,后一个"锁"是动词。

把禅杖就地下搠(shuò)着:(顺手)把禅杖插在地上。禅杖,鲁智深的兵器,通体铁制,重六十二斤。搠,戳,刺,插。

监斋使者:寺院厨房里供的神。

面黄肌瘦:脸色发黄,身体瘦削。形容人营养不良或有病的样子。

喝一声:大叫一声。

洒家:鲁智深自称。

有甚利害:有什么要紧?这里指鲁智深认为自己只是为了讨点吃的,没有什么妨碍。

胡乱请洒家吃半碗:随便请我吃半碗。胡乱,随便,不讲究,此处指无论如何也该给我点吃的。

活佛去处来的:(从)五台山来的。活佛去处,此指五台山,因为五台山是文殊菩萨的道场,所以这样说。

合当斋你:应该给饭给你吃。斋,提供饭食给僧人。

争奈:无奈。

斋粮:供僧道用的食粮。

端的饿了三日:确确实实饿了三天。端的,的确,确实。

非细去处:不是个小地方,指大地方。表示这里曾是个大寺院。

十方常住:佛教用语,指可以接纳来往僧人的寺院,也就是规模建制大的寺院。

云游和尚:可以四方游历的和尚。

住持：主持佛寺的事务。

把常住有的没的都毁坏了：把寺院里所有东西都毁坏了。常住，指寺院里的寺观及田产物事等。有的没的，所有的。

量他一个和尚：料想他一个和尚，意思是只是一个和尚，应该没有什么能耐。量，料想，估量。

去官府告他：去官府告发他。官府，旧时的政府机关。告，告发，检举，控诉。

衙（yá）门：旧时政府机关办事的地方。

禁不的他：管不了他，即官军也拿他们没有办法。

好生了得：非常厉害。好生，很，非常。了得，厉害。

那里似个出家人：哪里像个出家人，即不像出家人。出家人慈悲为怀，但是崔道成、丘小乙专干坏事，所以不像出家人。那里，即哪里，用反问语气表示肯定。

绿（lù）林中强贼：绿林中的强盗。绿林，西汉末年绿林起义的根据地，后来泛指聚集山林反抗官府或抢劫财物的集团。

把这出家影占身体：用出家人的身份掩盖真实的身份。影占：掩盖，遮掩。

鲁智深与老和尚的一番对话，解释了该寺破败的缘由。老和尚们一个个面黄肌瘦、瘦骨嶙峋，更见寺庙的败落——住家的和尚饭都没得吃了，当然无法帮助过路的僧人。而鲁智深饿极了，一个劲儿地讨吃的，不停地追问，其粗莽憨直可见。

智深正问间，猛闻得一阵香来。智深提了禅杖，趱过后面，打一看时，见一个土灶，盖着一个草盖，气腾腾撞将起来。智深揭起看时，煮着一锅粟米粥。智深骂道："你这几个老和尚没道理！只说三日没吃饭，如今见煮一锅粥。出家人何故说谎？"那几个老和尚吃智深寻出粥来，只叫得苦，把碗、碟、铃头、杓子、水桶，都抢过了。智深肚饥，没奈何，见了粥要吃，没做道理处，只见灶边破漆春台，只有些灰尘在面上。智深见了，人急智生，便把禅杖倚了，就灶边拾把草，把春台揩抹了灰尘，双手把锅掇起来，把粥望春台只一倾。那几个老和尚都来抢粥吃，被智深一推一跌，倒的倒了，走的走了。智深却把手来捧那粥吃。才吃几口，那老和尚道："我等端的三日没饭吃，却才去村里抄化得这些粟米，胡乱熬些粥吃，你又吃我们的。"智深吃五七口，听得了这话，便撇了不吃。只听得外面有人嘲歌，智深洗了手，提了禅杖，出来看时，破壁子里望见一个道人，头带皂巾，身穿布衫，腰系杂色绦，脚穿麻鞋，挑着一担儿：一头是个竹篮儿，里面露些鱼尾并荷叶托着些肉；一头担着一瓶酒，也是荷叶盖着。口里嘲歌着，唱道：

"你在东时我在西，你无男子我无妻。
我无妻时犹闲可，你无夫时好孤栖。"

评注

踅（xué）过后面：转身到了后面。

气腾腾撞将起来：（锅里）的蒸汽很大，把锅盖都掀起来了。气腾腾，形容粥蒸煮得沸腾了；撞将起来，形容蒸汽不停向上顶锅盖的样子。从鲁智深视角写，"气腾腾""撞将"很形象，用词也非常贴合他的性格、声口。

粟（sù）米粥：小米粥。

吃智深寻出粥来：被智深找出粥来了。吃，被。

杓（sháo）子：舀东西的器具，有柄。

没做道理处：没有讲道理的地方。这里指找不到吃粥的办法。

破漆春台：掉了漆的饭桌。

掇（duō）起来：用双手拿了起来。直接把一锅热粥端起来，可见鲁智深力气大，也可见实在是饿急了。

抄化：求人施舍，乞讨。

便撇（piē）了不吃：便不再吃粥。撇，抛弃，放在一边不顾。智深虽是饿极了，但是听老和尚说确实是没有吃，便也放手，可见其本性之善、之纯。

嘲歌：随口唱歌。

破壁子：破损的墙壁（缝里）。

皂巾：黑色的头巾。

腰系杂色绦（tāo）：腰上系着一条杂色的带子。绦，用丝线编织成的花边或扁平的带子。

麻鞋：麻编的鞋。

好孤栖（qī）：好孤单。道人唱的是一首黄色情歌。正儿八经的道人是不会唱这种情歌的。

这一节写出鲁智深的性急、戆直，闻到香味、看到有粥就骂和尚，说他们说谎；也写了他的粗鲁，跟老和尚一起抢粥吃；没有工具，竟然连粥带锅端了起来泼到饭桌上用手吃，一股跑江湖的豪放，也写出他确实饿极了，为后文埋下伏笔。然而听到老和尚说确实好几天没有吃东西，鲁智深马上停下来，这又是他的善良本性。而道人的食物有肉有酒，还唱着黄色情歌，可见不是什么真道人。

那几个老和尚赶出来，指与智深道："这个道人便是飞天夜叉丘小乙！"智深见指说了，便提着禅杖，随后跟去。那道人不知智深在后面跟来，只顾走入方丈后墙里去。智深随即跟到里面看时，见绿槐树下放着一条桌子，铺着些盘馔，三个盏子，三双筷子，当中坐着一个胖和尚，生的眉如漆刷，眼似黑墨，肐膊的一身横肉，胸脯下露出黑肚皮来。边厢坐着一个年幼妇人。那道人把竹篮放下，也来坐地。

评注 》》

盘馔（zhuàn）：用盘子装的各类食物。馔，食品，食物。

盏（zhǎn）子：杯子。

肐膊（gēda）：此处形容胖和尚满身横肉，健壮得不得了，肌肉一块一块地鼓起来了。

边厢（xiāng）：旁边。

道人不知道鲁智深跟在后面，表明他在寺庙里无所顾忌，根本不把那些老和尚放在眼里，所以尽管这里是佛门净地，他照样买酒买肉；当然鲁智深也是喝酒吃肉的，所以他倒并没有觉得有什么不对，因此后文看到胖和尚他们买酒买肉，他还是相信了胖和尚的话。

智深走到面前，那和尚吃了一惊，跳起身来，便道："请师兄坐，同吃一盏。"智深提着禅杖道："你这两个如何把寺来废了？"那和尚便道："师兄请坐，听小僧说。"智深睁着眼道："你说，你说！"那和尚道："在先敝寺十分好个去处，田庄又广，僧众极多，只被廊下那几个老和尚吃酒撒泼，将钱养女，长老禁约他们不得，又把长老排告了出去。因此把寺来都废了，僧众尽皆走散，田土已都卖了。小僧却和这个道人新来住持此间，正欲要整理山门，修盖殿宇。"智深道："这妇人是谁？却在这里吃酒。"那和尚道："师兄容禀：这个娘子，他是前村王有金的女儿。在先他的父亲是本寺檀越，如今消乏了家私，近日好生狼狈，家间人口都没了，丈夫又患病，因来敝寺借米。小僧看施主檀越面，取酒相待，别无他意，只是敬礼。师兄休听那几个老畜生说。"智深听了他这篇话，又见他如此小心，便道："叵耐几个老僧戏弄洒家！"提了禅杖，再回香积厨来。这几个老僧方才吃些饭，正在那里看。看见智深嗔忿的出来，指着老和尚道："原来是你这几个坏了常住，犹自在俺面前说谎。"老和尚们一齐都道："师兄休听他说，见今养着一个妇女在那里。他恰才见你有戒刀、禅杖，他无器械，不敢与你相争。你若不信时，再去走遭，看他和你怎地。师兄，你自寻思：他们吃酒吃肉，我们粥也没的吃，恰才只怕师兄吃了。"智深道："也说得是。"倒提了禅杖，再往方丈后来，见那角门却早关了。智深大怒，只一脚踢开了，抢入里面看时，只见那生铁佛崔道成，仗着一条朴刀，从里面赶到槐树下来抢智深。智深见了，大吼一声，轮起手中禅杖，来斗崔道成。

（省略描写两人打斗的韵文）

评注

如何把寺来废了：怎么把寺庙给废了。废，作动词，弄得破败、衰败。

在先敝寺十分好个去处：以前我们寺是个很好的地方。在先，从前。敝寺，说自己的东西时在前加一个"敝"，是谦称，可见这两个人真把这寺庙当成自己的了。好个去处，好去处，好地方。

吃酒撒泼：喝酒耍泼，糟蹋东西。

将钱养女：花钱养女人，意思是老和尚们伤风败俗。

禁约：禁止，约束，管束。

排告：排挤，诬告。

整理山门：整顿寺院。

修盖殿宇：修建寺院殿堂。

师兄容禀（bǐng）：（请）师兄容许我汇报。容，允许。禀，下对上报告。说得很客气，又称鲁智深为师兄，意在讨好鲁智深。

檀越（tányuè）：施主，施与僧众衣食，或出资举行法会的信众。

消乏了家私：耗尽了家产。消乏，消减，耗费。

好生狼狈：特别窘迫，穷困。

老畜生：骂人的话，指前面那些老和尚。

叵耐（pǒnài）：不可容忍，可恨。

戏弄：捉弄，这里指骗。

嗔忿（chēnfèn）：气愤，恼怒。

坏了常住：弄坏了寺院。常住，佛教里的寺观及田产物什等。

犹自在俺面前说谎：还在我面前说谎。犹自，尚且，仍然。鲁智深听信了胖和尚的话，马上说起老和尚们的不对。

恰才：刚才。

再去走遭：再去走一回。遭，量词，趟，回。

你自寻思：你自己想想。寻思，想，思索。

看他和你怎地：看他和你怎么样，意思是看他这次会对你如何。怎地，怎样，如何。老和尚们的言语在情在理，鲁智深也听进去了。

角门：建筑物靠近角上的小门，一般指小的旁门。

抢入里面：赶紧冲进去。抢，赶快，赶紧。一个"抢"，写出鲁智深看见门关了，知道自己果然受骗，生气时迫不及待要打两个贼人的心情。

仗着一条朴刀：拿着一把朴刀。仗，拿着。朴刀，木柄上安有长而宽的钢刀的兵器，使用时两手握刀。

来抢智深：冲向鲁智深。抢，冲过来打。

来斗崔道成：来跟崔道成打斗。斗，打斗，对打。

胖和尚崔道成果然有几手，几句话就把鲁智深给说信了。鲁智深粗豪戆直，性子急，难免粗枝大叶，但是经老和尚一点拨，又明白过来了。对话很能见人物个性：鲁智深做人做事简单、直接，虽然这次是与胖和尚首次交流，除了听胖和尚说，还加进了自己的观察"见他如此小心"，比前文与老和尚对话似乎进步了一点，但还是相信了这个人的花言巧语；而老和尚一说，他又信了老和尚。这些虽然显得鲁智深憨直得傻，同时也表明他是个心口一致的人，不动心机，说什么就是什么，所以别人说什么他就信什么。而胖和尚行走江湖，心机深重，见到情势不对，马上用好话稳住鲁智深。从后文看，确实是胖和尚强占了寺庙，但是他在此处还能如此颠倒黑白，骂老和尚们不对，让智深去找老和尚，从而给自己创造了有利的机会。而老和尚们确实是真正的僧人，出家人不打诳语，没有说谎。

  那个生铁佛崔道成，手中拈着朴刀，与智深厮并。两个一来一往，一去一回，斗了十四五合。那崔道成斗智深不过，只有架隔遮拦，撑仗躲闪，抵当不住，却待要走。这丘道人见他当不住，却从背后拿了条朴刀，大踏步搠将来。智深正斗间，忽听的背后脚步响，却又不敢回头看他，不时见一个人影来，知道有暗算的人，叫一声："着！"那崔道成心慌，只道着他禅杖，托地跳出圈子外去。智深却待回身，正好三个摘脚儿厮见。崔道成和丘道人两个，又并了十合之上。智深一来肚里无食，二来走了许多路途，三者当不的他两个生力，只得卖个破绽，拖了禅杖便走。两个拈着朴刀，直杀出山门外来。智深又斗了十合，斗他两个不过，掣了禅杖便走。两个赶到石桥下，坐在阑干上，再不来赶。

评注 >>

厮（sī）并：相拼，决斗。

十四五合：十四五个来回。合，回合，来回。

架隔遮拦，掣（chè）仗躲闪：（只有）招架、阻挡、躲避、闪退。写出崔道成只有招架之力的狼狈样子。

却待要走：正要逃走。却待，正要。

大踏步搠（shuò）将来：（拿兵器）快速地刺过来。大踏步，迈着大步，这里指速度很快。

不时：不多时，没多久。这里指时间很短，说明丘道人来得快。

暗算：暗中图谋伤害，偷偷地袭击。"听的背后脚步响""不敢回头看""见一个人影来""知道有人暗算"，表现鲁智深对打斗场合形势发生变化极度敏感，判断准确、反应迅速，可见在功夫应战上，他是擅长的。

只道着他禅杖：只以为被他的禅杖打中了。只道，只以为。着，中。果然，鲁智深的灵敏反应——虚张声势地叫了一声奏效了，鲁智深由此为自己创造了一个机会。

三个摘脚儿厮见：三个人各占一个角，面对面。摘脚儿，一个三角形，各自占一个角，形成一个三角阵势。对智深来说，虽然仍然是以一敌二，但这样的阵势显然比腹背受敌好。

当不的他两个生力：抵挡不住他们两个人的气力。生力，气力，生命力。

卖个破绽（zhàn）：双方交手时故意现出漏洞。这里是鲁智深要准备撤退了，是一种应敌技巧。破绽，漏洞。

掣（chè）了禅杖：抽回禅杖。掣，抽。

这场打斗写得动荡起伏，敌退我进，敌进我退，双方紧紧咬住，最后鲁智深不敌二人，败下阵来，一个"拖""掣"，写出败阵急走的情状。此段打斗，动词为主，场面如画。写鲁智深逃跑是为了下文写他与史进相遇，情节勾连得很自然。

智深走了二里，喘息方定，寻思道："洒家的包裹放在监斋使者面前，只顾走来，不曾拿得。路上又没一分盘缠，又是饥饿，如何是好？待要回去，又敌他不过，他两个并我一个，枉送了性命。"信步望前面去。行一步，懒一步，走了几里，见前面一个大林子，都是赤松树。但见：

虬枝错落，盘数千条赤脚老龙；怪影参差，立几万道红鳞巨蟒。远观却似判官须，近看宛如魔鬼发。谁将鲜血洒树梢，疑是朱砂铺树顶。

评注 >>

喘息方定：呼吸刚刚平复。走了两里才平复，可见刚才打斗很费劲。

寻思道：思考到，想到。"道"是为了引出想的内容。静下心来才开始考虑问题。

盘缠：路费。

他两个并我一个：他们两个打我一个。并，合在一起（打我）。

枉送了性命：白白送了命，白白送死。这番思索可见鲁智深也并不是一味鲁莽之人。

信步：随意地走，没有目的。

行一步，懒一步：形容走路吃力，疲劳得走不动的样子。

虬枝错落：虬劲的树枝交错纷杂。

参差（cēncī）：长短、高低、大小不齐。

红鳞（lín）巨蟒（mǎng）：披着红色鳞片的巨大蟒蛇。

判官须：判官的胡须。判官，传说中阎王手下掌管生死簿的官，他的胡须浓厚森密。

宛（wǎn）如：好像。

又用一段韵文来描摹赤松林的狰狞可怕；另外，在一场激烈的打斗后写写风景，让紧张的情节得以松弛下来，舒缓节奏，让故事显得张弛有度。

鲁智深看了道："好座猛恶林子！"观看之间，只见树影里一个人探头探脑，望了一望，吐了一口唾，闪入去了。智深道："俺猜着这个撮鸟，是个剪径的强人，正在此间等买卖，见洒家是个和尚，他道不利市，吐一口唾，走入去了。那厮却不是鸟晦气，撞了洒家。洒家又一肚皮鸟气，正没处发落，且剥那厮衣裳当酒吃。"提了禅杖，径抢到松林边，喝一声："兀那林子里的撮鸟，快出来！"

评注 >>

猛恶林子：凶险可怕的树林。猛恶，险恶，凶险可怕。通过鲁智深的口对上文的描写进行总结。

探头探脑：不断探头看，多形容鬼鬼祟祟地探望。

闪入去了：很快进去，消失了。

撮（cuō）鸟：骂人的话。

剪径：拦路抢劫。

强人：强盗。

正在此间等买卖：正在这林子里等着打劫。

不利市：遇事不顺利，运气不好。因为和尚没有什么财宝带在身上，所以强盗碰上了他也没有什么好处可得，这是智深揣摩的"强人"的心理。

那厮却不是鸟晦（huì）气：那家伙岂不是特倒霉。却不是，岂不是，用反问来表示肯定。晦气，倒霉。

一肚皮鸟气：一肚子怨气。一肚皮，满肚子。鲁智深满嘴粗话，但是这番心理活动表明他还是善于分析的。

正没处发落：正没有地方发泄。发落，处理。

且剥那厮衣裳当（dàng）酒吃：暂且把那小子的衣服剥下来当了买酒喝。且，暂且,姑且。当,典当。

径抢到松林边:径直跑到松林边上。径,直接。抢,快速过去。

喝一声:大喊一声。

兀那:代词,那个。

鲁智深仔细分析了对手,但没考虑自己打不打得赢,有没有力气打,就开始叫战,反正他想打就要动手开战;也是刚才打了败仗的气还没有消,想来消消气,毕竟休息了一会又有了力气。

那汉子在林子听的,大笑道:"我晦气,他倒来惹我!"就从林子里拿着朴刀,背翻身跳出来,喝一声:"秃驴!你自当死,不是我来寻你。"智深道:"教你认的洒家!"轮起禅杖抢那汉。那汉拈着朴刀,来斗和尚,恰待向前,肚里寻思道:"这和尚声音好熟。"便道:"兀那和尚,你的声音好熟。你姓甚?"智深道:"俺且和你斗三百合,却说姓名。"那汉大怒,仗手中朴刀,来迎禅杖。两个斗到十数合,那汉暗暗的喝采道:"好个莽和尚!"又斗了四五合,那汉叫道:"少歇,我有话说。"两个都跳出圈子外来。那汉便问道:"你端的姓甚名谁?声音好熟。"智深说姓名毕,那汉撇了朴刀,翻身便剪拂,说道:"认得史进么?"智深笑道:"原来是史大郎。"两个再剪拂了,同到林子里坐定。智深问道:"史大郎,自渭州别后,你一向在何处?"史进答道:"自那日酒楼前与哥哥分手,次日听得哥哥打死了郑屠,逃走去了。有缉捕的访知史进和哥哥赍发那唱的金老,因此小弟也便离了渭州,寻师父王进,直到延州,又寻不着。回到北京,住了几时,盘缠使尽,以此来在这里寻些盘缠,不想得遇。哥哥缘何做了和尚?"智深把前面过的话,从头说了一遍。史进道:"哥哥既是肚饥,小弟有干肉烧饼在此。"便取出来与智深吃。史进又道:"哥哥既有包裹在寺内,我和你讨去。若还不肯时,一发结果了那厮。"智深道:"是。"当下和史进吃得饱了,各拿了器械,再回瓦罐寺来。

评注

我晦气:我倒霉。

惹我:招惹我,主动挑战。

秃驴:和尚。骂和尚的话,很粗野。

你自当死,不是我来寻你:你自己找死,不是我来找你麻烦。自当,自然应当。可见史进也很霸气。

拈(niān)着朴刀:拿着朴刀。拈,捏。

恰待向前:正准备向前(迎战)。恰待,刚要,正准备。史进听声音很熟,而鲁智深没有听出来。作者是用对比法在写人。

暗暗的喝采：心里大声叫好。

好个莽和尚：真是个鲁莽的和尚。史进评价精准：鲁智深就是鲁莽，对方已听出是熟人，让他报上姓名，他还要打。也正因为鲁智深是和尚打扮，所以史进没有认出来。

少歇：稍微休息一下，这里是说别打了，停一下。歇，停止。

撇（piē）了朴刀：把朴刀放一边。

翻身便剪拂：转身就行下拜礼。翻身，转身。剪拂，江湖话，行下拜礼。

史进：即题目中的"九纹龙"，因为身上纹有九条青龙，所以外号"九纹龙"。曾去渭州寻找师傅王进，遇到鲁智深，两人结为异姓兄弟。

郑屠（tú）：一个屠户，因欺压金老汉父女，鲁智深为金老汉父女打抱不平，把郑屠三拳打死了。鲁智深当时任提辖，就因为路见不平，拔"拳"相助，结果打死了人，自己的工作也丢了，还成了罪犯，所以去寺庙出家，当了和尚。他就是为了别人、为了正义可以不管不顾，甚至可以牺牲自己的那种人，虽然鲁莽，但有佛性一点，所以最终能得善果。

有缉捕（jībǔ）的：有来搜捕的人，指官差。

访知：探访得知。

赍（jī）发那唱的金老：资助那卖唱的姓金的老人。赍，把东西给别人。

缘何：为何，为什么。

我和你讨去：我和你一起去要回来。讨，索取。

一发结果了那厮：索性打死那个家伙。一发，索性，干脆。结果，将人杀死。

史进、鲁智深两人都是好勇之人，但是史进精细，智深粗犷，鲁智深只要遇到不平之事，先打了再说，这一段写出两人不同。《水浒传》人物写得精彩，就在于各有个性，而不是千人一面。

到寺前，看见那崔道成、丘小乙两个，兀自在桥上坐地。智深大喝一声道："你这厮们，来，来！今番和你斗个你死我活！"那和尚笑道："你是我手里败将，如何再来敢厮并？"智深大怒，轮起铁禅杖，奔过桥来。那生铁佛生嗔，仗着朴刀，杀下桥去。智深一者得了史进，肚里胆壮，二乃吃得饱了，那精神气力越使得出来。两个斗到八九合，崔道成渐渐力怯，只办得走路。那飞天夜叉丘道人见和尚输了，便仗着朴刀来协助。这边史进见了，便从树林子里跳将出来，大喝一声："都不要走！"掀起笠儿，挺着朴刀，来战丘小乙。四个人两对厮杀，斗的一似画阁上的。

（省略描写打斗的韵文）

评注 >>

兀自在桥上坐地：仍然在桥上坐着。兀自，仍然，还。坐地，坐着。

今番（fān）：这次，这回。

崔道成渐渐力怯：崔道成渐渐抵挡不住。力怯，力气减弱，生了怯退之心。

只办得走路：只得逃跑。只办得，只能，没有其他办法。

跳将出来：跳出来。将，助词，表示动作趋向。可见史进刚开始并没有露面，这样可让对手没有防备，让他们措手不及，也是一种战术。

掀起笠（lì）儿：掀开（头上的）斗笠。掀，揭起，撩起。因为史进戴着斗笠遮住脸，所以鲁智深刚开始也没有认出来，直接向对方开战，作者在此补叙这些细节，可见考虑细致、周密。

挺着朴刀：拿着朴刀准备好决斗的样子。挺，伸直，这里指准备好了。

斗的一似画阁上的：形容四人打斗得难解难分。

    动词运用得非常出神，把各自的形态、声口活化出来。写智深"轮"起禅杖，"奔"过桥来，而生铁佛"仗"着朴刀，"杀"下桥去，画面感非常强，两人都风一样地向前冲。史进来相助，"跳将出来""掀起笠儿""挺着朴刀"，非常果敢、利索。

    智深与崔道成正斗到间深里，智深得便处，喝一声："着！"只一禅杖，把生铁佛打下桥去。那道人见倒了和尚，无心恋战，卖个破绽便走。史进喝道："那里去！"赶上望后心一朴刀，扑地一声响，道人倒在一边。史进踏入去，调转朴刀，望下面只顾肐肢肐察的搠。智深赶下桥去，把崔道成后身一禅杖。可怜两个强徒，化作南柯一梦。正是：从前作过事，无幸一齐来。

评注 >>

正斗到间深里：正打斗到关键时刻。间深里，关键时刻。

得便处：得到方便，指碰到一个好时机。

无心恋战：没有心思再打下去。

望后心：向后背心。后心，脊背当中的部位。

肐肢肐察（gēzhīgēchá）的搠：戳得肐肢肐察响。肐肢肐察，象声词，戳东西的声音；指史进担心道人没有死，不断地戳他后背心。

把崔道成后身一禅杖：用禅杖朝着崔道成后背打了一杖。后身，身体后边部分。大概崔道成是趴在地上的。

化作南柯一梦：指一僧一道都死了。南柯一梦是美好的梦，不真实，马上就会消失。这里是比喻的说法。

从前作过事，无幸一齐来：以前做过坏事（总会遭到报应），不幸（的事）一起来，指崔道成、丘小乙都死了。

　　智深、史进把这丘小乙、崔道成两个尸首，都缚了撺在涧里，两个再打入寺里来。香积厨下那几个老和尚，因见智深输了去，怕崔道成、丘小乙来杀他，已自都吊死了。智深、史进直走入方丈后角门内看时，那个掳来的妇人，投井而死。直寻到里面八九间小屋，打将入去，并无一人。只见包裹已拿在彼，未曾打开。智深道："既有了包裹，依原背了。"再寻到里面，只见床上三四包衣服，史进打开，都是衣裳，包了些金银，拣好的包了一包袱，背在身上。寻到厨房，见有酒有肉，两个都吃饱了。灶前缚了两个火把，拨开火，炉炭上点着，焰腾腾的先烧着后面小屋，烧到门前；再缚几个火把，直来佛殿下后檐点着，烧起来。凑巧风紧，刮刮杂杂地火起，竟天价烧起来。

（省略描写火势的韵文）

评注 ▶▶

都缚（fù）了撺（cuān）在涧里：都捆起来扔在溪涧里。缚，捆绑。撺，抛弃，扔。

见智深输了去：看见鲁智深打输了。去，无实义，句尾词。

掳（lǔ）来：抢来。掳，抢取，抢夺。

打将入去：打进去。将，助词，无实义。

只见包裹已拿在彼：鲁智深的包裹原来是放在监斋使者那里的，这里指他的包袱被道人、和尚拿到他们住的里间来了。

依原背了：照旧背着。依原，照旧，仍旧。

火把：夜间照明的东西，有的用竹篾等编成长条，有的在棍棒的一端扎上棉花，蘸上油。这里大概是用灶间的柴火绑的，不是用来照明，只是为了引火烧寺。

风紧：风特别大。紧，形容风大。

刮刮杂杂地火起：火就刮刮杂杂地烧起来了。刮刮杂杂，火烧起来的声音。

竟天价烧起来：火烧得特别猛。竟天价，非常猛烈的样子。价，词尾，无实义。

老和尚上吊自尽，被抢来的妇人投井自杀，作者只是点到，但是闲闲一笔，还是让人觉得惨痛无比，崔道成、丘小乙作孽深重，罪该万死。

智深与史进看着，等了一回，四下火都着了。二人道："梁园虽好，不是久恋之家。俺二人只好撒开。"二人厮赶着行了一夜。天色微明，两个远远地望见一簇人家，看来是个村镇。两个投那村镇上来。独木桥边，一个小小酒店。

（省略描写小酒店的韵文）

智深、史进来到村中酒店内，一面吃酒，一面叫酒保买些肉来，借些米来，打火做饭。两个吃酒，诉说路上许多事务。吃了酒饭，智深便向史进道："你今投那里去？"史进道："我如今只得再回少华山，去投奔朱武等三人入了伙，且过几时，却再理会。"智深见说了，道："兄弟，也是。"便打开包裹，取些金银，与了史进。二人拴了包裹，拿了器械，还了酒钱。二人出得店门，离了村镇，又行不过五七里，到一个三岔路口，智深道："兄弟，须要分手。洒家投东京去，你休相送。你打华州，须从这条路去。他日却得相会。若有个便人，可通个信息来往。"史进拜辞了智深，各自分了路，史进去了。

评注

梁园虽好，不是久恋之家：梁园是梁孝王刘武营造的规模宏大的皇家园林。这是一句俗话，意思是这里不是久留的地方。

撒开：散开。

厮赶着行了一夜：两人急急地走了一夜。厮赶，追赶，相互追逐，这里指两人走得很快，没有停歇。

投那村镇上来：向那个村镇走来。投，走向，进入。上来，表示趋向的句尾词。

酒保：过去酒店里或客栈跑腿人员的称呼，负责招呼客人，为客人端茶倒水。

打火做饭：生火做饭。

且过几时，却再理会：暂且过一段时间，再作打算。过几时，过一段时间。理会，考虑，谋划，打算。

三岔（chà）路口：不同去向的三条路交叉的地方。

你打华州：你去华州。打，往，去。

若有个便人：如果有个方便（带信）的人。

拜辞：告别，敬辞。

全文评析

此章重点写鲁智深，紧扣住"鲁莽"，而鲁莽中又有正义、有善性。鲁莽不是脑子笨，不是蛮不讲理，而是突出其人的"真"，无论是轻信于人，还是毫无顾忌地打抱不平，都是他由"真"性出发的所作所为。从语言、动作等方面描画，一个简单、赤纯的"莽和尚"形象就非常生动地立起来了。

西游记（节选）

吴承恩（约1500—1582），字汝忠，号射阳山人。自幼聪慧，博览群书，尤喜谐剧、神话故事，写诗作文，著杂剧、写小说，是明代文学家，最著名的作品为《西游记》。

《西游记》是在历代流传的西游故事基础上加工创作而成的，但想象大胆、丰富，更有艺术性、创造性，是一部充满奇幻奇趣的神魔小说。书中有数不清的宝贝：大可通天、小可藏耳朵眼的如意金箍棒，装人即化水的紫金红葫芦，一扇定山火的芭蕉扇，可收可放的幌金绳……还有丰富多彩、形态各色的人、妖、仙、怪：遇到妖怪就手足无措、哭哭啼啼，徒弟都骂他太脓包的唐僧；可以变来变去、上天入地、呼风唤雨、闹天宫、闯地府、斗神仙、哄龙王、打妖怪，神通广大，无法无天，但又活泼可爱、机智坚定的孙悟空；贪吃好色、单纯无邪、偷懒耍滑、憨傻笨拙、胆小自私的猪八戒；勤勤恳恳、任劳任怨的沙和尚……无一不生动有趣，活灵活现。唐僧一行西天取经，既是一路降妖伏魔，又是一路争争吵吵、打打闹闹，作者的语言诙谐幽默，写得精灵古怪、妙趣横生。至于故事里的僧道佛法思想，于人世万象的种种启示，读者尽可自行解读。

以下《西游记》原文节选自吴承恩著《西游记》第二十四回，人民文学出版社，1980年出版。

万寿山大仙留故友　五庄观行者窃人参

那两个童儿，见千推万阻不吃，只得拿着盘子，转回本房。那果子却也跷蹊，久放不得；若放多时，即僵了，不中吃。二人到于房中，一家一个，坐在床边上，只情吃起。

评注 »

万寿山大仙留故友：镇元子大仙所住的山为万寿山，所以又称万寿山大仙。五百年前，镇元子与金蝉子在"兰盆会"上相见，金蝉子曾亲手给他传茶，而唐僧是金蝉子转世，所以镇元子说唐僧是故人，即老朋友。

五庄观（guàn）：镇元子修行的地方。一般把道教修行的建筑称为"观"。

行者：即孙悟空，本来无父无母，无名无姓，是一块仙石崩裂而生的一只石猴，拜须菩提祖师为师傅，师傅就给他取了"孙悟空"这个名。后拜唐僧为师，去西天取经，唐僧见孙悟空像个小和尚，就给了他一个名"行者"，所以又叫孙行者。

窃（qiè）：偷。用"窃"而不用"偷"，是为了与上句"万寿山大仙留故友"形成平仄对应关系。

人参（shēn）：人参果。镇元子的宝贝，一种水果，一万年才结三十个，吃了会延年益寿。这果子长得像个生下来未满三天的小婴儿，手脚俱全，五官皆备。

两个童儿：镇元子的两个年纪最小的道童，一个名清风，一千三百二十岁；一个为明月，一千二百岁。镇元子受元始天尊邀请到上清天去听讲，让他们两个看家，他知道唐僧要来，临行前嘱咐两个童儿摘两个人参果给唐僧吃。

千推万阻：形容百般推辞、拒绝。推，推脱。阻，阻拦。这里指唐僧看到童子拿来的长得像极了婴儿的人参果，认为是婴孩，所以坚决不吃。

跷蹊（qiāoqī）：奇怪，指非常特别。

僵（jiāng）：变硬了。

不中（zhòng）吃：不好吃，不能吃。

一家一个：一人一个。

只情吃起：只管吃起来。只情，只管，只顾。

故事就是该这么写：要是人参果送唐僧吃，唐僧吃了，就没有故事了；要是人参果长得不那么奇特，唐僧就受用了，也就没有后文了；但是都不是。面对如此珍贵又不能珍藏的果子，两个童儿当机立断，自己吃了算了，如果偷偷吃也行，但正因为果子太珍贵，得来不容易，所以边吃边为自己找理由，这就引出了后文的故事。

噫！原来有这般事哩！他那道房，与那厨房紧紧的间壁。这边悄悄的言语，那边即便听见。八戒正在厨房里做饭，先前听见说，取金击子，拿丹盘，他已在心；又听见他说，唐僧不认得是人参果，即拿在房里自吃，口里忍不住流涎道："怎得一个儿尝新！"自家身子又狼狈，不能彀得动，只等行者来，与他计较。他在那锅门前，更无心烧火，不时的伸头探脑，出来观看。不多时，见行者牵将马来，拴在槐树上，径往后走。那呆子用手乱招道："这里来！这里来！"行者转身，到于厨房门首，道："呆子，你嚷甚的？想是饭不彀吃。且让老和尚吃饱，我们前边大人家，再化吃去罢。"八戒道："你进来，不是饭少。这观里有一件宝贝，你可晓得？"行者道："甚么宝贝？"八戒笑道："说与你，你不曾见；拿与你，你不认得。"行者道："这呆子笑话我老孙。老孙五百年前，因访仙道时，也曾云游在海角天涯。那般儿不曾见？"八戒道："哥啊，人参果你曾见么？"行者惊道："这个真不曾见。但只常闻得人说，人参果乃是草还丹，人吃了极能延寿。如今那里有得？"八戒道："他这里有。那童子拿两个与师父吃，那老和尚不认得，道是三朝未满的孩儿，不曾敢吃。那童子老大忿懑，师父既不吃，便该让我们，他就瞒着我们，才自在这隔壁房里，一家一个，咽啯咽啯的吃了出去，就急得我口里水泱。——怎么得一个儿尝新？我想你有些溜撒，去他那园子里偷几个来尝尝，如何？"行者道："这个容易。老孙去，手到擒来。"急抽身，往前就走。八戒一把扯住道："哥啊，我听得他在这房里说，要拿甚么金击子去打哩。须是干得停当，不可走露风声。"行者道："我晓得，我晓得。"

评注 >>

噫！原来有这般事哩：表示恍然大悟，这里用来承接上文，有说书人话本的特点。

与那厨房紧紧的间壁：与那厨房紧紧地挨着，即道童的房间在厨房的隔壁。间壁，隔壁。

悄悄的言语：悄悄地说话。

那边即便听见：那边就很方便听到。即便，就方便，很容易。这一句解释为什么会发生后面偷人参果的事——就是无巧不成书。

八戒：猪八戒，唐僧的二徒弟，法号猪悟能，曾是天上的天蓬元帅，因调戏嫦娥被贬到人间，投了猪胎，长得猪头人身。

金击子：把人参果从树上打下来的金属工具。

丹盘：盛放仙丹的盘子，这里用来盛放人参果。

他已在心：他已经留心。

流涎（xián）：流口水。猪八戒听到别人谈吃的就流口水，写出猪的贪吃模样。

狼犺（lángkàng）：笨拙，笨重，这里指猪八戒长得很粗笨的样子，不灵活。

不能彀（gòu）得动：不能轻易地或轻松地行动。

与他计较：与他商量。计较，计划，商量。

无心烧火：没有心思烧火做饭。烧火，使柴燃烧（用来做饭）。

伸头探脑：不断伸着脑袋张望。"已在心""忍不住流涎""无心烧火""探头探脑"一系列的心理活动与动作，写出猪八戒一心想打人参果来吃，急着找孙悟空商量的模样，把猪八戒好吃的特点写得活灵活现。

径往后走：径直往后面走。径，径直，直接。指孙悟空本没有打算跟猪八戒在厨房见面。

呆子：笨蛋。猪八戒总是显得傻里傻气，孙悟空一贯称他为"呆子"。孙猴子也很调皮，经常捉弄猪八戒。

你嚷（rǎng）甚的：你喊叫什么呢。嚷，喊叫。

想是饭不彀吃：估计是饭不够（大伙）吃。想是，推测，估计，料想。彀，同"够"，足够。

我们前边大人家，再化吃去罢：我们继续向前走，（遇到）大户人家，再去求人给点吃的去吧。大人家，大户人家，做官的人家，或比较富裕的人家。化，动词，僧人向人求布施。

你可晓得：你可知道。晓得，知道，明白，口语化词汇。

那般儿不曾见：哪样东西没有见过？即什么都见过。孙悟空为自己得意。

道是三朝未满的孩儿：说是出生没有满三天的婴儿。三朝，三天。

老大惫懒（bèilǎn）：非常不好。老大，非常，很。惫懒，无赖，调皮，坏。

便该让我们：就应该让给我们（吃）。猪八戒这要求很无理，但也合情，可见他多么想吃。

才自在这隔壁房里：刚才在隔壁房间。

咂啅（guōzhuo）咂啅的吃了出去：咂啅咂啅地就把人参果吃了。咂啅咂啅，吃东西的声音。

急得我口里水泱（yāng）：让我急得口水流。形容得很真切，可见真的很馋。泱，流。猪八戒把童子打人参果、送人生果、吃人参果的过程叙述得非常详细，特别是说听到别人吃东西的声音，自己口水都流出来，更显出猪八戒已经馋得不得了，迫不及待地想让孙悟空摘几个来吃吃了。

溜撒（liūsǎ）：灵活，伶俐。这是猪八戒夸孙悟空，就是为了让孙悟空去摘人参果。

老孙：孙悟空自称。

手到擒（qín）来：手一到就把敌人捉过来了，比喻做事很有把握或毫不费力就能成功。听到猪八戒诉苦，然后又夸自己，孙悟空就会更得意，也会更爽快地答应八戒的要求。

须是干得停当：一定要干得稳妥。须是，必须，一定要。停当，妥当，稳当。

不可走露风声：不能泄露消息（让人发现了）。走漏风声，消息被透漏出去了。

猪八戒的动作、神态，与孙悟空的对话，无不可见一个贪吃小孩的模样；孙悟空作为大师兄的担当、自信，当然也有喜欢听人夸奖的毛病，都非常鲜活地呈现出来。

那大圣使一个隐身法，闪进道房看时，原来那两个道童，吃了果子，上殿与唐僧说话，不在房里。行者四下里观看，看有甚么金击子，但只见窗棂上挂着一条赤金：有二尺长短，有指头粗细；底下是一个蒜疙疸的头子；上边有眼，系着一根绿绒绳儿。他道："想必就是此物叫做金击子。"他却取下来，出了道房，径入后边去，推开两扇门，抬头观看，——呀！却是一座花园！……（节略）

那行者观看不尽，又见一层门，推开看处，却是一座菜园。

……（节略）

行者笑道："他也是个自种自吃的道士。"走过菜园，又见一层门。推开看处，呀！只见那正中间有根大树，真个是青枝馥郁，绿叶阴森，那叶儿却似芭蕉模样，直上去有千尺余高，根下有七八丈围圆。那行者倚在树下，往上一看，只见向南的枝上，露出一个人参果，真个像孩儿一般。原来尾间上是个孖蒂，看他丁在枝头，手脚乱动，点头幌脑，风过处似乎有声。行者欢喜不尽，暗自夸称道："好东西呀！果然罕见！果然罕见！"他倚着树，飕的一声，撺将上去。

评注 >>

使一个隐身法：使用了一个让别人看不见自己的方法。孙悟空有很多本领，隐身法是其中之一。

闪进道房：一晃就进了道房。闪进，一闪就进去了，形容动作之快，写出猴子的灵活。

窗棂（líng）：窗格子。

赤金：纯正的金。

蒜疙疸（gēda）：蒜头。疙疸，同"疙瘩"，小球状的东西。

自种自吃：自己种东西自己吃。

青枝馥郁（fùyù）：枝条稠密，长得特别好。馥郁，浓密，形容那棵树长得特别茂盛。

绿叶阴森：绿叶繁茂。阴森，指绿叶繁茂，浓密成荫。

根下有七八丈围圆：根部很发达，围绕根部一圈有七八丈。围圆，围绕一圈。一丈为十尺。

扢蒂（gǔdì）：瓜果和枝茎接连的部分。

看他丁在枝头，手脚乱动，点头幌脑，风过处似乎有声：写得人参果确似一个小精灵，一个"丁"，写出一个娃娃形大果实挂在枝头的样子，因为有风，让人觉得它手脚乱动、点头晃脑，好像还有声音发出一样。

飕（sōu）的一声，撺（cuān）将上去：指孙悟空很快地爬上了树。飕，迅速移动的物体穿过空中时发出的声音。撺，同"蹿"，向上猛地一跳。

　　那猴子原来第一会爬树偷果子。他把金击子敲了一下，那果子扑的落将下来。他也随跳下来跟寻，寂然不见；四下里草中找寻，更无踪影。行者诲："跷蹊！跷蹊！想是有脚的会走；就走也跳不出墙去。我知道了，想是花园中土地不许老孙偷他果子，他收了去也。"他就捻着诀，念一口"唵"字咒，拘得那花园土地前来，对行者施礼道："大圣，呼唤小神，有何吩咐？"行者道："你不知老孙是盖天下有名的贼头。我当年偷蟠桃、盗御酒、窃灵丹，也不曾有人敢与我分用；怎么今日偷他一个果子，你就抽了我的头分去了！这果子是树上结的，空中过鸟也该有分，老孙就吃他一个，有何大害？怎么刚打下来，你就捞了去？"土地道："大圣，错怪了小神也。这宝贝乃是地仙之物，小神是个鬼仙，怎么敢拿去？就是闻也无福闻闻。"行者道："你既不曾拿去，如何打下来就不见了？"土地道："大圣只知这宝贝延寿，更不知他的出处哩。"

评注

跳下来跟寻：跳下（树）来寻找。

花园中土地：花园中的土地神。土地，管理一小方地方的神，民间传说中的地方保护神。

他收了去也：他没收去了。收，没收。

捻（niǎn）着诀（jué）：捻诀，施法术时做出的一种手势。

拘（gōu）得那花园土地前来：召唤那土地到（自己）跟前来。拘，牵引。

施礼：行礼。

大圣：孙悟空曾经自封为"齐天大圣"。

盖天下有名的贼头：全天下有名的贼人的头领，指最会偷东西。

当年偷蟠桃（pántáo）、盗御（yù）酒、窃灵丹：这是孙悟空大闹天宫时做的事：偷了王母娘娘的蟠桃，盗喝了玉皇大帝的仙酒，还偷吃了太上老君的仙丹。御酒，帝王饮用或赏赐的酒，这里指玉皇大帝的酒。

抽了我的头分：封建社会中的赌场，对于不下"注"但每次都拿一定比例数的博钱，叫作"抽头"或"抽头份"。凡有这种特权的都是一些恶霸等坏人。这里意思是说，土地白白地把他打的果子拿走了。

有何大害：有什么大的害处。这是反问句，表示肯定，意思是没有什么害处。孙悟空来偷人参果，还说得特别有理，当然是他自己强说自己有理。

闻也无福闻闻：闻都没有机会闻。无福，没有福气，没有享福的运气。可见这果实金贵，不是谁都能吃的。

不知他的出处哩：不知道他的来历哩。出处，来源。

照应前文，写这果子"蹊跷"，同时补写孙悟空的大本事；正是因为他本领高强，无法无天，所以来偷这宝贝果子也振振有词。

行者道："有甚出处？"土地道："这宝贝，三千年一开花，三千年一结果，再三千年方得成熟。短头一万年，只结得三十个。有缘的，闻一闻，就活三百六十岁；吃一个，就活四万七千年。却是只与五行相畏。"行者道："怎么与五行相畏？"土地道："这果子遇金而落，遇木而枯，遇水而化，遇火而焦，遇土而入。敲时必用金器，方得下来。打下来，却将盘儿用丝帕衬垫方可；若受些木器，就枯了，就吃也不得延寿。吃他须用磁器，清水化开食用，遇火即焦而无用。遇土而入者，大圣方才打落地上，他即钻下土去了。这个土有四万七千年，就是钢钻钻他也钻不动些须，比生铁也还硬三四分。人若吃了，所以长生。大圣不信时，可把这地下打打儿看。"

行者即掣金箍棒,筑了一下,响一声,迸起棒来,土上更无痕迹。行者道:"果然!果然!我这棍,打石头如粉碎,撞生铁也有痕,怎么这一下打不伤些儿?这等说,我却错怪了你了,你回去罢。"那土地即回本庙去讫。

评注 >>

短头一万年:整整一万年。短头,总共,整整。

只与五行相畏:只是与五行相互抑制。五行,中国人认识世界的一种方式,即宇宙万物可以分为金木水火土这五类,这五类中每两类事物可以相互帮助,相互促进,也会相互克制。

这果子遇金而落……遇土而入:这人参果碰到金(属)就会掉下来,碰到木头就会失去水分变干,遇到水就会融化,遇到火就会焦枯,变黑发硬,遇到土就会钻进去。

钢钻钻他也钻不动些须:三个钻,前一个是名词,指打眼的工具;后两个是动词,用尖的东西在另一物体上转动,打洞。些须,一点儿。

比生铁也还硬三四分:比生铁还要硬很多。硬三四分,即硬30%~40%,但是这里只是强调硬,说个大概而已,所以不用百分比。

筑了一下:打了一下。

迸(bèng)起棒来:棒子都被弹起来了。

打石头如粉碎……打不伤些儿:打石头会把石头敲得粉碎,打生铁也会在生铁上留下痕迹,怎么打这个地却一点儿反应都没有?打不伤些,打过后对这地一点儿伤害都没有,指地上什么痕迹都没有。

即回本庙去讫(qì):就回他自己的庙里去了完事。讫,完事,结束。

通过土地老儿的口说出果子的来历,果然不同寻常,神奇无比——如此漫长的生长期,结的果实数量却如此稀少,也有如此奇特的特点,竟然入土即化,更增加它的神奇性、可贵性。

大圣却有算计:爬上树,一只手使击子,一只手将锦布直裰的襟儿扯起来做个兜子等住,他却串枝分叶,敲了三个果,兜在襟中。跳下树,一直前来,径到厨房里去。那八戒笑道:"哥哥,可有么?"行者道:"这不是?老孙的手到擒来。这个果子,也莫背了沙僧,可叫他一声。"八戒即招手叫道:"悟净,你来。"那沙僧撇下行李,跑进厨房道:"哥哥,叫我怎的?"行者放开衣兜道:"兄弟,你看这个是甚的东西?"沙僧见了道:"是人参果。"行者道:"好啊!你倒认得。你曾在那里吃过的?"沙僧道:"小弟虽不曾吃,但旧时做卷帘大将,扶侍鸾舆赴蟠桃宴,尝见海外诸仙将此果与王母上寿。见便曾见,却未曾吃。哥哥,可与我些儿尝尝?"行者道:"不消讲,兄弟们一家一个。"

评注

却有算计：却有了主意。

一只手使击子：一只手拿着金击子（准备打果子）。

一只手将锦布直裰（duō）的襟（jīn）儿扯起来做个兜（dōu）子等住：一只手将衣服胸前的部分拉起来做成一个兜等在那里（准备接果子）。直裰，比较宽大的外衣，源于唐朝，以后各代样式稍有变化。襟，上衣或袍子胸前的部分。兜，口袋或者口袋一类的东西。等住，等着（接打下的果子）。

串枝分叶：拨开枝条、树叶，在茂密的枝叶间穿梭、寻找的样子。写出猴子身手灵活。

兜在襟中：装在衣襟中。兜，动词，用兜兜着、装着。

也莫背了沙僧：也不要瞒着沙僧。背，瞒着，避开。沙僧，唐僧的三徒弟，法名沙悟净，曾是天上的卷帘大将，因打碎了琉璃盏而被贬到人间；随唐僧取经的路上，他负责照顾整个队伍的行李。

撇下行李：放下行李。撇，丢下，抛弃，这里指暂时放下行李。

放开衣兜：打开衣兜。

扶侍鸾舆（luányú）赴（fù）蟠桃宴：服侍玉皇大帝去参加蟠桃宴会。扶侍，服侍，奉侍。鸾舆，古代天子乘坐的车子，也代指天子、皇帝。赴，前往，到某处去。

尝见海外诸仙将此果与王母上寿：曾经看到海外的神仙将这个果子献给王母娘娘做寿。尝见，曾经看见。海外，东海之外，天庭之外。与，给，献给。上寿，向人敬酒，祝福长寿。

见便曾见：见倒是见过。

可与我些儿尝尝：可以给我点尝尝吗？与，动词，给。

不消讲：不必说。意思是人参果当然有你一份，那是明摆的事儿。

这么宝贝的人参果，孙悟空却能手到擒来，不仅是因他本领大，还在于他该当有此缘分，因为他是个神猴，注定成佛。孙悟空有好东西会分享，所以说不要瞒着沙僧。沙僧的补充说明，再次突出人参果的珍贵、难得。

他三人将三个果各各受用。那八戒食肠大，口又大，一则是听见童子吃时，便觉馋虫拱动，却才见了果子，拿过来，张开口，毂辘的囫囵吞咽下肚，却白着眼胡赖，向行者、沙僧道："你两个吃的是甚么？"沙僧道："人参果。"八戒道："甚么味道？"行者道："悟净，不要睬他！你倒先吃了，又来问谁？"八戒道："哥哥，吃的忙了些，不像你们细嚼细咽，尝出些滋味。我也不知有核无核，就吞下去了。哥啊，为人为彻；已经调动我这馋虫，再去弄个儿来，老猪细细的吃吃。"行者道："兄弟，你好不知止足！这个东西，比不得那米食面食，撞着尽饱。像这一万年只结得三十个，我们吃他这一个，也是大有缘法，不等小可。罢罢罢！蛊了！"他欠起身来，把一个金击子，瞒窗眼儿，丢进他道房里，竟不睬他。

评注 >>

各各受用：各自享用。各各，各自。受用，享用，指吃人参果。

食肠大：食量大。食肠，胃，食量。

便觉馋（chán）虫拱动：就觉得特别想吃。馋虫，比喻强烈的食欲。拱动，这里指小虫子蠕动、爬动的样子。用馋虫拱动形容旺盛的食欲，把不可见的变得可见，非常形象、生动。

彀辘（gūlu）的囫囵（húlún）吞咽下肚：辘辘一下就整个吞到肚子里去了。彀辘，同"轱辘"，象声词，指食物一下子下肚的声音。囫囵，整个，完全。可见猪八戒吃的那个着急样，真真是猪的特点。

白着眼胡赖：翻着白眼抵赖，为自己一口吞下人参果找借口。胡赖，原指用谎言狡辩否认所犯的过失或罪行，拒绝认错；这里指猪八戒任意抵赖，耍赖。动作描写很形象，把猪八戒厚脸皮、耍无赖的形象刻画了出来；白着眼，写出他的小小心机，小小的"耍坏"。

不要睬他：不要理他。

吃的忙了些：吃得急了一点。猪八戒吃人参果不是急了一点点，而是急得很，自己说急了一点点，故意把过失说得小，想要孙悟空、沙僧给他再分点儿吃。这些语言很能表现猪八戒的个性，为吃而耍小心眼。

为人为彻（chè）：帮助人就要帮助到底。这是猪八戒开始央求孙悟空再去打人参果。彻，彻底。

调动我这馋虫：惹起了我的食欲。八戒一计不成，又生一计：开始说自己可怜。

你好不知止足：你真不知道满足。好不知，太不知。止足，满足。

撞着尽饱：遇上了就要吃个饱。尽饱，吃个饱，吃个够。

也是大有缘法，不等小可：也是很有缘分，非常不一般（的）。不等小可，非同小可，不平常，不普通。看来孙悟空知道他们能吃上这个果子是很不容易的。

罢罢罢：算了，不要再说了。

欠起身来：身体向上伸了伸。欠，身体一部分稍微向上移动。

瞒窗眼儿：瞄准窗格的孔。

三人吃人参果，最见个性，此段主要突出猪八戒贪吃，不仅写了他的动作，还写了他特别擅长表演，为了吃而耍心眼、玩花样。现代汉语中有一个歇后语，猪八戒吃人参果——不识滋味，就是从这个故事里来的。

那呆子只管絮絮叨叨的唧哝，不期那两个道童复进房来取茶去献，只听得八戒还嚷甚么"人参果吃得不快活，再得一个儿吃吃才好。"清风听见，心疑道："明月，你听那长嘴和尚讲'人参果还要个吃吃'。师父别时叮咛，教防他手下人罗唣，莫敢是他偷了我们宝贝么？"明月回头道："哥耶，不好了！不好了！金击子如何落在地下！我们去园里看看来！"他两个急急忙忙的走去，只见花园开了。清风道："这门是我关的，如何开了？"又急转过花园，只见菜园门也开了。忙入人参园里，倚在树下，望上查数；颠倒来往，只得二十二个。明月道："你可会算帐？"清风道："我会，你说将来。"明月道："果子原是三十个。师父开园，分吃了两个，还有二十八个；适才打两个与唐僧吃，还有二十六个；如今止剩得二十二个，却不少了四个？不消讲，不消讲，定是那伙恶人偷了，我们只骂唐僧去来。"

评注 >>

絮絮叨叨（xùxùdāodāo）的唧哝（jīnong）：唠唠叨叨地说。絮絮叨叨，说话啰嗦，唠叨。唧哝，小声说话。

不期：没有想到。

复进房来取茶去献：再次进房间来拿茶去给唐僧。献，给，表示尊敬。

长嘴和尚：猪八戒。他长了一个猪脑袋，所以嘴长。

师父别时叮咛：师傅离开的时候再三嘱咐。叮咛，再三嘱咐，反复嘱咐，即反复告诉对方该怎么做，不该怎么做。

教防他手下人罗唣（luózào）：让我们提防他手下的人闹事。罗唣，吵闹，寻事。

莫敢是：莫非是，莫不是。否定疑问词，表示肯定。

望上查数：向（树）上望，查验数目。

颠倒来往：数过来，数过去，反复地数。

适才：刚才。

止剩得：只剩下。

那伙恶人：那伙坏蛋。

只骂唐僧去来：只管去骂唐僧。来，句尾助词。

人参果是有数的，师父开园，整个五庄观有四十八个徒弟才分吃"两个"，也再次说明果子珍贵。而猪八戒吃了一个还想再吃，也真是不知满足。

全文评析 >>

这一段完整地描述了孙悟空等三人偷吃人参果的故事，由贪吃的猪八戒嘴馋惹起来：他怂恿孙悟空去偷人参果，偷来后他又性急得不得了，一骨碌吞下肚，味儿也没有尝到，不甘心又在那里嘀嘀咕咕，导致秘密泄露了。贪吃的猪八戒，神通广大、听不得人夸奖的孙悟空，就像两个十分惫懒的孩童，调皮捣蛋，上蹿下跳，弄鬼掉猴，古灵精怪，从字里行间冒了出来，令人忍俊不禁。

红楼梦（节选）

　　曹雪芹（约1715—1763），名霑，字梦阮，号雪芹。出身豪门，曾祖曹玺曾任江宁织造，曾祖母孙氏是康熙的保姆，祖父曹寅做过康熙的伴读和御前侍卫，后任江宁织造兼两淮巡盐御史，极受康熙皇帝宠信。曹寅死后，其子曹颙、曹頫先后继任江宁织造。祖孙四人任此职达六十年之久。雍正六年（1728），曹家获罪被抄家，从此一蹶不振。

　　曹雪芹家学渊深，祖父曹寅有诗词集行世，曾负责《全唐诗》及二十几种精装书的刊刻，兼管扬州诗局，家中藏书丰富，精本无数。曹雪芹自幼生活在这样一个富丽的、书香浓郁的环境之中，博览群书，旁搜杂取，学问渊博。年少时锦衣玉食，成年后家道败落，历经人世艰辛，回首往事，反思追悼，不觉前尘如烟；泣血椎心，写下千古一叹的《红楼梦》。

　　《红楼梦》是中国文学艺术的集大成之作，作者无所不知，上自诗词文赋、琴理画趣、园林建筑、器物美食，下至医卜星象、弹棋唱曲、叶戏陆博等杂技，都能写得切中肯綮，丝丝入扣；而官场民间、社会家庭、人情世态种种，亦包罗万象，囊括无遗，非他书所能望其项背，被誉为"百科全书"式的小说。

　　与《三国演义》《水浒传》《西游记》相比，《红楼梦》是真正意义上的独创小说，它既不借助于任何历史故事，也不以任何民间创作为基础，而是直接取材于现实社会生活，人情物理，娓娓道来，像生活和自然本身那样丰富、复杂，而又浑然天成。人物塑造方面，前三部都是男性小说，《三国演义》写战争中的男人，女人不是政治工具就是一个空洞的符号；《水浒传》写草莽英雄，女人不是淫妇就是母夜叉；《西游记》是神魔小说，女人大多是妖魔鬼怪；而《红楼梦》写了一群聪明能干、风流灵巧、才华横溢、姿态万千的女儿，无论是贵族小姐，还是丫鬟使女，无不传神写照，活灵活现。不像以往的写法，好人就只是好，坏人就只是坏，《红楼梦》只是如实写来，写得真，写得切，写得入骨。《红楼梦》的语言是诗的语言，也是生活的语言，该雅则雅，遇俗则俗，细见微毫，幻如云烟，无一不切合场景，体贴人物，文成其情。

　　《红楼梦》是中国语言文化艺术的瑰宝。

　　以下《红楼梦》原文节选自曹雪芹、高鹗著，俞平伯校，启功注，《红楼梦》第四十回，人民文学出版社，2000年出版。

史太君两宴大观园　　金鸳鸯三宣牙牌令

正乱着安排，只见贾母已带了一群人进来了。李纨忙迎上去，笑道："老太太高兴，倒进来了。我只当还没梳头呢，才撷了菊花送去。"一面说，一面碧月早捧过一个大荷叶式的翡翠盘子来，里面养着各色的折枝菊花。贾母便拣了一朵大红的簪了鬓上。因回头看见了刘姥姥，忙笑道："过来带花儿。"一语未完，凤姐便拉过刘姥姥，笑道："让我打扮你。"说着，将一盘子花横三竖四的插了一头。贾母和众人笑的不住。刘姥姥笑道："我这头也不知修了什么福，今儿这样体面起来。"众人笑道："你还不拔下来摔到他脸上呢，把你打扮的成了个老妖精了。"刘姥姥笑道："我虽老了，年轻时也风流，爱个花儿粉儿的，今儿老风流才好。"

评注 >>

史太君：贾母，娘家姓史，是当时四大家族之一；又称史老太君，贾府上下尊称她为"老太太""老祖宗"，在贾府中地位最高，是贾赦、贾政和贾敏的母亲，贾宝玉的祖母，林黛玉的外祖母，史湘云是其内侄孙女。

大观园：贾府为元妃（贾政大女儿，皇帝妃子）省亲修建的别墅，元妃为其题名"大观园"，之后让贾宝玉（贾政的小儿子）与众姐妹入园居住。

金鸳鸯：贾母的首席大丫鬟，聪明能干，温厚善良，深得贾母信任。

三宣牙牌令：牙牌，就是现在所说的牌九，因为制作牙牌的材料通常用象牙、骨角之类，所以称牙牌，也叫骨牌。牙牌令是饮酒时助兴取乐的一种游戏，利用牙牌为工具来行酒令。鸳鸯作为令官，是游戏里面的裁判，她负责掷骰子选牌，选中一副牌就要报出来，这就叫宣令。三宣的三是虚指，表示多次，并不是只报了三次酒令。

正乱着安排：正忙乱地安排着。乱，忙乱。

李纨：贾母的孙媳妇，贾政大儿子贾珠的妻子，贾珠死得早，她很年轻就成了寡妇。

撷（xié）了菊花：摘了菊花。撷，采摘，摘下。

碧月：李纨的丫鬟。贾府中这些丫鬟们的名字也不是随意取的，极富诗意和意蕴。"碧月"本身就是一幅美丽的画：夜空静谧深邃，明月当空，璀璨晶莹；古人也称皎洁的月亮为"碧华"。

大荷叶式的翡翠（fěicuì）盘子：翡翠是非常贵重的玉石，颜色鲜碧，雕成荷叶式样，再盛上满盘鲜花，翡翠翠色逼人，清水养着的菊花鲜嫩斑斓，一盘子端上来，美得不得了啊。读《红楼梦》，也需要留心这些家用器物，不仅名贵，而且精美，极具审美价值。

簪（zān）了鬓（bìn）上：斜插在头边。簪，插、戴。鬓，脸旁靠近耳朵的头发。

老太太挑了一朵大红菊花斜插在头上，热烈、鲜艳、醒目，让老年人显得特别精神，很美。这位老太太的审美眼光、审美情趣都是很好的，观全书则体会更深。

刘姥姥：一个乡下老太婆，女婿与王夫人家算是有点亲戚关系，第六回她就是以这个关系一进荣国府，希望能得到救济。本回是她二进荣国府，因为今年乡下丰收，她便给贾府送些瓜果蔬菜等土特产来表示感谢。

凤姐：贾母的孙媳妇，贾赦儿子贾琏的妻子，与王夫人一起管理贾府家政。聪明灵巧，八面玲珑，深得贾母喜爱。

横三竖四的：也就是横七竖八，一般形容杂乱无章，这里是指刘姥姥被凤姐插得满头都是花。这与贾母是一个对比，一简一繁，一淡一浓，一雅一俗，但是都很美。当然，对于贾府的人来说，就没有这么戴花的，凤姐这是跟刘姥姥闹着玩、取乐，所以大家都笑，当然凤姐也是哄贾母开心。

不知修了什么福：不知道做了什么好事。修福，做好事，以求给来世或子孙带来福气。

体面：好看，美丽。刘姥姥真是会说话。

年轻时也风流：年轻时也很爱美。风流，风韵美好动人，这里做动词。

此段写一大清早两位老太太戴花，对比鲜明：一简淡、精致、风雅，一繁浓、粗犷、世俗，是两种不同类型的美。

说笑之间，已来至沁芳亭子上。丫鬟们抱了一个大锦褥子来，铺在栏杆榻板上。贾母倚柱坐下，命刘姥姥也坐在旁边，因问他："这园子好不好？"刘姥姥念佛说道："我们乡下人到了年下，都上城来买画儿贴。时常闲了，大家都说，怎么得也到画儿上去逛逛。想着那个画儿也不过是假的，那里有这个真地方呢。谁知我今儿进这园里一瞧，竟比那画儿还强十倍。怎么得有人也照着这个园子画一张，我带了家去，给他们见见，死了也得好处。"贾母听说，便指着惜春笑道："你瞧我这个小孙女儿，他就会画。等明儿叫他画一张如何？"刘姥姥听了，喜的忙跑过来，拉着惜春说道："我的姑娘，你这么大年纪儿，又这么个好模样，还有这个能干，别是个神仙托生的罢。"

贾母少歇一回，自然领着刘姥姥都见识见识。……（节略）

评注 >>

沁（qìn）芳亭子：大观园中一个亭子，在沁芳池上。沁芳，花香透入耳鼻，让人感到非常愉悦。沁，渗入，透入。芳，花；花香。沁芳池连沁芳溪，一年四季流水潺潺，四周花木扶疏，香气氤氲。大观园的建筑名均从景观中来，富有韵味、诗意。

大锦褥（jǐnrù）子：大的织锦垫。锦，有彩色花纹的丝织品。褥，垫在身体下面的东西。贾母年纪大了，锦垫隔潮保暖，坐着很舒适，可见她的丫鬟们将她照顾得无微不至，也可见大观园的丫鬟们平日训练有素，才这么会照顾人。

栏杆榻（tà）板：固定在回廊栏杆下部供人休息的榻形长板。

念佛说道：赞叹着说道。指刘姥姥觉得特别美，不觉地赞叹，但又不像贾府的人那么文雅，就念了乡下人都知道的"阿弥陀佛"，表示赞美。

到了年下：到了年底，即快过春节的时候。

我带了家去：我带回家去。刘姥姥这番赞美园子的话说得非常好：先说画好看，继续说好看得不像是真的，说明画美得不得了；但是这个园子呢，比画还要好看十倍，你说多好看。虽然她有夸张，但是一点也不觉得夸张，这是她的真实感受，用朴素的话说出来，说得让人不觉得做作，也感觉很美，所以这个老太太不简单。也可见刘姥姥说"年轻时也风流"不是应酬话，她的审美感受也是好的，只是跟贾母比起来，是另一种美，更天然、纯朴。

惜春：宁国府的人，贾敬的女儿，贾珍的妹妹，母亲早亡，一直住在荣国府，在贾母、王夫人身边长大，是贾府四姐妹（元春、迎春、探春、惜春）中最小的。

你这么大年纪儿……神仙托生的罢：刘姥姥赞美惜春，夸她年纪这么小，长得又好看，还这么能干，能把这么美的大园子画出来，真是"神仙托生"的。这都是刘姥姥的口吻，用词简单，但是赞叹表达得很到位。"神仙托生"，就是说惜春是神仙转世来到人间的。"拉着惜春"，也是刘姥姥才有的动作，她不懂贾府的规矩，自己喜欢就去拉人家，乡下人正是这样，情不自禁时，没有那么多讲究，正可见其真。

见识见识：指贾母带着刘姥姥在大观园到处走走、看看。她们随后去了潇湘馆，刘姥姥觉得到处都好看，越看越舍不得离开。通过刘姥姥的眼睛把林黛玉住处的书香气以及优雅诗意表现出来了。

此段通过刘姥姥的口总说大观园的美。《红楼梦》不止一处写大观园，但是从乡下人的眼光来写，这是第一次；刘姥姥这次来，还看了贾母、宝玉、各位小姐的住所，虽是写环境，实是写人，既写居所的主人，也写参观的人。接下来写吃早饭。

远远的望见池中一群人在那里撑船。贾母道："他们既预备下船，咱们就坐。"一面说着，便向紫菱洲蓼溆一带走来。未至池前，只见几个婆子手里都捧着一色捏丝戗金五彩大盒子走来。凤姐忙问王夫人早饭在那里摆。王夫人道："问老太太在那里，就在那里罢了。"贾母听说，便回头说："你三妹妹那里好，你就带了人摆去，我们从这里坐了船去。"凤姐儿听说，便回身同了李纨、探春、鸳鸯、琥珀带着端饭的人等，抄着近路，到了秋爽斋，就在晓翠堂上调开桌案。鸳鸯笑道："天天咱们说外头老爷们吃酒吃饭,都有一个篾片相公,拿他取笑儿。咱们今儿也得了一个女篾片了。"李纨是个厚道人,听了不解。凤姐儿却知是说的刘姥姥了,也笑说道:"咱们今儿就拿他取个笑儿。"二人便如此这般的商议。李纨笑劝道:"你们一点好事也不做,又不是个小孩儿,还这么淘气。仔细老太太说。"鸳鸯笑道:"很不与你相干,有我呢。"

评注 >>

既预备下船:已经准备好船了。预备下,准备好。下,语助词,无实义。

紫菱(líng)洲蓼溆(liǎoxù)一带:紫菱洲蓼溆那一片地方。紫菱洲,长满紫色菱角的小洲。蓼溆,生长着蓼草的小洲浦。这里种着菱角,长着丰茂的水草,一派自然风光。离潇湘馆不远,码头就在这里。

一色捏丝戗(qiàng)金五彩大捧盒:清一色的木质彩漆刻丝戗金大捧盒。一色,清一色,全部。捏丝,以丝线镶嵌于花纹之中,再上漆。戗金,一种装饰工艺,指在器物的漆地刻出纤细线槽,并在线槽中填金,从而形成金色花纹。五彩,是漆器又一技法,先描黑漆,再填五彩。这种盒子捧在手里,也叫大捧盒,里面盛放食物;这么大的盒子,又这么讲究的工艺,仅仅是用来装食物,还不止一个,而是"一色",正是这些细节之中展现出荣国府之华贵。《红楼梦》写这些器物,全用工笔写法,写实而不繁。

王夫人:贾政的妻子,贾宝玉的母亲,王熙凤的姑妈,与王熙凤一起管理贾府家政。

早饭在那里摆:在哪里摆放早饭。摆,摆放,安排。

三妹妹:探春,贾政与赵姨娘所生,在贾府四姐妹中排第三。住在秋爽斋,秋爽斋里的大厅堂就是晓翠堂。

调(diào)开桌案:把桌子桌案摆开。调开,摆开。案,长条的桌子。

琥珀(hǔpò):贾母的又一贴身大丫鬟。

篾片(mièpiàn)相公:豪门富家帮闲凑趣的人。

厚道人:忠厚老实,待人诚恳、宽容的人。李纨为人厚道,所以她不会捉弄人,也会说一些公道话。

仔细老太太说:小心老太太责怪。仔细,小心,当心。说,责备,批评。李纨是家里的长孙媳妇,在同辈人之中也有领头的地位,虽然是寡妇不适合张扬,但是看到下面做得不合适,也会稍稍提醒的。

很不与你相干:与你没有什么关系。意思是出了事儿我负责,可见鸳鸯是很受贾母宠爱的。相干,有关系(多用于否定)。

这一段写饭前准备，对于怎么安排刘姥姥，鸳鸯、王熙凤、李纨的对话，可见不同的人物个性、身份处境。

正说着，只见贾母等来了，各自随便坐下。先有丫头端过两盘茶来，大家吃毕。凤姐手里拿着西洋布手巾，裹着一把乌木三镶银箸，战敠人位，按席摆下。贾母因说："把那一张小楠木桌子抬过来，让刘亲家近我这边坐着。"众人听说，忙抬了过来。凤姐一面递眼色与鸳鸯，鸳鸯便拉了刘姥姥出去，悄悄的嘱咐了刘姥姥一席话，又说："这是我们家的规矩，若错了，我们就笑话呢。"调停已毕，然后归坐。薛姨妈是吃过饭来的，不吃，只坐在一边吃茶。贾母带着宝玉、湘云、黛玉、宝钗一桌，王夫人带着迎春姊妹三个人一桌，刘姥姥傍着贾母一桌。贾母素日吃饭，皆有小丫鬟在旁边，拿着漱盂、麈尾、巾帕之物。如今鸳鸯是不当这差的了，今日鸳鸯偏接过麈尾来拂着。丫鬟们知道他要撮弄刘姥姥，便躲开让他。鸳鸯一面侍立，一面悄向刘姥姥说道："别忘了。"刘姥姥道："姑娘放心。"那刘姥姥入了坐，拿起箸来，沉甸甸的不伏手。原是凤姐和鸳鸯商议定了，单拿了一双老年四楞象牙镶金的筷子与刘姥姥。刘姥姥见了，说道："这叉爬子比俺那里铁锨还沉，那里强的过他。"说的众人都笑起来。

评注 >>

西洋布手巾：西洋布是一种白色的细布，白如雪，明代中叶由国外传入，在当时被视为珍奇物品而受到富贵人家喜爱。贾府家的西洋物品是比较多的，如王熙凤屋里的西洋钟，宝玉房里的西洋镜、西洋画、西洋自行船，还有西洋葡萄酒、西洋餐具、西洋布衣服等。西洋布手巾在贾府宴会时常用，这又是细微处见贾府的富贵。

乌木三镶（xiāng）银箸：乌木制的筷子，在顶端、中间、下端镶有三圈银片。乌木，颜色黑，质地硬而细腻，做筷子不易弯曲。镶，把物体嵌入另一物体上或加在另一物体的周边。这筷子，木头贵重，工艺奢华，是贾府日常家用的。

战敠（diānduo）人位：估量有多少个座位。战敠，估量，估计。

按席摆下：按照席位座次摆上（筷子）。

小楠木桌子：楠木做的小桌子。楠木，也是名贵木材。

刘亲（qìng）家：这是贾母对刘姥姥亲热的称呼。亲家，表明与刘姥姥是亲戚。贾母不嫌弃刘姥姥是个乡下老太婆。

递眼色与鸳鸯：用目光示意鸳鸯。递眼色，用眼色给人提示、暗示或给信号。

调（tiáo）停已毕：安排好了。调停，安排。毕，结束，完成。

宝玉：贾宝玉，贾母最疼爱的孙子，贾政、王夫人的儿子。
湘云：史湘云，贾母娘家的内侄孙女。
黛玉：林黛玉，贾母的外孙女，贾敏的女儿。
宝钗：薛宝钗，薛姨妈的女儿，贾宝玉的姨表姐。
迎春姊妹三个人：指迎春、探春、惜春。这一次宴会人员非常齐整，大观园里能到的人都到了。
素日：平时。
小丫鬟（huán）：年轻的婢女。
漱盂（shùyú）：盛漱口水的器皿。
麈尾（zhǔwěi）：驱赶蚊虫、拂拭灰尘的一种工具。
巾帕：手巾，手帕。从这些物品看来，贾母吃饭也很讲究，很多程序，很多规矩。
不当这差的了：不做这些事了。
撮（cuō）弄：戏弄，捉弄。
侍（shì）立：恭敬地站贾母身边服侍。
沉甸甸（diàn）的不伏手：非常重，不顺手。沉甸甸，形容筷子很重。不伏手，不合手，不听使唤。
老年四楞（léng）象牙镶金的筷子：这是比刚才的镶银乌木筷还要贵重的筷子，从后文贾母所说看来，只有大摆宴席时才会用。老年，大概是指筷子上刻有寿星等图案，包含祝颂老年人长寿之意。四楞，指筷子顶端是方形的，有四个棱角，所以叫"四楞"。象牙本已非常名贵，且沉重，又镶上金子，更见其贵重，真的是又"贵"又"重"。
这叉爬子比俺那里铁锨还沉，那里强的过他：刘姥姥把这筷子比作乡下的农具——叉爬子，比铁锨还沉，拿它没办法。全是乡下人口语，但是比得很有趣，贾府这些夫人小姐丫环很少听过，上上下下又笑了。叉爬子，一种木制的叉样的农具。铁锨（xiān），用熟铁或钢板制成，长方形片状，一端安有长的木把儿，是铲土、铲砂石的工具。强（jiàng）的过，制伏得了，使（筷子）听话好使；"强"字生动说出与筷子两个打架较力的样子，说明那个筷子很不好用。

写贾府就餐的安排、使用的餐具等，完全写实，工笔细描，但是不觉繁复，因为其中穿插人物活动，把静置的物品都带活了。

只见一个媳妇端了一个盒子站在当地，一个丫鬟上来揭去盒盖，里面盛着两碗菜。李纨端了一碗，放在贾母桌上。凤姐儿偏拣了一碗鸽子蛋，放在刘姥姥桌上。贾母这边说声"请"，刘姥姥便站起身来，高声说道："老刘，老刘，食量大似牛，吃一个老母猪不抬头。"自己却鼓着腮不语。众人先是发怔，后来一听，上上下下都哈哈的大笑起来。史湘云掌不住，一口饭都喷了出来。林黛玉笑岔了气，伏着桌子嗳哟。宝玉早滚到贾母怀里，贾母笑的搂着宝玉叫"心肝"。王夫人笑的用手指着凤姐儿，只说不出话来。薛姨妈也掌不住，口里茶喷了探春一裙子。探春手里的饭碗都合在迎春身上。惜春离了坐位，拉着他奶母，叫揉一揉肠子。地下的无一个不弯腰屈背，也有躲出去蹲着笑去的，也有忍着笑上来替他姊妹换衣裳的。独有凤姐鸳鸯二人掌着，还只管让刘姥姥。刘姥姥拿起箸来，只觉不听使，又说道："这里的鸡儿也俊，下的这蛋也小巧，怪俊的。我且肏攮一个。"众人方住了笑，听见这话又笑起来。贾母笑的眼泪出来，琥珀在后捶着。贾母笑道："这定是凤丫头促狭鬼儿闹的，快别信他的话了。"那刘姥姥正夸鸡蛋小巧，要肏攮一个。凤姐儿笑道："一两银子一个呢，你快尝尝罢。那冷了就不好吃了。"刘姥姥便伸箸子要夹，那里夹的起来。满碗里闹了一阵，好容易撮起一个来，才伸着脖子要吃，偏又滑下来，滚在地下。忙放下箸子，要亲自去捡，早有地下的人捡了出去了。刘姥姥叹道："一两银子，也没听见响声儿就没了。"众人已没心吃饭，都看着他取笑。贾母又说："谁这会子又把那个筷子拿了出来？又不请客，摆大筵席。都是凤丫头支使的。还不换了呢。"地下的人原不曾预备这牙箸，本是凤姐和鸳鸯拿了来的，听如此说，忙收了过去，也照样换上一双乌木镶银的。刘姥姥道："去了金的，又是银的，到底不及俺们那个伏手。"凤姐儿道："菜里若有毒，这银子下去了就试的出来。"刘姥姥道："这个菜里有毒，俺们那些都成了砒霜了。那怕毒死了，也要吃尽了。"贾母见他如此有趣，吃的又香甜，把自己的菜也端过来与他吃。又命一个老嬷嬷来，将各样的菜给板儿夹在碗上。

评注 >>

鼓着腮：贾府吃饭是很有规矩的，贾母正式宣布"请"，大家再吃；结果刘姥姥听了就开始了非常"正式"的吃饭仪式——一本正经地说出"老刘老刘食量大如牛"的话，然后鼓着腮不再说话，贾府可能从来没有遇到过这样开场吃饭的景象，在严格的礼仪之下竟然来这样一出"表演"，并且表演的人非常入戏，所以喜感很强烈。也不能不说刘姥姥具有天生的喜剧演员的素质。

先是发怔（zhèng）：刚开始是发呆。发怔，发呆，发傻。

掌不住：忍不住。

笑岔（chà）了气：笑得胸痛。

奶姆（mǔ）：奶妈，保姆。

还只管让刘姥姥：（没有理会众人笑）继续一本正经地请刘姥姥用饭。只管，只顾，放心地做某事不管别人。让，请人接受招待。

只觉不听使：只觉得不听使唤。那么重的筷子，还要夹那么小的鸽子蛋，如何好使？

这里的鸡儿也俊……我且飡攮（cànǎng）一个：这里的鸡长得好看，下的蛋也这么小巧，怪好看的，我姑且吃一个。怪俊的，特别好看。飡攮，胡乱吃一个，这是很粗的话（《红楼梦》程乙本为"我且得一个"）。凤姐故意给了鸽子蛋，刘姥姥还以为是鸡蛋，又说了这么一番有趣的话，虽然有点俚俗粗糙，但是大观园的人很少听过呀，所以逗得众人又笑。

捶（chuí）着：用手握拳给贾母捶背。

促狭鬼儿：喜好捉弄人的人，喜欢使坏的人。这是当时金陵一带的方言。

快别信他的话了：快别听他的话了。

刘姥姥便伸箸子要夹……滚在地下：一连串的动词，让人似乎可以看见刘姥姥吃鸽子蛋的样子——"伸"筷子，满碗"闹"了一阵，好不容易"撮"起来，"伸"着脖子要吃，鸽子蛋"滑"下来，"滚"在地下。吃起来太难了！可见想出筷子夹鸽子蛋这个"馊主意"的凤姐、鸳鸯确实是个促狭鬼。

支使：指使，让别人做。

地下的人原不曾预备这牙箸……一双乌木镶银的：虽然筷子不是这些人拿的，但是听到贾母发话，赶紧把那象牙筷子收了，换了常用的乌木筷子。这些人也很灵动，头脑反应非常快，动作也快，也可见贾府的训练与规矩。

去了金的，又是银的，到底不及俺们那个伏手：再次写出贾府的豪华。

砒（pī）霜：有剧毒的毒药。

老嬷嬷（mó）：老年女仆。

板儿：刘姥姥的外孙子。

这一段写刘姥姥的喜剧表演给大观园带来的欢笑，笑得各各不同，笑得无拘无束，笑得酣畅淋漓，整个大观园此刻没有忧愁，没有烦恼，没有算计，没有争斗，充满了欢乐的气息，洋溢着青春的色彩。

写这个欢乐场面，先写贾母那一桌，湘云先笑，喷出一口饭，因为湘云最为豪爽、最不矜持；其次是黛玉，她在轻松自在的时候其实是很有幽默感的人，但是她身子弱，所以写她笑岔了气；再是宝玉、贾母，一块儿写，宝玉"滚"在贾母怀里，贾母"搂"着宝玉叫"心肝"，这一对祖孙的亲密关系就是这么显现出来的。然后是王夫人、薛姨妈、几位小姐，最后镜头拉开，写席位之外的人，也是笑成一片。这里的镜头先是特写，然后用了广角，所以整个现场一片欢乐。而一场笑里，姿态万千，是因为笑的人物个性各有不同。

当然，除了鸳鸯和凤姐强忍住笑，宝钗也没有笑，作者没有提，只是不写，因为在这里他要通过自己的笔尽情呈现那段欢乐。

> 一时吃毕，贾母等都往探春卧室中去说闲话。这里收拾过残桌，又放了一桌。刘姥姥看着李纨与凤姐儿对坐着吃饭，叹道："别的罢了，我只爱你们家这行事。怪道说'礼出大家'。"凤姐儿忙笑道："你可别多心，才刚不过大家取笑儿。"一言未了，鸳鸯也进来笑道："姥姥别恼，我给你老人家赔个不是。"刘姥姥笑道："姑娘说那里话。咱们哄着老太太开个心儿，可有什么恼的！你先嘱咐我，我就明白了，不过大家取个笑儿。我要心里恼，也就不说了。"鸳鸯便骂人："为什么不倒茶给姥姥吃。"刘姥姥忙道："才刚那个嫂子倒了茶来，我吃过了。姑娘也该用饭了。"凤姐儿便拉鸳鸯："你坐下和我们吃了罢，省得回来又闹。"鸳鸯便坐下了。

评注 >>

收拾过残桌，又放了一桌：收拾好用过饭的桌子，又安排了一桌饭食。

怪道说"礼出大家"：难怪说"礼仪出自富贵人家"。这是刘姥姥感叹贾府有规矩，当然有一点奉承的意味；但她说的也是实情，贾府确实规矩大：贾母吃饭，李纨、凤姐等人在旁边服侍，等贾母一行人吃完了她们才能吃。

你可别多心，才刚不过大家取笑儿：凤姐以为刘姥姥是说刚才她们以"礼仪"之名让刘姥姥闹笑话，所以让刘姥姥不要想太多，然后解释并不是要出她的丑，只是想开玩笑取乐。

赔个不是：得罪了人向人道歉、赔罪。鸳鸯知道这个玩笑开得确实有点大，可能会让刘姥姥觉得不舒服，所以直接赔礼道歉，她是丫鬟，所以直接说道歉。

我要心里恼，也就不说了：刘姥姥这个老太太心里明镜儿似的，她虽然老于世故，但是她也朴实善良。这次来贾府，就是来感谢她们的：因为第一次来时，王熙凤虽然哭穷，但一出手就给了她二十两银子，还有其他东西，她心存感激，所以这次乡下丰收了就来表示感谢；既然带着感激之心来了，这次凤姐、鸳鸯她们让她一起演一出戏让老太太开心，她也就心甘情愿地演，所以才演得那么好。

鸳鸯便骂人：鸳鸯这里骂人没有给刘姥姥倒茶，是听了刘姥姥这么体贴、诚恳的话之后，心底非常敬重这个老太太。让人倒茶给刘姥姥，既是表示对不起，也是表示尊重。

你坐下和我们吃了罢，省得回来又闹：贾府的规矩大，丫鬟是不能与主人一同吃饭的，而凤姐让鸳鸯一起吃，可见鸳鸯的地位。

如果没有这一段对话，凤姐、鸳鸯的形象都显得太轻薄了一些，刘姥姥也只是个爱讨好人的世故的老太婆。有了这一段对话，每个人的形象都深了一层，她们三人之间的关系也进了一层。正是因为有这"交心"，写出刘姥姥、凤姐她们是站在心灵平等的角度来对话、做事的，所以刘姥姥没有觉得被安排去那样表演而低人一等，凤姐也没有觉得高高在上，就是为着演一出搞笑的喜剧让大家笑，所以她们各司其职，这一回的笑才如此畅快。如果每个人都想着自己的身份、地位，一方只是要取笑对方，便会让人难堪；一方只是要讨好对方，并非真心，就是笑也是极不自然的。

全文评析 >>

这一回借刘姥姥游大观园，写了贾府的豪华、富贵，同时也写了它的雅致、美丽，以及贾府人物特别是贾母为首的贾府小姐们不一般的修养和气质，这不是一夜暴富可以达到的，是几代人的积累。这里写得这么美，这么富贵，这么雅致，这么诗意，在最后败落的时候，就更加让人感到悲伤。

这是《红楼梦》中最欢乐的时刻，是一个乡下老太婆带来的。一个浑身泥土气息的乡村老太婆，与一个浑身都讲究的富贵老太婆相遇，竟然能如此欢乐，如此肆意。贾府的一切，无不透着讲究、雕琢、精致，几乎到了顶点，这么个乡下老太婆的到来，打破了它的规矩，打破了它的讲究，让她们忘了礼俗，忘了讲究，发出了最最天然的欢笑。一顿饭吃得一片笑声，热闹非凡，姿态横生，作者真是很会写；其中的两个老太婆，也是富贵就是富贵的样子，乡下就是乡下的样子，写得非常真实，非常贴切。

边城（节选）

沈从文

沈从文（1902—1988），原名沈岳焕，湖南凤凰县人，中国著名作家、历史文物研究者。14 岁时从军，读社会这部大书，20 多岁开始创作；自学成才，曾任教于西南联大、北京大学。文学作品《边城》《湘西》《从文自传》等在国内外有重大的影响，在 40 多个国家出版，曾两度被提名为诺贝尔文学奖候选人。新中国成立后不再创作，在中国历史博物馆和中国社会科学院历史研究所工作，完成巨著《中国古代服饰研究》等。

沈先生眷恋他的湘西，热切关注他生活的社会，下笔轻灵而温厚，深沉又俊逸，赤子一生，星斗其文。《边城》写川湘两省交界处一个老船夫的外孙女翠翠的爱情故事，也写了"边城"的各色人物、民风民俗、山山水水；这里的世界美如桃花源，青的山，绿的水，美的人，纯朴的民风，原始，自然，但是，又有着淡淡的哀愁。

以下《边城》原文选自沈从文著《边城》，译林出版社，2017 年出版。

《边城》十二

翠翠第二天在白塔下菜园地里，第二次被祖父询问到自己主张时，仍然心儿憧憧的跳着，把头低下不作理会，只顾用手去掐葱。祖父笑着，心想："还是等等看，再说下去这一坪葱会全掐掉了。"同时似乎又觉得这其间有点古怪处，不好再说下去，便自己按捺住言语，用一个做作的笑话，把问题引到另外一件事情上去了。

评注 >>

憧憧（chōng）：摇曳不定。指翠翠自己也不知道如何应对船总大儿子天保请人来求亲的事。

掐（qiā）葱：用手指把葱弄断。翠翠心中朦胧的情感无法跟老祖父说，只有掐葱。

一坪（píng）：面积单位，大约等于 3.3 平方米。

古怪：跟一般情况不同，使人觉得奇怪。爷爷不知道翠翠为什么对天保的提亲不表态，他认为天保很好。

按捺（ànnà）：压下去，控制。爷爷看到翠翠的表现，虽然不知道具体原因，但他也是通情达理的，再说本来就疼爱翠翠，所以他也不再追问；甚至怕翠翠不好意思，就把话题移开了。

乡村青春期女孩的爱情，朦朦胧胧，说也说不出，要说也说不明白，一个动作"掐葱"，很能表现人物特点。

天气渐渐的越来越热了。近六月时，天气热了些，老船夫把一个满是灰尘的黑陶缸子从屋角隅里搬出，自己还匀出些闲工夫，拼了几方木板作成一个圆盖。又锯木头作成一个三脚架子，且削刮了个大竹筒，用葛藤系定，放在缸边作为舀茶的家具。自从这茶缸移到屋门溪边后，每天早上翠翠就烧一大锅开水，倒进那缸子里去。有时缸里加些茶叶，有时却只放下一些用火烧焦的锅巴，乘那东西还燃着时便抛进缸里去。老船夫且照例准备了些发痧肚痛治疱疮痒子的草根木皮，把这些药搁在家中当眼处，一见过渡人神气不对，就忙匆匆的把药取来，善意的勒迫这过路人使用他的药方，且告给人这许多救急丹方的来源（这些丹方自然全是他从城中军医同巫师学来的）。他终日裸着两只膀子，在溪中方头船上站定，头上还常常是光光的，一头短短白发，在日光下如银子。翠翠依然是个快乐人，屋前屋后跑着唱着，不走动时就坐在门前高崖树荫下吹小竹管儿玩。爷爷仿佛把大老提婚的事早已忘掉，翠翠自然也似乎忘掉这件事情了。

评注 >>

屋角隅（yú）里：屋里一个角落。隅，角落。

匀出些闲工夫：腾出点空闲时间。

系（xì）：绑，拴。

舀（yǎo）：用瓢、勺取东西。

发痧（shā）肚痛治疱疮（pàochuāng）痒子（yángzǐ）：治疗发痧肚痛疱疮痒子这些平常的小毛病。发痧，多发生在夏秋之间的一种常见的流行病，有中暑症状，民间有流传的治疗法。疱疮，常见的皮肤感染病，有水疱、脓疱等症状。痒子，泛指疮，常见的皮肤病。

搁（gē）：放。

当眼处：最显眼的地方。

勒迫（lèpò）：强迫。

救急丹方：解决突然发生的伤病的民间流传的药方。

裸（luǒ）着：光着，露着。这里指没有穿长袖，胳膊露在外面。

大老：当地船总顺顺的大儿子，叫天保。他的弟弟叫傩送，被称为二老。

此段的风俗描写，既介绍了当地人治疗小毛病的法子，也表现出祖孙俩的善良。

可是那做媒的不久又来探口气了，依然同从前一样，祖父把事情成否全推到翠翠身上去，打发了媒人上路。回头又同翠翠谈了一次，也依然不得结果。

老船夫猜不透这事情在这什么方面有个疙瘩，解除不去，夜里躺在床上便常常陷入一种沉思里去，隐隐约约体会到一件事情——翠翠爱二老不爱大老，再想下去便是……想到了这里时，他笑了，为了害怕而勉强笑了。其实他有点忧愁，因为他忽然觉得翠翠一切全像那个母亲，而且隐隐约约便感觉到这母女二人共通的命运。一堆过去的事情蜂拥而来，不能再睡下去了，一个人便跑出门外，到那临溪高崖上去，望天上的星辰，听河边纺织娘以及一切虫类如雨的声音，许久许久还不睡觉。

这件事翠翠自然是注意不及的，这小女孩子日子里尽管玩着，工作着，也同时为一些很神秘的东西驰骋她那颗小小的心，但一到夜里，却甜甜的睡眠了。

评注 >>>

做媒的：媒人，给人介绍婚姻的人。中国古时的婚姻讲究明媒正娶，结婚一定要有媒人从中牵线搭桥；如果是两情相悦，也要借媒人之口去登门说媒，这样才合礼。大老就是自己喜欢上了翠翠，然后请人来说媒的。

疙瘩（gēda）：本来指皮肤上的小硬块，这里指翠翠对大老的提亲不表态一定有什么问题，但祖父还不知道问题在哪里。

蜂拥而来：像蜂群似的拥挤着狂奔而来。此处指人生经历丰富的爷爷为翠翠的爱情、婚事想了很多事情，尤其是想到翠翠的母亲为所爱的人殉情而死，就更加为翠翠的未来而担心。他不想翠翠重复她母亲的悲剧，但是如何帮翠翠他还没有想到办法。

纺织娘：一种昆虫，夏秋间出现，黄昏晚上出来活动，叫声如"轧织轧织"，所以称纺织娘。

虫类如雨的声音：夜晚虫类出来活动，声音如雨，多么静谧的夜晚！爷爷望着天上的星辰，听着如雨的虫声，真是一幅美极了的乡村夜景图。但是宁静的夜晚，有着不宁静的爷爷。

驰骋（chíchěng）：骑马奔跑。这里指朦朦胧胧的爱情在翠翠心头奔腾活跃。

祖父有自己的心事，翠翠也有自己的心事，都没有说出来，也说不出来；但是老人与孩子有心事毕竟各有不同，所以一个在乡村的静夜里听虫鸣，一个酣甜地睡了。一切都静静的，但是平静之中涌动着千头万绪。

不过一切皆得在一份时间中变化。这一家安静平凡的生活，也因了一堆接连而来的日子，在人事上把那安静空气完全打破了。
　　船总顺顺家中一方面，则天保大老的事已被二老知道了，傩送二老同时也让他哥哥知道了弟弟的心事。这一对难兄难弟原来同时都爱上了那个撑渡船的外孙女。这事情在本地人说来并不希奇，边地俗话说："火是各处可烧的，水是各处可流的，日月是各处可照的，爱情是各处可到的。"有钱船总儿子，爱上一个弄渡船的穷人家女儿，不能成为希罕的新闻，有一点困难处，只是这两兄弟到了谁应取得这个女人作媳妇时，是不是也还得照茶峒人规矩，来一次流血的挣扎？
　　兄弟两人在这方面是不至于动刀的，但也不作兴有"情人奉让"，如大都市懦怯男子爱与仇对面时作出的可笑行为。

评注 >>

难（nàn）兄难（nàn）弟：患难与共的兄弟，比喻兄弟关系好，情意深。
希奇：稀奇，少见。
边地：即本地，当地。这个地方在川湘交界处，是边界地，简称边地。
茶峒（dòng）：茶峒镇，就是故事发生的地点，一座位于川湘交界的边城。
流血的挣扎：指兄弟俩进行决斗。
不作兴：方言，不许可。
懦（nuò）怯：软弱，不坚强。

　　转而写爱情中的另一方——同时爱上了翠翠的两个青年，他们还是亲兄弟。但是亲兄弟面对爱情也要坦诚，爱情就是爱情，爱情不能因为亲情而奉让，这种边城之风就是这么诚实、坦白、自然、朴素；但是兄弟俩关系好，也不会进行流血的决斗，所以自然要讨论解决的办法。

　　那哥哥同弟弟在河上游一个造船的地方，看他家中那一只新船，在新船旁把一切心事全告给了弟弟，且附带说明，这点念头还是两年前植下根基的。弟弟微笑着，把话听下去。两人从造船处沿了河岸又走到王乡绅新碾坊去，那大哥就说：
　　"二老，你运气倒好，作了王团总女婿，有座碾坊；我呢，若把事情弄好了，我应当接那个老的手来划渡船了。我欢喜这个事情，我还想把碧溪岨两个山头买过来，在界线上种一片大南竹，围着这一条小溪作为我的砦子！"
　　那二老仍然默默的听着，把手中拿的一把弯月形镰刀随意斫削路旁的草木，到了碾坊时，却站住了向他哥哥说：

"大老,你信不信这女子心上早已有了个人?"
"我不信。"
"大老,你信不信这碾坊将来归我?"
"我不信。"
两人于是进了碾坊。

评注 >>>

这点念头还是两年前植下根基的:就是大老两年前就喜欢上了翠翠。大老强调这个时间,是想在兄弟俩的交谈中为自己争得机会,认为自己在时间上占有先机。

碾坊(niǎnfáng):指碾米磨面的作坊。王乡绅的碾坊将来要给女儿做陪嫁,所以谁娶了他女儿谁就得到碾坊。

那个老的:指老船夫。

欢喜:口语,喜欢。

碧溪岨(jū):地名。岨,上面有石的土山,这是湘西很常见的石头山风貌,所以地名也以"岨"命名。

砦(zhài)子:寨子,村寨。

斫削(zhuóxuē):用刀砍。傩送与哥哥兄弟情深,也爱翠翠,他边听哥哥说,边在想怎么处理这件事,所以手里的镰刀随意砍。二老的直觉是对的,他觉得翠翠也爱自己。作者很善于从细小的动作写人物。

这女子心上早已有了个人:二老的意思是翠翠早就喜欢上了自己。恋人之间是有这种感应的。但是大老不知道,也不信。

面对爱情,兄弟俩都在极力争取。

二老又说:"你不必——大老,我再问你,假若我不想得这座碾坊,却打量要那只渡船,而且这念头也是两年前的事,你信不信呢?"

那大哥听来真着了一惊,望了一下坐在碾盘横轴上的傩送二老,知道二老不是说谎,于是站近了一点,伸手在二老肩上打了一下,且想把二老拉下来。他明白了这件事,他笑了。他说,"我相信的,你说的全是真话!"

二老把眼睛望着他的哥哥,很诚实的说:

"大老,相信我,这是真事。我早就那么打算到了。家中不答应,那边若答应了,我当真预备去弄渡船的! ——你告我,你呢?"

"爸爸已听了我的话,为我要城里的杨马兵做保山,向划渡船说亲去了!"大老说到这个求亲手续时,好像知道二老要笑他,又解释要保山去的用意,"只是因为老的说车有车路,马有马路,我就走了车路。"

"结果呢?"

"得不到什么结果。老的口上含李子,说不明白。"

"马路呢?"

"马路呢,那老的说若走马路,得在碧溪岨对溪高崖上唱三年六个月的歌。把翠翠心子唱软,翠翠就归我了。"

"这并不是个坏主张!"

"是呀,一个结巴人话说不出还唱得出。可是这件事轮不到我了。我不是竹雀,不会唱歌。鬼知道那老人家存心是要把孙女儿嫁个会唱歌的水车,还是预备规规矩矩嫁个人!"

评注 >>

这念头也是两年前的事:弟弟二老也强调两年前就喜欢上了翠翠,同样是在为娶翠翠争取机会。

那大哥听来真着了一惊:大老没有想到二老也喜欢翠翠,这时才真正明白过来;弟弟竟然是自己的竞争对手,他没有想到,所以吃惊。

早就那么打算到了:方言,早就那么打算好了。也就是说二老早就铁定心思要娶翠翠的。

预备去弄渡船的:打算去娶翠翠。翠翠家撑渡船,娶了翠翠当然会接管渡船。渡船、碾坊,就成了翠翠、王乡绅女儿各自的代称。

做保山:做提亲的媒人。

车有车路,马有马路:当地俗语,求婚的两种方式,车路指请媒人,明媒正娶;马路指按当地的风俗,给喜欢的人唱歌,唱到喜欢的人答应为止。

口上含着李子:这是比喻的说法,比喻说话不清不楚,指大老请人向老船夫提亲娶翠翠,老船夫没有明确表示同意还是不同意。

竹雀:一种会唱歌的鸟。

鬼知道:鬼都不知道。表达大老对老船夫不表态的不满。

会唱歌的水车:指会唱歌的人,这是当地人对会唱情歌的人的一种比喻的说法。

规规矩矩嫁个人:即让人来说媒,明媒正娶。

大老知道了弟弟二老的心事,有些气恼,一是老船夫没有明确表态,二是真要通过唱歌赢得心爱的人,他自知比不过弟弟。

"那你怎么样?"

"我想告那老的,要他说句实在话。只一句话。不成,我跟船下桃源去了;成呢,便是要我撑渡船,我也答应了他。"

"唱歌呢?"

"二老,这是你的拿手好戏,你要去做竹雀你就赶快去吧,我不会捡马粪塞你嘴巴的。"

二老看到哥哥那种样子,便知道为这件事哥哥感到的是一种如何烦恼了。他明白他哥哥的性情,代表了茶峒人粗卤爽直一面,弄得好,掏出心子来给人也很慷慨作去,弄不好,亲舅舅也必一是一二是二。大老何尝不想在车路上失败时走马路;但他一听到二老的坦白陈述后,他就知道马路只二老有分,他自己的事不能提了。因此他有点气恼,有点愤慨,自然是无从掩饰的。

评注 >>

拿手好戏:比喻某人特别擅长的本领。

粗卤(lǔ):粗鲁。

掏出心子来给人:掏出心来给别人,比喻非常诚恳、真切。

二老想出了个主意,就是两兄弟月夜里同到碧溪岨去唱歌,莫让人知道是弟兄两个,两人轮流唱下去,谁得到回答,谁便继续用那张唱歌胜利的嘴唇,服侍那划渡船的外孙女。大老不善于唱歌,轮到大老时也仍然由二老代替。两人凭命运来决定自己的幸福,这么办可说是极公平了。提议时,那大老还以为他自己不会唱,也不想请二老替他作竹雀。但二老那种诗人性格,却使他很固执的要哥哥实行这个办法。二老说必需这样作,一切才公平一点。

大老把弟弟提议想想,作了一个苦笑。"×娘的,自己不是竹雀,还请老弟做竹雀!好,就是这样子,我们各人轮流唱,我也不要你帮忙,一切我自己来吧。树林子里的猫头鹰,声音不动听,要老婆时,也仍然是自己叫下去,不请人帮忙的!"

两人把事情说妥当后,算算日子,今天十四,明天十五,后天十六,接连而来的三个日子,正是有大月亮天气。气候既到了中夏,半夜里不冷不热,穿了白家机布汗裼,到那些月光照及的高崖上去,遵照当地的习惯,很诚实与坦白去为一个"初生之犊"的黄花女唱歌。露水降了,歌声涩了,到应当回家了时,就趁残月赶回家去。或过那些熟识的整夜工作不息的碾坊里去,躺到温暖的谷仓里小睡,等候天明。一切安排皆极其自然,结果是什么,两人虽不明白,但也看得极其自然。两人便决定了从当夜起始,来作这种为当地习惯所认可的竞争。

评注 »

固执的：坚持自己的意见，不肯改变。
中夏：夏季的第二个月，正是盛夏。
汗褂（guà）：汗衫。
初生之犊（dú）：刚出生的小牛，用来形容翠翠是刚进入青春期的女孩，情窦初开。
黄花女：未出嫁的年轻女孩。
歌声涩（sè）了：歌声唱得干涩，不流畅了。

二老不想承让爱情，但是也同情哥哥，所以想出一个"公平"的法子——轮到哥哥唱时也由他代哥哥唱，让翠翠来选择，看她应和谁的；大老也是有性格的，不愿意自己的事情还要弟弟来帮忙，知道自己不会唱，也不愿意弟弟代办，那还是要自己唱。他们都是诚实的。

《边城》十五

大老坐了那只新油船向下河走去了，留下傩送二老在家。老船夫方面还以为上次歌声既归二老唱的，在此后几个日子里，自然还会听到那种歌声。一到了晚间就故意从别样事情上，促翠翠注意夜晚的歌声。两人吃完饭坐在屋里，因屋前滨水，长脚蚊子一到黄昏就嗡嗡的叫着，翠翠便把蒿艾束成的烟包点燃，向屋中角隅各处晃着驱逐蚊子。晃了一阵，估计全屋子里已为蒿艾烟气熏透了，方把烟包搁到床前地上去，再坐在小板凳上来听祖父说话。从一些故事上慢慢的谈到了唱歌，祖父话说得很妙。祖父到后发问道：

评注 »

别样事情：别的事情。
滨水：临水，靠近水边。
熏（xūn）透：指让点燃的蒿艾的烟气充满整个屋子。
到后：方言，指与翠翠谈了一些话后。

写日常生活细节，翠翠拿烟包熏蚊子；这对相依为命的祖孙俩，爷爷疼爱翠翠，翠翠也是很乖巧的。

"翠翠，梦里的歌可以使你爬上高崖去摘虎耳草，若当真有谁来在对溪高崖上为你唱歌，你预备怎么样？"祖父把话当笑话说着的。

翠翠便也当笑话答道："有人唱歌我就听下去，他唱多久我也听多久！"

"唱三年六个月呢？"

"唱得好听，我听三年六个月。"

"这不大公平吧。"

"怎么不公平？为我唱歌的人，不是极愿意我长远听他唱歌吗？"

"照理说：炒菜要人吃，唱歌要人听。可是人家为你唱，是要你懂他歌里的意思！"

"爷爷，懂歌里什么意思？"

"自然是他那颗想同你要好的真心！不懂那点心事，不是同听竹雀唱歌一样了吗？"

"我懂了他的心又怎么样？"

评注 >>

梦里的歌：傩送二老在那个晚上给翠翠唱的歌，翠翠似乎在梦里听到了，第二天一早就讲给爷爷听，说她梦里听到歌声，灵魂被歌声浮起来了，轻轻地飘着，后来上到悬崖上摘了一大把虎耳草。爷爷当时醒着，明明白白听到了歌声，但他以为是大老唱的，没有告诉翠翠。后来爷爷又借口送药，到城里打听，才知道是二老唱的，心里高兴，但也没有说。而大老自知唱歌不是二老的对手，主动放弃，要求驾船远行了。

三年六个月：这里指唱歌时间长，并不一定是实指。

虎耳草：爱情的象征。

爷爷仍然在试探翠翠的心思。他们总是"开玩笑"地谈着爱情，因为爷爷不想贸然惊动翠翠；他对翠翠婚事的关注，去城里打听都是翠翠不知道的。但是开玩笑的话题，说着说着渐渐地不是开玩笑了："人家为你唱，是要你懂他歌里的意思"；翠翠问"懂歌里什么意思？"不是开玩笑，是真的想知道。毕竟翠翠还小，爱情于她就像春天的树刚冒头的一点点小嫩芽，到底是什么，是不大清楚的。"自然是他那颗想同你好的真心！"爷爷说得很郑重了；"我懂了他的心又怎么样？"或者是拒绝，或者仍然是不懂，所以翠翠会这么问。

祖父用拳头把自己腿重重的捶着，且笑着："翠翠，你人乖，爷爷笨得很，话也说得不温柔，莫生气。我信口开河，说个笑话给你听。你应当当笑话听。河街天保大老走车路，请保山来提亲，我告给过你这件事了，你那神气不愿意，是不是？可是，假若那个人还有个兄弟，走马路，为你来唱歌，向你攀交情，你将怎么说？"

翠翠吃了一惊，低下头去。因为她不明白这笑话究竟有几分真，又不清楚这笑话是谁诌的。

祖父说："你告诉我，愿意哪一个？"

翠翠便勉强笑着轻轻的带点儿恳求的神气说：

"爷爷莫说这个笑话吧。"翠翠站起身了。

"我说的若是真话呢？"

"爷爷你真是个……"翠翠说着走出去了。

祖父说："我说的是笑话，你生我的气吗？"

翠翠不敢生祖父的气，走近门限边时，就把话引到另外一件事情上去："爷爷看天上的月亮，那么大！"说着，出了屋外，便在那一派清光的露天中站定。站了一忽儿，祖父也从屋中出到外边来了。翠翠于是坐到那白日里为强烈阳光晒热的岩石上去，石头正散发日间所储的余热。祖父就说："翠翠，莫坐热石头，免得生坐板疮。"但自己用手摸摸后，自己也坐到那岩石上了。

评注 ▶▶

攀交情：设法接触交往而发生感情。这里指二老来向翠翠表达爱意。

门限：门槛。

爷爷希望翠翠找到自己喜欢的人，也希望喜欢翠翠的人翠翠也喜欢，但是爷爷这样的话不能直说。爷爷也不确定翠翠是否真的喜欢二老，所以谈到"爱情"，都用"说笑话"的方式来试探。

"吃了一惊""勉强笑着""恳求""站起身""说着走出去了""把话题引到另外一件事上去""爷爷看天上的月亮，那么大"，可见翠翠是喜欢二老的。但是被爷爷说了出来仍然让她吃惊，她也不太确定，不太确定就不敢让人知道，她像山野的自然小鹿，完全不知道人事的处理方法。把一个纯朴的乡村小女孩娇羞而不好启齿的情态写得很真切。

爷爷爱怜孙女，叮嘱翠翠莫坐热石头，摸摸石头自己也坐了：陪伴就是满满的爱，细节特别动人。

月光极其柔和，溪面浮着一层薄薄白雾，这时节对溪若有人唱歌，隔溪应和，实在太美丽了。翠翠还记着先前祖父说的笑话。耳朵又不聋，祖父的话说得极分明，一个兄弟走马路，唱歌来打发这样的晚上，算是怎么一回事？她似乎为了等着这样的歌声，沉默了许久。

评注 >>>

如诗如画的风景，纯净得不得了，有如翠翠的爱情。

翠翠心中的感觉不说出来，但是听了爷爷的话，心里仍然有所期待。

她在月光下坐了一阵，心里却当真愿意听一个人来唱歌。久之，对溪除了一片草虫的清音复奏以外别无所有。翠翠走回家里去，在房门边摸着了那个芦管，拿出来在月光下自己吹着。觉吹得不好，又递给祖父要祖父吹。老船夫把那个芦管竖在嘴边，吹了个长长的曲子，翠翠的心被吹柔软了。

翠翠依傍祖父坐着，问祖父：

"爷爷，谁是第一个做这个小管子的人？"

"一定是个最快乐的人做的，因为他分给人的也是许多快乐；可又像是个最不快乐的人做的，因为他同时也可以引起人不快乐！"

"爷爷，你不快乐了吗？生我的气了吗？"

"我不生你的气。你在我身边，我很快乐。"

"我万一跑了呢？"

"你不会离开爷爷的。"

"万一有这种事，爷爷你怎么样？"

"万一有这种事，我就驾了这只渡船去找你。"

翠翠嗤的笑了。"凤滩茨滩不为凶，下面还有绕鸡笼；绕鸡笼也容易下，青浪滩浪如屋大。爷爷，你渡船也能下凤滩、茨滩、青浪滩吗？那些地方的水，你不说过全是像疯子，毫不讲道理？"

祖父说："翠翠，我到那时可真像疯子，还怕大水大浪？"

翠翠俨然极认真的想了一下，就说："爷爷，我一定不走。可是，你会不会走？你会不会被一个人抓到别处去？"

祖父不作声了，他想到不犯王法不怕官，只有被死亡抓走那一类事情。

评注 >>>

茨（cí）滩：滩名。

你不说过：用反问语气表示肯定，表示你说过。
全是像疯子，毫不讲道理：指上面所说的行船需要经过的几个险滩，非常凶险。
我到那时可真像疯子：指假设翠翠跑了，爷爷一定会有的情急的状态。
俨（yǎn）然：严肃庄重的样子。

山溪静夜，月光如水，一支芦管悠悠地响起。作者非常善于写景，美得简直脱离了人间，但是又分明是人间。翠翠等待的歌声没有来，淡淡的失望、说不出的惆怅让她拿起芦管，这就是翠翠表达情感的方式。

祖孙俩关于芦管的对话简单、纯朴，爷爷的话富有阅历感，说到最后有点淡淡的忧愁。切合爷爷的心情。

祖孙俩相依为命，相互无限牵挂，写得深情感人。娇娇乖乖的翠翠，慈祥的祖父，希望一辈子相伴，可是躲不过岁月的宿命，这就是让人悲哀的原因?！翠翠心里有丝丝的恐惧，爷爷何尝不是。

老船夫打量着自己被死亡抓走以后的情形，痴痴的看望天南角上一颗星子，心想："七月八月天上方有流星，人也会在七月八月死去吧？"又想起白日在河街上同大老谈话的经过，想起中寨人陪嫁的那座碾坊，想起二老，想起一大堆事情，心中有点儿乱。

评注 >>

祖父担心来担心去，还是担心翠翠呀；翠翠的婚事还没有定下来，各种传说、各种不定因素，让爷爷的心乱了。

翠翠忽然说："爷爷，你唱个歌给我听听，好不好？"
祖父唱了十个歌，翠翠傍在祖父身边，闭着眼睛听下去，等到祖父不作声时，翠翠自言自语说："我又摘了一把虎耳草了。"
祖父所唱的歌，便是那晚上听来的歌。

因为翠翠的婚事，爷爷背地里操了很多心，做了好些事，但是都没有让翠翠知道。爷爷的心事翠翠自然也不懂。

翠翠在说不清楚的希望而又失望的惆怅里要求爷爷唱歌，写出乡村小女孩爱情萌动的复杂心情。爷爷给外孙女唱歌，充满怜爱。而爷爷的歌，就是二老那天晚上唱的，翠翠听到这样的歌声，梦到摘了虎耳草——她确信自己的爱情了。但是她的爱情，那么纯粹，那么朦胧，说也说不出来，就像空气里的小花、青草的香气，或者晚风送来的流水的声音，若有若无，但是又是那样实实在在，那样真。而一旦确认爱情的真，就怕失去，也不敢确定。

全文评析 >>

《边城》里的人物都那么美，朴实善良的爷爷，活泼纯真的翠翠，率直任性的大老，自由坚定的二老，他们都很好，都没有错，但是围绕着翠翠的爱情和婚事，萦绕着一股说不出的哀伤和惆怅。

围城（节选）

钱钟书

  钱钟书（1910—1998），原名仰先，字哲良，后改名钟书，字默存，号槐聚，江苏无锡人。钱先生是学贯中西的大学者，他的《谈艺录》《宋诗选注》《管锥编》等许多著作在国内外学术界都享有很高的声誉。

  《围城》是一部学者小说，没有特别吸引人的故事情节，大致以时间为序，写了方鸿渐的爱情与婚姻、生活与工作，以他为中心描画了他周围形形色色的知识分子形象，犹如"新儒林外史"，笔锋辛辣，妙语如珠。至于"围城"的含义，大概就是城外的人想冲进去，城内的人想冲出来，人生万事种种，都是如此。

  本文节选其中一段，写方鸿渐对唐晓芙的一见钟情。唐晓芙是《围城》中唯一没有被讽刺的人物，她冰雪聪明，大方自然，清新脱俗，真如"清水芙蓉"，无奈方鸿渐自己优柔寡断，没有处理好与苏文纨的"爱情"纠葛，最终无法走进与唐晓芙的婚姻之城，唐晓芙成为方鸿渐永远的"白月光"。

  以下《围城》原文节选自钱钟书著《围城》，人民文学出版社，1991年出版。

  苏小姐领了个二十左右的娇小女孩子出来，介绍道："这是我表妹唐晓芙。"唐小姐妩媚端正的圆脸，有两个浅酒涡。天生着一般女人要花钱费时、调脂和粉来仿造的好脸色，新鲜得使人见了忘掉口渴而又觉嘴馋，仿佛是好水果。她眼睛并不顶大，可是灵活温柔，反衬得许多女人的大眼睛只像政治家讲的大话，大而无当。古典学者看她说笑时露出的好牙齿，会诧异为什么古今中外诗人，都甘心变成女人头插的钗，腰束的带，身体睡的席，甚至脚下践踏的鞋袜，可是从没想到化作她的牙刷。她头发没烫，眉毛不镊，口红也没有擦，似乎安心遵守天生的限止，不要弥补造化的缺陷。总而言之，唐小姐是摩登文明社会里那桩罕物——一个真正的女孩子。有许多都市女孩子已经是装模做样的早熟女人，算不得孩子；有许多女孩子只是浑沌痴顽的无性别孩子，还说不上女人。方鸿渐立刻想在她心上造个好印象。唐小姐尊称他为"同学老前辈"，他抗议道："这可不成！你叫我'前辈'，我已经觉得像史前原人的遗骸了。你何必又加上'老'字？我们不幸生得太早，没福气跟你同时同学，这是恨事。你再叫我'前辈'，就是有意提醒我是老大过时的人，太残忍了！"

评注 >>

写唐晓芙的出场，着重写了她的天然之美：好脸色、美丽的眼睛、漂亮的牙齿，不做修饰的头发、眉毛、嘴唇。最后得出结论：她是现代社会稀罕的少见的女孩子。作者怕读者不明白，又用比较法强调了她的不做作，以及天生的女性美。作者写她的脸色好得像新鲜的水果，美丽的眼睛大而有神，不像政治家的演讲，大而无当，比喻出乎意料，让人忍俊不禁。写漂亮的牙齿，排列了一堆诗人对美女的倾心之法，表示自己甘愿做一把牙刷，与美齿相伴，可见这牙齿是多么迷人！作者的这种写法，博喻联翩，典故纵横，机趣横出。能这样写的只有钱先生吧。

这么不世出的稀罕的女孩子，方鸿渐一见钟情，马上表现自己的口才和机智，想以此博得对方的好印象。方鸿渐一时忘形，对唐小姐大献殷勤，大概忘记了苏文纨是拿自己当恋人的，虽然他自己不承认，但是他也没有明确拒绝苏小姐。

愿意变为所倾心的女子的所用之物，莫过于陶渊明的《闲情赋》："愿在衣而为领，承华首之余芳……愿在裳而为带，束窈窕之纤身……愿在发而为泽，刷玄鬓于颓肩……愿在眉而为黛，随瞻视以闲扬……愿在莞而为席，安弱体于三秋……愿在丝而为履，附素足以周旋……"。

镊（niè）：（用镊子）夹。

摩登：因为与 modern 读音相近，拥有"现代"和"时髦"的意思。

那桩（zhuāng）罕物：那件稀罕的物品。这里指唐小姐是一个真正的女孩子，这在当时很少见。桩，这里做量词。

装模（mú）做样：故意做作，故作姿态。

浑沌痴顽（hùndùnchīwán）：糊里糊涂，不开窍，愚蠢无知。

遗骸（hái）：人死后留下来的尸骨。这是夸张地说唐小姐的称呼让他觉得自己很老。

恨事：（让人）遗憾的事情。

唐小姐道："方先生真会挑眼！算我错了，'老'字先取消。"

苏小姐同时活泼地说："不羞！还要咱们像船上那些人叫你'小方'么？晓芙，不用理他。他不受抬举，干脆什么都不叫他。"

评注 >>

挑眼：挑别人不对的地方，故意找毛病。唐小姐这样说也不是真的批评方鸿渐，只是接过话茬玩笑罢了。

不羞：不害羞。这里是说方鸿渐极力辩解自己不老，真是不知害羞。不过这是比较亲昵的说法。

不受抬举：不懂得别人的好意。是说唐小姐称方鸿渐为"同学老前辈"是对他的尊敬，他竟然不懂，不接受。当然这也是苏文纨开玩笑的，并不是说方鸿渐真的不懂。

方鸿渐看唐小姐不笑的时候，脸上还依恋着笑意，像音乐停止后袅袅空中的余音。许多女人会笑得这样甜，但她们的笑容只是面部肌肉柔软操，仿佛有教练在喊口令："一！"忽然满脸堆笑，"二！"忽然笑不知去向，只余个空脸，像电影开映前的布幕。他找话出来跟她讲，问她进的什么系。苏小姐不许她说，说："让他猜。"

评注 ▶▶

袅袅（niǎo）：形容声音婉转悠扬，余音不绝。用音乐的美妙余音比喻唐小姐笑的余意，说明唐小姐笑得真，不应付，不做作。

写唐小姐笑得美，笑得自然、真诚，用了音乐的比喻；接着又用比喻写出那些应付的、敷衍的笑：来得快，去得快，好像是在听口令做动作，把这些笑的机械化刻画得很传神，从反面映衬出唐小姐的笑很动人。

方鸿渐猜文学不对，猜教育也不对，猜化学物理全不对，应用张吉民先生的话道："Search me！难道读的是数学？那太利害了！"

唐小姐说出来，原来极平常的是政治系。苏小姐注一句道："这才利害呢。将来是我们的统治者，女官。"

方鸿渐说："女人原是天生的政治动物。虚虚实实，以退为进，这些政治手腕，女人生下来全有。女人学政治，那真是以后天发展先天，锦上添花了。我在欧洲，听过 Ernst Bergmann 先生的课。他说男人有思想创造力，女人有社会活动力，所以男人在社会上做的事该让给女人去做，男人好躲在家里从容思想，发明新科学，产生新艺术。我看此话甚有道理。女人不必学政治，而现在的政治家要成功，都得学女人。政治舞台上的戏剧全是反串。"

苏小姐道："这是你那位先生故作奇论，你就喜欢那一套。"

方鸿渐道："唐小姐，你表姐真不识抬举，好好请她女子参政，她倒笑我故作奇论！你评评理看。老话说，要齐家而后能治国平天下。请问有多少男人会管理家务的？管家要仰仗女人，而自己吹牛说大丈夫要治国平天下，区区家务不屑理会，只好比造房子要先向半空里盖个屋顶。把国家社会全部交给女人有许多好处，至少可以减少战争。外交也许更复杂，秘密条款更多，可是女人因为身体关系，并不擅长打仗。女人对于机械的头脑比不上男人，战争起来或者使用简单的武器，甚至不过挦头发、抓脸皮、拧肉这些本位武化，损害不大。无论如何，如今新式女人早不肯多生孩子了，到那时候她们忙着干国事，更没工夫生产，人口稀少，战事也许根本不会产生。"

评注 >>

张吉民：《围城》中的人物，在美国人的花旗洋行里做买办，有钱，喜欢人们叫他Jimmy张，说话经常会带出几个英文词。方鸿渐曾经去他家相亲，但是没有看上他的女儿。

Search me：把我考倒了。这里用英文是方鸿渐故意创造一种夸张搞笑的效果。

利害：即厉害，下同。

锦上添花：在锦上面再绣上花，比喻好上加好，美上添美。这是恭维唐小姐读了政治系，即女性天生是政治活动家，适合从事政治，而唐小姐又读了政治系，所以好上加好。

反串：中国传统戏曲的一种演出方式，通常指具备才艺的演员登台表演与自身擅长的行当不同的戏，比如旦角扮演生角，生角扮演旦角，生角扮演丑角等。方鸿渐说男的天生思想创造力好，女的是天生的社会活动家，但是现在社会上的政治人物都是男的，所以说是反串，意思是社会政治活动应该由在行的女性去做。这当然也是恭维唐小姐的话。

挦（xián）：扯，拔。

方鸿渐一个劲儿讨好唐晓芙，夸她学政治这个专业真是了不得。

唐小姐感觉方鸿渐说这些话，都为着引起自己对他的注意，心中暗笑，说："我不知道方先生是侮辱政治还是侮辱女人，至少都不是好话。"

苏小姐道："好哇！拐了弯拍了人家半天的马屁，人家非但不领情，根本就没有懂！我劝你少开口罢。"

唐小姐道："我并没有不领情。我感激得很，方先生肯为我表演口才。假使我是学算学的，我想方先生一定另有议论，说女人是天生的计算动物。"

……（节略）

评注 >>

唐小姐果然聪明，一眼就看穿了方鸿渐的把戏，但是不反感，而是感激。

苏小姐仍然觉得方鸿渐是来追求自己的，所以用熟稔的口气说"我劝你少开口罢"。

节略部分写赵辛楣——苏文纨的忠实追求者来拜访，却误以为方鸿渐也是来追求苏文纨的，满心吃醋，一个劲儿跟方鸿渐过不去。

苏小姐还没回答，唐小姐和方鸿渐都说时候不早，该回家了，谢辛楣的盛意，晚饭心领。苏小姐说："鸿渐，你坐一会，我还有几句话跟你讲——辛楣，我今儿晚上要陪妈妈出去应酬，咱们改天吃馆子，好不好？明天下午四点半，请你们都来喝茶，陪陪新回国的沈先生沈太太，大家可以谈谈。"

赵辛楣看苏小姐留住方鸿渐，奋然而出。方鸿渐站起来，原想跟他拉手，只好又坐下去。"这位赵先生真怪！好像我什么地方开罪了他似的，把我恨得形诸词色。"

"你不是也恨着他么？"唐小姐狡猾地笑说。苏小姐脸红，骂她："你这人最坏！"方鸿渐听了这句话，要否认他恨赵辛楣也不敢了，只好说："苏小姐，明天茶会谢谢罢。我不想来。"

唐小姐没等苏小姐开口，便说："那不成！我们看戏的人可以不来；你是做戏的人，怎么好不来？"

苏小姐道："晓芙！你再胡说，我从此不理你。你们两个明天都得来！"

评注 >>

辛楣：即赵辛楣，留美回国，当时在华美新闻社当政治编辑，苏文纨的热烈追求者。但是苏文纨喜欢的是方鸿渐，所以赵辛楣把方鸿渐当成了情敌，也总想找机会出方鸿渐的洋相。

晚饭心领：就是谢谢对方邀请吃晚饭。心领，客套话，用于辞谢别人的馈赠或酒食招待等。

开罪：得罪，因冒犯而得罪。

恨得形诸词色：恨得都表现在脸上、语言上了。这是赵辛楣对付"情敌"的办法，就是对方鸿渐根本不屑一顾，也不礼节性地握手。形诸辞色，（内心活动）表露在脸上和言辞上。形，动词，表现（出来）。诸，之于。辞，语言。色，脸色。

你不是也恨着他么：方鸿渐与苏文纨是老同学，他主动拜访苏文纨，让苏文纨误会他爱自己，当然也让唐小姐认为他在追求苏文纨，所以唐小姐说他也会把赵辛楣当情敌一样恨。这是唐小姐在调侃方鸿渐。

你这人最坏：这是苏小姐嗔怪唐小姐，并不是真的说唐小姐坏。苏小姐当然希望方鸿渐追求自己，被唐小姐当众说出来，故意表现出有些不好意思；同时苏小姐也借唐小姐的口来坐实方鸿渐喜欢自己，所以脸红。

你是做戏的人：这是比喻的说法。既然方鸿渐与赵辛楣是情敌，情敌见面必然相互"攻击""打架"，对于旁人来说，看他们情敌互"斗"就像看戏一样，所以说方鸿渐是"做戏的人"。

自从见到唐晓芙，方鸿渐确定自己不爱苏文纨，但是他不敢公开说出来，模棱两可的态度，更加让苏文纨觉得他爱上了自己。

> 唐小姐坐苏家汽车走了。鸿渐跟苏小姐两人相对，竭力想把话来冲淡，疏通这亲密得使人窒息的空气："你表妹说话很利害，人也好像非常聪明。"
> "这孩子人虽小，本领大得狠，她抓一把男朋友在手里玩弄着呢！"——鸿渐脸上遮不住的失望看得苏小姐心里酸溜溜的——"你别以为她天真，她才是满肚子鬼主意呢！我总以为刚进大学就谈恋爱的女孩子，不会有什么前途。你想，跟男孩子们混在一起，搅得昏天黑地，哪有工夫念书。咱们同班的黄璧、蒋孟媞，你不记得么？现在都不知道哪里去了！"
> 方鸿渐忙说记得："你那时候也红得很，可是你自有那一种高贵的气派，我们只敢远远的仰慕着你。我真梦想不到今天会和你这样熟。"
> 苏小姐心里又舒服了。谈了些学校旧事，鸿渐看她并没有重要的话跟自己讲，便说："我该走了，你今天晚上还得跟伯母出去应酬呢。"
> 苏小姐道："我并没有应酬，那是托词，因为辛楣对你太无礼了，我不愿意长他的骄气。"
> 鸿渐惶恐道："你对我太好了！"
> ……（节略）

评注 >>

仰慕：敬仰思慕，喜欢而又崇拜的一种情感。
托词：借口。
长他的骄气：助长他骄傲自大的习气。
惶（huáng）恐：惊惶害怕。方鸿渐不爱苏小姐，也不希望苏小姐认为自己爱上了她，所以苏小姐对他的好让他不自在。

此段心理描写非常细腻，苏小姐的情感起起伏伏：沉浸在自认为的方鸿渐对自己的"爱情"里的甜蜜，听到方鸿渐夸唐小姐时酸溜溜，又听方鸿渐说自己"自有一股高贵"时心里的舒服，这是一个活在自我感觉中的女性。而方鸿渐对两人的亲密感到不自在，听了苏文纨的话之后表现出无法亲近唐小姐的失望；不愿拂逆苏小姐，接着又恭维苏小姐；恭维之后苏小姐马上对自己好，他又受不了这种好，感到很不自在，甚至惶恐，其性格的优柔寡断，写得非常细密。

苏小姐瞥他一眼低下头道："有时候我真不应该对你那样好。"这时候空气里蠕动着他该说的情话，都扑凑向他嘴边要他说。他不愿意说，而又不容静默。看见苏小姐搁在沙发边上的手，便伸手拍她的手背。苏小姐把手缩回，柔声道："你去罢。明天下午早点来。"苏小姐送到客堂门口，鸿渐下阶，她唤"鸿渐"，鸿渐回来问她有什么事，她笑道："没有什么。我在这儿望你，你为什么直往前跑，头都不回？哈哈，我真是没道理女人，要你背后生眼睛了——明天早些来。"

评注 >>

蠕（rú）动：本义指像虫类爬行一样动。这里指苏小姐的表情、动作、话语酿造了浓浓的甜蜜爱情的气氛，需要方鸿渐说出情话。

方鸿渐不愿意说出甜蜜的话，他也说不出，但是他又觉得自己不得不有所表示，所以又拍了拍对方的手背，似乎是"发乎情，止乎礼"，但是这让苏小姐误会更深了。

方鸿渐出了苏家，自觉已成春天的一部分，沉潋一气，不是两小时前的春天门外汉了。走路时身体轻得好像地面在浮起来。只有两件小事梗在心里消化不了。第一，那时候不该碰苏小姐的手，应该假装不懂她言外之意的；自己总太心软，常迎合女人，不愿触犯她们，以后言动要斩截些，别弄假成真。第二，唐小姐的男朋友很多，也许已有爱人。鸿渐气得把手杖残暴地打道旁的树。不如趁早死了心罢，给一个未成年的女孩子甩了，那多丢脸！这样悒悒不甘地跳上电车，看见邻座一对青年男女喁喁情话。男孩子身上放着一堆中学教科书，女孩子的书都用电影明星照相的包书纸包着。那女孩子不过十六七岁，脸化妆得就像搓油摘粉调胭脂捏出来的假面具。鸿渐想上海不愧是文明先进之区，中学女孩子已经把门面油漆粉刷，招徕男人了，这是外国也少有的。可是这女孩子的脸假得老实，因为决没人相信贴在她脸上的那张脂粉薄饼会是她的本来面目。他忽然想唐小姐并不十分妆饰。刻意打扮的女孩子，或者是已有男朋友，对自己的身体发生了新兴趣，发现了新价值，或者是需要男朋友，挂个鲜明的幌子，好刺眼射目，不致遭男人忽略。唐小姐无意修饰，可见她心里并没有男人。鸿渐自以为这结论有深刻的心理根据，合严密的逻辑推理，可以背后批 Q. E. D. 的。他快活得坐不安位。电车到站时，他没等车停就抢先跳下来，险些摔一跤，亏得撑着手杖，左手推在电杆木上阻住那扑向地的势头。吓出一身冷汗，左手掌擦去一层油皮，还给电车司机训了几句。回家手心涂了红药水，他想这是唐晓芙害自己的，将来跟她细细算账，微笑从心里泡沫似地浮上脸来，痛也忘了。他倒不想擦去皮是这只手刚才按在苏小姐手上的报应。

评注

沆瀣（hàngxiè）一气：比喻臭味相投的人勾结在一起。方鸿渐因为在苏小姐家遇到了一见倾心的唐晓芙，想起来都非常高兴，让他觉得自己都成为春天的一部分了。这是贬词褒用，更能表达高兴的情感。

梗（gěng）在心里消化不了：指这两件小事让方鸿渐觉得心里像有什么东西堵在那里，不舒服。梗，阻塞，妨碍。

惘惘（wǎng）不甘：失落，又不甘心。苏小姐说唐小姐有一大把男朋友，让方鸿渐耿耿于怀，甚至想到对方可能已经有爱人了，自己更没有机会了，有些怅惘、失落，但是他又不甘心。

喁喁（yú）情话：背地里小声地说着情话。喁喁，拟声词，形容说话的声音，多用于小声说话。

搓（cuō）油摘粉调（tiáo）胭脂：化妆的几个步骤。连着一气写，也不用标点符号分开，形容那个女孩子化妆化得过分。这里把化得过分的脸比喻为"假面具"，把化妆比喻为"油漆粉刷"的门面，固然是说那个女孩子化妆化得不好看，也表现出对化妆的厌恶之感。

Q. E. D.：拉丁语 quod erat demonstrandum 的首字母缩写，表示"证明完毕"。这里写出方鸿渐推理出唐晓芙没有男朋友时的得意。

快活得坐不安位：方鸿渐通过自己的分析得出唐小姐还没有男朋友的结论，便想到自己还有追求的机会，所以特别开心，坐都坐不住了。

车没有停稳就抢先下车，险些摔了一跤，还蹭破了手掌；蹭破手掌却没有痛，只是说要找唐小姐算账，方鸿渐已经认为自己会和唐小姐在一起了。爱上一个人，思维都是跳跃的、超前的。

大段的心理描写，把爱上一个人的喜悦、患得患失，甚至有点着魔的过程写得活灵活现。

全文评析

钱先生的笔对方鸿渐有调侃，但是写方鸿渐对唐晓芙的爱，是动了真情的。

《围城》写知识分子，特别擅长写心理、写对话、写动作，穷情尽相，深刻细腻。文中比喻迭出，既见作者之博识，也让人惊叹作者联想之奇妙，这正是学者小说的特点。

倾城之恋（节选）

张爱玲

张爱玲（1920—1995），原名张瑛，出生于上海，家世显赫，身世凄凉。中国现当代著名作家，早年成名。描写普通人的生活，擅长刻画人物心理，用独特的视角展示生活的残酷、惨烈，人性的冷漠、自私、幽暗。独特的人生经历与感悟使其作品充满奇特的感觉、奇特的比喻，但是与作品基调非常协调，流畅、自然，犹如精灵驱使。她的故事色调都是暗淡的、幽深的，就是红色，也是刺目的、惊心的，悲凉的；声音是嘶哑的、绝望的；文字是犀利的、尖锐的。在20世纪的文坛，她自有一席之地。但是读她的书，很多时候都需要晴朗的天气、明媚的阳光，否则有喘不过气来的感觉。

《倾城之恋》发表于1943年，是张爱玲最著名的作品之一，讲述了白家小姐白流苏与潇洒多金的风流浪子范柳原的爱情故事，因为各怀心机，试探、回避、矜持、放浪，似爱又不爱，似无情又有情，故事写得千曲百转，缠绕、复杂；对话、人物描写隐隐有《红楼梦》的笔法。

以下《倾城之恋》原文选自张爱玲著《张爱玲文集》第二卷《倾城之恋》，安徽文艺出版社，1992年出版。

迎面遇见一群西洋绅士，众星捧月一般簇拥着一个女人。流苏先就注意到那人的漆黑的头发，结成双股大辫，高高盘在头上。那印度女人，这一次虽然是西式装束，依旧带着浓厚的东方色彩。玄色轻纱氅底下，她穿着金鱼黄紧身长衣，盖住了手，只露出晶亮的指甲，领口挖成极狭的V形，直开到腰际，那是巴黎最新的款式，有个名式，唤做"一线天"。她的脸色黄而油润，像飞了金的观音菩萨，然而她的影沉沉的大眼睛里躲着妖魔。古典型的直鼻子，只是太尖，太薄一点。粉红的厚重的小嘴唇，仿佛肿着似的。柳原站住了脚，向她微微鞠了一躬。流苏在那里看她，她也昂然望着流苏，那一双骄矜的眼睛，如同隔着几千里地，远远的向人望过来。柳原便介绍道："这是白小姐。这是萨黑荑妮公主。"流苏不觉肃然起敬。萨黑荑妮伸出一双手来，用指尖碰了一碰流苏的手，问柳原道："这位白小姐，也是上海来的？"柳原点点头。萨黑荑妮微笑道："她倒不像上海人。"柳原笑道："像哪儿的人呢？"萨黑荑妮把一只食指按在腮帮子上，想了一想，翘着十指尖尖，仿佛是要形容而又形容不出的样子，耸肩笑了一笑，往里走去。柳原扶着流苏继续往外走，流苏虽然听不大懂英文，鉴貌辨色，也就明白了，便笑道："我原是个乡下人。"柳原道："我刚才对你说过了，你是个道地的中国人，那自然跟她所谓的上海人有点不同。"

评注 >>

轻纱氅（chǎng）：用轻薄的纱做成的外套大衣。
骄矜（jīn）：骄傲，自高自大，傲慢无礼。
肃然起敬：产生了严肃敬佩之情。指流苏听到"公主"二字，对这么"高贵"的身份突生尊敬。
腮（sāi）帮子：下巴的两侧。
鉴貌辨色：观察辨识对方的脸色、表情。鉴，查看。辨，辨别。色，脸色。

写萨黑荑妮公主，顺着流苏的视线，先写头发，然后是整体着装，最后停留在她的脸上，写脸色、鼻子、嘴唇，像一幅工笔仕女画，细致到她皮肤的质地、光泽，又如一张油画肖像。抓住人物的特点"大辫子、油润脸、厚嘴唇"来写，异域风格马上出来了。张爱玲特别擅长用色彩，"玄色""金鱼黄""晶亮""黄而油润""影沉沉""粉红"，浓烈艳丽；而"影沉沉的大眼睛里躲着妖魔""骄矜的眼睛"，传神地写出这个印度女人心思复杂、虚张声势、故作高贵的样子。而观察她的流苏，反倒显得冷静，但自信又不自信。

他们上了车，柳原又道："你别看她架子搭得十足。她在外面招摇，说是克力希纳·柯兰姆帕王公的亲生女，只因王妃失宠，赐了死，她也就被放逐了，一直流浪着，不能回国。其实，不能回国倒是真的，其余的，可没有人能够证实。"流苏道："她到上海去过么？"柳原道："人家在上海也是很有名的。后来她跟着一个英国人上香港来。你看见她背后那老头子么？现在就是他养活着她。"流苏笑道："你们男人就是这样，当面何尝不奉承着她，背后就说得她一个钱不值。像我这样一个穷遗老的女儿，身份还不及她高的人，不知道你对别人怎样的说我呢！"柳原笑道："谁敢一口气把你们两人的名字说在一起？"流苏撇了撇嘴道："也许因为她的名字太长了，一口气念不完。"柳原道："你放心。你是什么样的人，我就拿你当什么样的人看待，准没错。"流苏做出安心的样子，向车窗上一靠，低声道："真的？"他这句话，似乎并不是挖苦她，因为她渐渐发觉了，他们单独在一起的时候，他总是斯斯文文的，君子人模样。不知道为什么，他背着人这样稳重，当众却喜欢放肆。她一时摸不清那到底是他的怪脾气，还是他另有作用。

评注 >>

架子搭得十足：装模作样的自大神态，看上去派头很足。
招摇：故意大张声势，引人注意。
穷遗老：白流苏娘家白公馆以前是大家望族，但是因为其父好赌，到她父亲手上就领着白家直接往破落户上走，所以她自称穷遗老的女儿。

挖苦：用刻薄的话嘲笑人。

斯斯文文：举止言谈都很文雅。

他背着人这样稳重，当众却喜欢放肆：范柳原在大庭广众之下常常会表现得与白流苏特别亲密，让人误以为是他的太太，其实他们交往时间并不长。

范柳原的话证实流苏的眼光果然毒辣，原来是一个"所谓的"公主。而流苏关心的是范柳原如何看待自己，"不知你对别人怎么样说我呢"，自然将话题引到自己身上。

到了浅水湾，他搀着她下车，指着汽车道旁郁郁的丛林道："你看那种树，是南边的特产。英国人叫它'野火花'。"流苏道："是红的么？"柳原道："红！"黑夜里，她看不出那红色，然而她直觉地知道它是红得不能再红了，红得不可收拾，一蓬蓬一蓬蓬的小花，窝在参天大树上，壁栗剥落燃烧着，一路烧过去，把那紫蓝的天也熏红了。她仰着脸望上去。柳原道："广东人叫它'影树'。你看这叶子。"叶子像凤尾草，一阵风过，那轻纤的黑色剪影零零落落颤动着，耳边恍惚听见一串小小的音符，不成腔，像檐前铁马的叮当。

评注 >>

壁栗（bìlì）剥落（bōluò）：象声词，噼里啪啦，火势猛烈燃烧的声音。这里不仅指花开得特别盛，也形容花的色彩浓烈。

"野火花"就是凤凰木，本身艳丽无比，张爱玲还要加重它的浓烈："红得不能再红""红得不可收拾"，竟然"壁栗剥落燃烧着"，把天空也"熏红了"，这种红真是惊心动魄，但是"一路烧过去"，有种毁灭的悲壮。而那凤尾草似的叶子，在流苏耳边竟然有"檐前铁马的叮当"，一种隐约的说不出抓不住的旷远、零落、寂寥。

柳原道："我们到那边去走走。"流苏不做声。他走，她就缓缓的跟了过去。时间横竖还早，路上散步的人多着呢——没关系。从浅水湾饭店过去一截子路，空中飞跨着一座桥梁，桥那边是山，桥这边是一堵灰砖砌成的墙壁，拦住了这边的山。柳原靠在墙上，流苏也就靠在墙上，一眼看上去，那堵墙极高极高，望不见边。墙是冷而粗糙，死的颜色。她的脸，托在墙上，反衬着，也变了样——红嘴唇，水眼睛，有血，有肉，有思想的一张脸。柳原看着她道："这堵墙，不知为什么使我想起地老天荒那一类的话。……有一天，我们的文明整个的毁掉了，什么都完了——烧完了，炸完了，坍完了，也许还剩下这堵墙。流苏，如果我们那时候在这墙根底下遇见了……流苏，也许你会对我有一点真心，也许我会对你有一点真心。"

评注 >>>

横竖：副词，反正，表示肯定语气。

也许你会对我有一点真心，也许我会对你有一点真心：范柳原知道白流苏跟他交往是要跟他结婚，解决她后半辈子的生存问题；而范柳原与流苏交往是一见钟情，但只是希望得到她的爱情，并不想要婚姻的束缚。所以流苏爱不爱范柳原，说不上来；范柳原真爱流苏还是逢场作戏，也不清楚。但是面对这堵让人想到地老天荒的墙，还是让他们有所触动的。

流苏嗔道："你自己承认你爱装假，可别拉扯上我。你几时捉出我说谎来着？"柳原嗤的笑道："不错，你是再天真也没有的一个人。"流苏道："得了，别哄我了！"

柳原静了半晌，叹了口气。流苏道："你有什么不称心的事？"柳原道："多着呢。"流苏叹道："若是像你这样自由自在的人，也要怨命，像我这样的，早就该上吊了。"柳原道："我知道你是不快乐的。我们四周的那些坏事，坏人，你一定是看够了。可是，如果你这是第一次看见他们，你一定更看不惯，更难受。我就是这样。我回中国来的时候，已经二十四了。关于我的家乡，我做了好些梦。你可以想象到我是多么的失望。我受不了这个打击，不由自主的就往下溜。你……你如果认识从前的我，也许你会原谅现在的我。"流苏试着想象她是第一次看见她四嫂。她猛然叫道："还是那样的好，初次瞧见，再坏些，再脏些，是你外面的人，你外面的东西。你若是混在那里头长大了，你怎么分得清，哪一部分是他们，哪一部分是你自己？"柳原默然，隔了一会方道："也许你是对的。也许我这些话无非是借口，自己糊弄自己。"他突然笑了起来道："其实我用不着什么借口呀！我爱玩——我有这个钱，有这个时间，还得去找别的理由？"他思索了一会，又烦躁起来，向她说道："我自己也不懂得我自己——可是我要你懂得我！我要你懂得我！"他嘴里这么说着，心里早已绝望了，然而他还是固执地，哀恳似的说道："我要你懂得我！"

评注 >>>

四嫂：白流苏四哥的妻子。白流苏离婚后带着一笔钱回到娘家，但是家里人把她的钱花光后，开始对她百般挑剔，百般羞辱，特别是这个四嫂，尖牙利嘴，刻薄无情到了极点。流苏极力摆脱这个家庭，但是又没有出去做事的雄心，在自己像凤凰花一样正是绝美的时刻，她想抓住范柳原。她可怜，也可悲，与范柳原相处，也就处处谨慎小心，希望对方能娶自己，而不是当自己为情妇。

范柳原对爱情的渴望是真的，"烦躁""绝望""固执""哀恳"，表现出他对美好爱情不抱希望的希望；从对爱情的渴望来讲，范柳原要深刻一些，所以他说"我要你懂得我"。因为只有懂得，才会爱。

  流苏愿意试试看。在某种范围内，她什么都愿意。她侧过脸去向着他，小声答应着："我懂得，我懂得。"她安慰着他，然而她不由得想到了她自己的月光中的脸，那娇脆的轮廓，眉与眼，美得不近情理，美得渺茫。她缓缓垂下头去。柳原格格地笑了起来。他换了一副声调，笑道："是的，别忘了，你的特长是低头。可是也有人说，只有十来岁的女孩子们适宜于低头。适宜于低头的人往往一来就喜欢低头。低了多年的头，颈子上也许要起皱纹的。"流苏变了脸，不禁抬起手来抚摸她的脖子。柳原笑道："别着急，你决不会有的。待会儿回到房里去，没有人的时候，你再解开衣领上的钮子，看个明白。"流苏不答，掉转身就走。柳原追了上去，笑道："我告诉你为什么你保得住你的美。萨黑荑妮上次说：她不敢结婚，因为印度女人一闲下来，呆在家里，整天坐着，就发胖了。我就说：中国女人呢，光是坐着，连发胖都不肯发胖——因为发胖至少还需要一点精力。懒倒也有懒的好处！"

评注 >>

  她安慰着他……美得渺茫：流苏虽然说自己懂范柳原，但是不由得想到自己的美，其实她的内心仍然觉得是自己的美吸引柳原的，但是又不太确定这种美能持续多久，这种美在与柳原的关系中又能有多大作用，所以说"美得渺茫"。
  钮子（niǔzi）：纽扣。这句话在传统的流苏看来是有些轻薄的。

  希望你懂，而我也懂，这一刻，范柳原和流苏都是认真的，但是只有一刹那。因为一刹那的自认为懂得，范柳原情不自禁，开起了玩笑，但流苏设防谨严，认为这是轻薄。

  流苏只是不理他。他一路赔着小心，低声下气，说说笑笑，她到了旅馆里，面色方才和缓下来，两人也就各自归房安置。流苏自己忖量着，原来范柳原是讲究精神恋爱的。她倒也赞成，因为精神恋爱的结果永远是结婚，而肉体之爱往往就停顿在某一阶段，很少结婚的希望。精神恋爱只有一个毛病：在恋爱过程中，女人往往听不懂男人的话。然而那倒也没有多大关系。后来总还是结婚，找房子，置家具，雇佣人——那些事上，女人可比男人在行得多。她这么一想，今天这点小误会，也就不放在心上。

评注 >>

赔着小心：柳原知道自己开玩笑惹恼了流苏，所以这时非常小心谨慎，不再乱说，生怕又冒犯了流苏。

低声下气：形容说话时的态度很恭顺、小心。

归房安置：回房间休整、休息。

忖量（cǔnliàng）：思考，考虑，揣度。

白流苏是把婚姻当事业，一心想与范柳原结婚，至于懂不懂范柳原，"没有多大关系"，只要范柳原肯娶她。可见她前面说的"懂"并不是真的"懂"。

第二天早晨，她听徐太太屋里鸦雀无声，知道她一定起来得很晚。徐太太仿佛说过的，这里的规矩，早餐叫到屋里来吃，另外要付费，还要给小账，因此流苏决定替人家节省一点，到食堂里去。她梳洗完了，刚跨出房门，一个守候在外面的仆欧，看见了她，便去敲范柳原的门。柳原立刻走了出来，笑道："一块儿吃早饭去。"一面走，他一面问道："徐先生徐太太还没升帐？"流苏笑道："昨儿他们玩得太累了罢！我没听见他们回来，想必一定是近天亮。"他们在餐室外面的走廊上拣了个桌子坐下。石阑干外生着高大的棕榈树，那丝丝缕缕披散着的叶子在太阳光里微微发抖，像光亮的喷泉。树底下也有喷水池子，可没有那么伟丽。柳原问道："徐太太他们今天打算怎么玩？"流苏道："听说是要找房子去。"柳原道："他们找他们的房子，我们玩我们的。你喜欢到海滩上去还是到城里去看看？"流苏前一天下午已经用望远镜看了看附近的海滩，红男绿女，果然热闹非凡，只是行动太自由了一点，她不免略具戒心，因此便提议进城去。他们赶上了一辆旅馆里特备的公共汽车，到了中心区。

评注 >>

鸦雀无声：连乌鸦麻雀的声音都没有，形容非常静。

小账：小费。

替人家节省一点：流苏来香港是徐太太带过来的，旅费和酒店的食宿费都是徐太太开支，所以自己去食堂吃就省了送餐的钱，就是在为徐太太省钱。

仆欧：仆役，侍者。

升帐：起床。这是开玩笑的说法。

石阑（lán）干：石头栏杆。

棕榈（lǘ）树：南方常见的一种常绿乔木，叶子可以做扇子。写棕榈树的叶子

"在太阳光里微微发抖",非常准确、传神;棕榈树叶子中心很坚实,但边缘轻薄、柔长,所以只要有风轻轻拂过,叶子边缘真的像在颤抖。但是这种"抖动"也写出流苏内心的极不安定。

红男绿女:指穿着各种漂亮服装的青年男女。

她不免略具戒心:海滩上穿着不免暴露,情人之间不免有亲狎行为,所以流苏不愿意。

范柳原是有心跟流苏接近的,但是流苏处处设防。

柳原带她到大中华去吃饭。流苏一听,仆欧们全是说上海话的,四座也是乡音盈耳,不觉诧异道:"这是上海馆子?"柳原笑道:"你不想家么?"流苏笑道:"可是……专程到香港来吃上海菜,总似乎有点傻。"柳原道:"跟你在一起,我就喜欢做各种的傻事,甚至于乘着电车兜圈子,看一场看过了两次的电影……"流苏道:"因为你被我传染上了傻气,是不是?"柳原笑道:"你爱怎么解释,就怎么解释。"

评注 >>

因为流苏是上海人,范柳原专程带流苏到香港的上海馆子,他怕流苏思乡。范柳原真是用心,甜蜜的话也很动情,"跟你在一起,我就喜欢做各种傻事";但是流苏不解风情,一是因为她不自信,毕竟与柳原的交往之中,她一无所有,她自己也弄不清楚到底是什么吸引了范柳原,也许是美?所以主动权在柳原,所以她觉得自己"傻",或者时刻担心自己"傻";二是她并不是要浪漫的爱情。

吃完了饭,柳原举起玻璃杯来将里面剩下的茶一饮而尽,高高地擎着那玻璃杯,只管向里看着。流苏道:"有什么可看的,也让我看看。"柳原道:"你迎着亮瞧瞧,里头的景致使我想起马来的森林。"杯里的残茶向一边倾过来,绿色的茶叶粘在玻璃上,横斜有致,迎着光,看上去像一棵翠生生的芭蕉。底下堆积着的茶叶,蟠结错杂,就像没膝的蔓草和蓬蒿。流苏凑在上面看,柳原就探过身来指点着。隔着那绿阴阴的玻璃杯,流苏忽然觉得他的一双眼睛似笑非笑地瞅着她。她放下了杯子,笑了。柳原道:"我陪你到马来亚去。"流苏道:"做什么?"柳原道:"回到自然。"他转念一想,又道:"只是一件,我不能想象你穿着旗袍在森林里跑。……不过我也不能想象你不穿着旗袍。"流苏连忙沉下脸来道:"少胡说。"柳原道:"我这是正经话。我第一次看见你,就觉得你不应当光着膀子穿这种时髦的长背心,不过你也不应当穿西装。满洲的旗袍,也许倒合式一点,可是线条又太硬。"流苏道:"总之,人长得难看，怎么打扮着也不顺眼！"柳原笑道："别又误会了，我的意思是：你看上去不像这世界上的人。你有许多小动作，有一种罗曼蒂克的气氛，很像唱京戏。"流苏抬起了眉毛，冷笑道："唱戏，我一个人也唱不成呀！我何尝爱做作——这也是逼上梁山。人家跟我耍心眼儿，我不跟人家耍心眼儿，人家还拿我当傻子呢，准得找着我欺侮！"柳原听了这话，倒有些黯然。他举起了空杯，试着喝了一口，又放下了，叹道："是的，都怪我。我装惯了假，也是因为人人都对我装假。只有对你，我说过句把真话。你听不出来。"流苏道："我又不是你肚里的蛔虫。"柳原道："是的，都怪我。可是我的确为你费了不少的心机。在上海第一次遇见你，我想着，离开了你家里那些人，你也许会自然一点。好容易盼着你到了香港……现在，我又想把你带到马来亚，到原始人的森林里去……"他笑他自己，声音又哑又涩，不等笑完他就喊仆欧拿帐单来。他们付了帐出来，他已经恢复原状，又开始他的上等的情调——顶文雅的一种。

评注 >>

擎（qíng）着：用手举着。

蟠（pán）结错杂：指茶叶交错夹杂地堆叠在一起。蟠结，聚集。

探过身来：向前、向侧前或向外伸出身子，此处指柳原从自己的座位伸出身子靠向流苏。

瞅（chǒu）着她：这里指柳原凝神地看流苏。柳原就是情不自禁地喜欢白流苏，当然他也在琢磨流苏这个女子，他的思想比她要深刻得多，他想知道这个女子是什么吸引了自己。

人长得难看：流苏与柳原的谈话中，不是说自己傻，就是说自己难看，当然她不是这样，只是她怕被柳原这样认为，她心里的弱势感在语言上都显出来了。

我何尝爱做作：我其实不爱做假。做作，假装，故意表现得不真实。范柳原认为流苏总是端着架子，总要防范着什么，整个人很紧张，不自然。

耍（shuǎ）心眼儿：为了个人的利益而展现出来的小聪明。

黯（àn）然：心里不舒服，情绪低落的样子。

不是你肚里的蛔（huí）虫：这是一句俗语，意思是不知道你的真实想法。流苏用这句话来回复柳原说的"对你说过句把真话"，看来流苏真的没有懂柳原，也因为她不关心源于心灵的爱情。

又哑（yǎ）又涩（sè）：力量不足，声音嘶哑，干涩。柳原为流苏的不懂而痛苦。他要求的是"你懂我"的心灵相通的这种爱情。

范柳原与白流苏一起吃饭，正可与《围城》中方鸿渐与唐晓芙一起吃饭比较。方鸿渐对唐晓芙百般讨好，唐晓芙认领了，此后一刻不见，如隔三秋，方鸿渐恨不得马上结婚。范柳原对流苏也是百般讨好，但是两人的对话总是"吵嘴"，闹别扭。他说的那些特别动听的话，在流苏看来是不太敢信的，是逢场作戏还是真心，她真的不知道，她也只是关心他是不是真喜欢自己。范柳原则不确定要不要结婚，他不知道流苏是否懂自己、爱自己，他不希望与一个不爱自己的人结婚，尽管他也许是爱这个女人的。

他每天伴着她到处跑，什么都玩到了，电影，广东戏，赌场，格罗士打饭店，思豪酒店，青鸟咖啡馆，印度绸缎庄，九龙的四川菜……晚上他们常常出去散步，直到夜深。她自己都不能够相信，他连她的手都难得碰一碰。她总是提心吊胆，怕他突然摘下假面具，对她作冷不防的袭击，然而一天又一天的过去了，他维持着他的君子风度。她如临大敌，结果毫无动静。她起初倒觉得不安，仿佛下楼梯的时候踏空了一级似的，心里异常怔忡，后来也就惯了。

评注 >>

提心吊胆：形容对事情不放心，十分害怕。指流苏时刻防范范柳原会有太亲密的行为。

冷不防的袭击（xíjī）：让人出其不意的攻击，这里指让流苏害怕的柳原的亲密行为。冷不防，毫无防备，突然。袭击，突然地攻打。

如临大敌：好像面对着强大的敌人，形容把本来不是很紧迫的形势看得十分严重。写出流苏是多么的紧张。

怔忡（zhēngchōng）：害怕，不安。这里又写出流苏没有遭到"袭击"时那种说不出的淡淡的失落。

流苏没有谈恋爱的心情，仍然处处设防，"提心吊胆""如临大敌"，简直是面临战争。柳原知道她的设防，即敬之如宾。这种"谈恋爱"，很累。

只有一次，在海滩上。这时候流苏对柳原多了一层认识，觉得到海边上去去也无妨，因此他们到那里去消磨了一个上午。他们并排坐在沙上，可是一个面朝东，一个面朝西。流苏嚷有蚊子。柳原道："不是蚊子，是一种小虫，叫沙蝇。咬一口，就是个小红点，像朱砂痣。"流苏又道："这太阳真受不了。"柳原道："稍微晒一会儿，我们可以到凉棚底下去。我在那边租了一个棚。"那口渴的太阳汩汩地吸着海水，漱着，吐着，哗哗地响。人身上的水分全给它喝干了，人成了金色的枯叶子，轻飘飘的。流苏渐渐感到那奇异的眩晕与愉快，但是她忍不住又叫了起来："蚊子咬！"她扭过头去，一巴掌打在她裸露的背脊上。柳原笑道："这样好吃力。我来替你打罢，你来替我打。"流苏果然留心着，照准他臂上打去，叫道："哎呀，让它跑了！"柳原也替她留心着。两人劈劈啪啪打着，笑成一片。流苏突然被得罪了，站起身来往旅馆里走。柳原这一次并没有跟上来。流苏走到树阴里，两座芦席棚之间的石径上，停了下来，抖一抖短裙子上的沙，回头一看，柳原还在原处，仰天躺着，两手垫在颈项底下，显然是又在那里做着太阳里的梦了，人又晒成了金叶子。流苏回到了旅馆里，又从窗户里用望远镜望出来，这一次，他的身边躺着一个女人，瓣子盘在头上。就把那萨黑荑妮烧了灰，流苏也认识她。

评注 >>

朱砂痣（zhì）：色红而鲜艳的痣。朱砂，一种矿物质，小粒朱砂色红鲜艳，光亮如镜。

汩汩（gǔ）：本指水流动的声音或样子，这里写太阳很大，好像在大口大口吸着海水，发出哗哗哗的声音，其实是海浪的声音。

漱（shù）着：接上文的比喻，海水的旋转流动就像太阳含着海水在冲洗口腔一样。

眩晕（xuànyūn）：感觉眼前发花，景物摇晃。形容流苏在太阳底下恍惚迷离的一种快感、失重感，其实也是放开自我的一种轻松感，但是她觉得不真实，感觉抓不住，太梦幻。

裸露（luǒlù）的背脊（jǐ）：露在外面的背部。背脊是非常科学的一个词，显得非常客观。

劈劈啪啪（pīpīpāpā）：这里指两人相互拍打身体的声音。

得罪：使人不快，冒犯。

又一次不欢而散，因为流苏感觉被冒犯。但是柳原身边不缺女人，这也是流苏不能相信他的理由。

从这天起，柳原整日价的和萨黑荑妮厮混着。他大约是下了决心把流苏冷一冷。流苏本来天天出去惯了，忽然闲了下来，在徐太太面前交代不出理由，只得伤了风，在屋里坐了两天。幸喜天公识趣，又下起缠绵雨来，越发有了借口，用不着出门。有一天下午，她打着伞在旅舍的花园里兜了个圈子回来，天渐渐黑了，约摸徐太太他们看房子也该回来了，她便坐在廊檐下等候他们，将那把鲜明的油纸伞撑开了横搁在栏杆上，遮住了脸。那伞是粉红地子，石绿的荷叶图案，水珠一滴滴从筋纹上滑下来。那雨下得大了，雨中有汽车泼喇泼喇航行的声音，一群男女嘻嘻哈哈推着挽着上阶来，打头的便是范柳原。萨黑荑妮被他挽着，却是够狼狈的，裸腿上溅了一点点的泥浆。她脱去了大草帽，便洒了一地的水。柳原瞥见流苏的伞，便在扶梯口上和萨黑荑妮说了几句话，萨黑荑妮单独上楼去了，柳原走了过来，掏出手绢子来不住地擦他身上脸上的水渍子。流苏和他不免寒暄了几句。柳原坐了下来道："前两天听说有点不舒服？"流苏道："不过是热伤风。"柳原道："这天气真闷得慌。刚才我们到那个英国人的游艇上去野餐的，把船开到了青衣岛。"流苏顺口问问他青衣岛的景致。正说着，萨黑荑妮又下楼来了，已经换了印度装，兜着鹅黄披肩，长垂及地。披肩上是二寸来阔的银丝堆花镶滚。她也靠着栏杆，远远的拣了个桌子坐下，一只手闲闲搁在椅背上，指甲上涂着银色蔻丹。流苏笑向柳原道："你还不过去？"柳原笑道："人家是有了主儿的人。"流苏道："那老英国人，哪儿管得住她？"柳原笑道："他管不住她，你却管得住我呢。"流苏抿着嘴笑道："哟！我就是香港总督，香港的城隍爷，管这一方的百姓，我也管不到你头上呀！"柳原摇摇头道："一个不吃醋的女人，多少有点病态。"流苏噗哧一笑。隔了一会，流苏问道："你看着我做什么？"柳原笑道："我看你从今以后是不是预备待我好一点。"流苏道："我待你好一点，坏一点，你又何尝放在心上？"柳原拍手道："这还像句话！话音里仿佛有三分酸意。"流苏撑不住放声笑了起来道："也没有看见你这样的人，死乞白咧的要人吃醋！"

（一九四三年九月）

评注 >>

整日价：整天。

厮混（sīhùn）：相处，生活在一起，有点不正当的意思。

冷一冷：不再对流苏那么热情地献殷勤。

只得伤了风：只得说是感冒了。其实没有感冒，只是流苏为了跟徐太太解释为什么不能出去的一个借口而已。

识趣：知趣，知道分寸，懂得人的心理。天气似乎知道流苏不想出去，就开始下雨，让她更有了好借口。

兜（dōu）了个圈子：转了一圈。

约摸：估计。

粉红地子：粉红底子，粉红底色。

石绿：中国画常用的一种色彩，由孔雀石研制而成。与粉红底色搭配，十分鲜亮、艳丽。

筋纹：伞骨。

泼喇（pōlà）泼喇航行：航行用于船只，这里用于汽车，可见雨下得非常大。泼喇泼喇，汽车在大雨中行驶，激起地上雨水的声音。

狼狈（lángbèi）：这里形容萨黑荑妮被雨淋湿后衣衫不整的窘迫样子。

瞥（piē）见：一眼看到。

水渍（zì）子：水迹。

寒暄（xuān）：本指见面时谈天气冷暖的应酬话，这里指客套地说话，应酬。

二寸来阔的银丝堆花镶（xiāng）滚：两寸多宽的一条花边。堆花，做服装的一种工艺，把材料粘贴、堆起来。镶滚，一种缝纫方法，把布条或带子镶围在衣服等的边缘。流苏看得这么仔细！她当然不会忘记这个女人。况且这个女人对柳原也虎视眈眈。

蔻（kòu）丹：指甲油。这位公主的打扮，印度装，鹅黄披肩，银色堆花镶滚，银色蔻丹，异域风格鲜明，仍然在强调自己的"公主"身份，但色彩轻艳、浮华，有些晃人的眼。萨黑荑妮也是煞费苦心的，只是她的印度风格，与流苏的中国味很不一样，她想通过自己的服装来为自己壮胆，有没有效果就不知道了，她也可悲、可怜。

城隍（huáng）爷：中国古代宗教中管理一方的地方守护神。

噗哧（pūchī）：一般是听到特别好笑的事情后不由自主地发出的笑声。

死乞白咧：死乞白赖，即纠缠不休。

柳原的浪荡习气果然还在，流苏的戒备当然是有理由的。不过柳原也还是惦记着流苏的，这次的小打趣，两人都是很放松、自然的样子。

全文评析 >>

《倾城之恋》，一座城市的倾塌似乎就是为了成全白流苏与范柳原的爱情。其间两个人计较来计较去，一方似一见钟情，又似逢场作戏，分不清道不明；一方谨慎矜持，但身不由己，说爱都没有底气，爱情中的攀附者只能如此。只是最终毕竟也有那么一点懂得，一点爱，否则，一座城市倾覆也成全不了这传奇的爱情故事。